読売新聞東京本社世論調査部編著

二大政党時代のあけぼの

平成の政治と選挙

木鐸社

はしがき

「日本の世論」という時,「世論」の最大の表現は,衆参両院選挙での国民の審判である。1993年,自民党の1党支配体制を突き崩したのも,衆院選挙の結果だった。この歴史的な選挙を機に小選挙区比例代表並立制という新選挙制度が導入され,政党の力量を高める試みが始まった。しかし,政党は四分五裂して,支持政党を持たない無党派層が急増するという皮肉な結果を生んだ。あれから10年,2003年の衆院選では,自民党と民主党による「政権選択」という名のもと,ようやく新制度を反映する,2大政治勢力による選挙戦が展開された。結果は,自民と公明による与党勢力が勝利したが,選挙前に自由党と合併した民主党が40議席増の健闘をみせ,自民党を牽制するだけではなく,自民党に代わりうる政権党へと第一歩を踏み出した。共産,社民両党は大幅に議席を減らし,自民,民主の2大政党時代の到来を予見させる構図が生まれたのである。

　本書は,この10年間の政治変動を「選挙」と「政治情勢」と「国民の政治意識」の3つの側面からまとめたものである。第1章は2003年の衆院選で問われた「小泉政治」とその審判の意味を考察した。第2章は2003年衆院選の諸側面を過去の選挙データを交えつつ分析した。第3章は1993年以降の政治・外交の動きを概観し,第4章は世論調査に現れた国民の政治意識の変容,第5章は96年から2001年までの衆参各2回の国政選挙の概要をまとめた。

　第1,3章は浅海伸夫,第2章は玉井忠幸,第4章は窪田知久,第5章は玉井と岩田武巳が執筆し,浅海が全体の調整にあたった。年表は小谷野直樹が担当した。執筆者はいずれも,読売新聞東京本社世論調査部で2003年の衆院選報道に携わったメンバーである。

　本書は,データに基づいていることはもちろん,政治記者の現場感覚を大切にして記述している。誤りなきを期したが,誤記や足らざる点については叱正を賜りたい。本書はいずれも独立した章立てになっており,どこからお読みいただいても差し支えない。本書が,今も進行中の現代日本政治と選挙の記録・分析として,これらに関心のある方々の基礎的な文献・資料になれ

ば幸いである。

　なお，本書の「調査」とは，ことわりのない限り，読売新聞社が面接方式で毎月実施している全国世論調査（対象3000人の有権者）のことであり，数値は四捨五入している。なお，文中の敬称は略させていただいた。

　我々の選挙報道や本書のとりまとめでは，アカデミーの多くの先生方からアドバイスを頂戴している。また，世論調査部実務班・澤野義則らの綿密なデータ処理におうところも大きい。これら数多のご協力に感謝の意を表するとともに，本書の発行を快諾してくださった木鐸社の坂口節子さんに心からお礼申し上げたい。
　　　2004年2月

　　　　　　　　　　　　　　　　　　　　　　浅海　伸夫
　　　　　　　　　　　　　　　　　　　　　（読売新聞東京本社編集委員）

目次

はしがき ……………………………………………………………… 3

第 1 章　小泉政治と2003年衆院選 …………………………………15
1．小泉純一郎の政治………………………………………………15
　1．小泉与党の勝利　　(15)
　2．選挙の顔として　　(16)
　3．抵抗勢力との戦い　　(16)
　4．内閣の支持構造　　(17)
　5．小泉の政局運営術　　(18)
　6．派閥の変容　　(18)
　7．「反経世会」の政治　　(19)
　8．政治改革から10年　　(20)
　9．「反政党」政治　　(20)
　10．ポピュリズム　　(21)
　11．テレポリティックス　　(22)
　12．小泉流の言辞　　(23)
2．2003年衆院選……………………………………………………24
　1．衆院選の特徴　　(24)
　2．政権公約とは　　(26)
　3．自民・公明連合　　(27)
　4．民主・自由連合　　(28)
　5．政権選択選挙　　(28)
　6．審判の結果　　(29)
　7．自民，民主の決算　　(30)
　8．2大政党制の可能性　　(30)
　9．理念と政策　　(32)

第 2 章　2003年衆院選の分析……………………………………35
1．審判の枠組み……………………………………………………35

1．与党が「絶対安定多数」　　（35）
2．現行制度で最少の立候補者　　（37）
3．女性候補24年ぶり減少　　（38）
4．初の区割り変更　　（39）
5．政権公約　　（40）
6．過去2番目の低投票率　　（44）

2．各党の消長……………………………………………………………46
1．自民党　　（46）
単独過半数確保ならず（46）　「独占県」も減少（46）　低迷する絶対得票率（47）　注目区の勝敗（47）　明暗分けた各派閥（50）
2．民主党　　（50）
40議席増の躍進（50）　比例では第1党に（51）　絶対得票率は2割台に（52）　注目区の勝敗（52）
3．公明党　　（53）
堅調に議席3増（53）　小選挙区は9勝1敗（53）　注目区の勝敗（54）
4．共産党　　（54）
67年以来の1ケタ転落（54）　小選挙区での議席獲得ゼロ（55）　共産支持層の共産離れも（55）　注目区の勝敗（56）
5．社民党　　（56）
解散時の3分の1に（56）　小選挙区の当選は1（56）　注目区の勝敗（57）
6．保守新党　　（57）
党代表落選（57）　注目区の勝敗（58）
7．その他　　（58）

3．攻防の構図……………………………………………………………59
1．2大政党化の流れ　　（59）
自民・民主で86％の議席占有（59）　自民，民主直接対決は「144対102」（59）　拡大する「1区現象」（60）　「中間部」でも民主追い上げ（61）　民主党の「地盤」に偏りも（66）　無党派の風（67）
2．与党の集票構造　　（68）
自民党支えた小泉効果（68）　強化された自公協力（69）　「政権」左右する

　　　　公明・創価学会票　(70)

　3．野党の集票構造　　(74)

　　　　民主・自由「合併効果」(75)　　小選挙区での効果は限定的　(75)　　民主・社民協力　(77)

4．ポイント分析……………………………………………………………78

　1．小選挙区制の利点　　(78)

　2．復活当選　　(79)

　3．異党派投票　　(80)

　4．得票率　　(80)

　5．引退議員　　(81)

5．当選者像………………………………………………………………82

　1．戦後生まれ，初めて半数に　　(82)

　2．民主，新人当選者の半数占める　　(82)

　3．女性は34人当選　　(83)

　4．小選挙区の世襲当選は98人　　(83)

　5．議員秘書，地方議員が人材供給源　　(83)

第3章　政治10年史……………………………………………………85

1．細川・羽田政権…………………………………………………………85

　1．1党優位体制の終わり　　(85)

　2．新党躍進——93年衆院選　　(86)

　3．細川内閣誕生　　(87)

　4．政治改革関連法成立　　(88)

　5．8党派連立破綻　　(89)

　6．羽田短命内閣　　(91)

　7．核開発疑惑　　(92)

2．村山政権………………………………………………………………93

　1．村山内閣発足　　(93)

　2．社会党の政策転換　　(94)

　3．新進党の結成　　(94)

　4．公明，民社両党の解党　　(95)

5．無党派層の増大　　（96）

　　6．青島・ノック現象　　（96）

　　7．最低の投票率44%──95年参院選　　（97）

　　8．橋本自民党総裁　　（98）

　　9．小沢新進党党首　　（98）

　　10．社会党から社民党へ　　（99）

3．橋本政権……………………………………………………100

　　1．自民党首相の復活　　（100）

　　2．住専国会　　（100）

　　3．日米安保共同宣言　　（101）

　　4．民主党結成　　（102）

　　5．96年衆院選挙　　（102）

　　6．第2次橋本内閣　　（103）

　　7．中央省庁再編　　（104）

　　8．「自社さ」対「保保」　　（104）

　　9．橋本対ロ外交　　（105）

　　10．橋本内閣改造　　（106）

　　11．拓銀と山一破綻　　（106）

　　12．新進党の消滅　　（107）

　　13．新「民主党」の誕生　　（108）

　　14．98年参院選・橋本退陣　　（108）

4．小渕政権……………………………………………………109

　　1．小渕内閣発足　　（109）

　　2．金融国会　　（110）

　　3．小渕首脳外交　　（111）

　　4．自民・自由連立　　（111）

　　5．派閥再編　　（112）

　　6．都知事に石原慎太郎　　（112）

　　7．「自自公」国会　　（113）

　　8．北朝鮮「有事」　　（113）

　　9．自自公連立ゲーム　　（114）

10．小渕総裁再選　　（114）
　　11．鳩山民主党代表　　（115）
　　12．自自公政権が発足　　（115）
　　13．自自公解消　　（116）
　　14．小渕首相死去　　（116）
5．森政権………………………………………………………117
　　1．密室談合批判　　（117）
　　2．2000年衆院選挙　　（118）
　　3．第2次森内閣発足　　（118）
　　4．加藤の乱　　（119）
　　5．二元外交の危うさ　　（120）
　　6．森政権の瓦解　　（120）
6．小泉政権……………………………………………………121
　　1．総裁予備選で圧勝　　（121）
　　2．驚異的な支持率　　（122）
　　3．外務省の機密費事件　　（124）
　　4．2001年参院選　　（124）
　　5．デフレと構造改革　　（125）
　　6．道路と郵政改革　　（126）
　　7．靖国神社参拝　　（126）
　　8．9・11テロの衝撃　　（127）
　　9．田中外相更迭　　（128）
　　10．鈴木逮捕，田中辞職　　（129）
　　11．辻元逮捕，加藤辞職　　（129）
　　12．日朝共同宣言　　（130）
　　13．鳩山辞任，菅再登場　　（131）
　　14．イラク復興支援法　　（131）
　　15．有事立法成立　　（132）
　　16．民主・自由合併　　（133）
　　17．自民党総裁再選　　（133）

第4章　政治意識の変容……………………………………………135

1．世論調査からみた2003年衆院選……………………………………135
　1．衆院選調査の概要　（135）
　2．継続・事前調査　（136）
　　自民党対民主党（136）　無党派層の動き（139）　望ましい自民党獲得議席（139）　争点は何か（140）
　3．緊急電話調査　（142）
　　与党過半数確保の理由（142）　民主党への評価（142）　政権公約に対する評価（143）　2大政党化への見方（143）
　4．追跡調査　（143）
　　無党派層の投票行動（144）　自民，公明の選挙協力（145）　投票率アップは民主有利？（145）　衆院選の性格（146）　政権交代の可能性（146）　政権公約の認知度（147）
　5．ネットモニター調査　（147）
　　政党支持率の推移（147）　投票政党の推移（149）　全6回の回答者の変動（150）

2．有権者の投票行動……………………………………………………152
　1．投票率　（152）
　　投票率低下の要因（152）　投票先の決定時期（154）　投票率の規定要因（155）
　2．無党派層　（158）
　　無党派層の推移（158）　無党派層とはどんな人か（160）　無党派層の投票行動（162）　地方への広がり（165）　「都市」対「地方」（166）

3．この10年の政治意識…………………………………………………167
　1．内閣支持率　（167）
　　支持率のパターン（167）　小泉内閣の高支持率（169）
　2．政党への意識　（171）
　　政党感情温度（171）　各政党支持層の相性（173）　好きな政党，嫌いな政党（174）　政党間の意識の変化（175）
　3．政治不信　（177）
　　不信の高まり（177）　政治への信頼度（178）　「一票」の有効性感覚

　　　　(179)　　メディアと政治　(180)

第5章　国政選挙の概要……………………………………………183
1．1996年衆院選………………………………………………183
1．選挙結果　(183)
求められた「政治の安定」(183)　自民党は復調 (183)　新進党後退，執行部に痛手 (186)　民主党,「新党効果」は不発 (187)　共産党は「第4党」に (187)　社民，さきがけ両党は存亡の危機に (188)　その他の勢力 (188)　戦後最低の投票率 (188)　制度改正 (189)
2．傾向分析　(189)
無党派層 (189)　異党派投票 (190)　死票 (191)　復活当選 (192)　当選者像 (193)
3．選挙戦の構図　(194)
2．1998年参院選………………………………………………196
1．選挙結果　(196)
橋本首相退陣 (196)　自民党惨敗 (196)　民主党伸長 (198)　共産党は過去最多 (198)　投票率上昇 (199)
2．傾向分析　(199)
無党派層の動向 (199)　異党派投票 (200)　くら替え候補 (200)　当選者像 (201)
3．選挙戦の構図　(202)
不況と経済対策 (202)　野党選挙協力 (203)　注目選挙区 (203)
3．2000年衆院選………………………………………………204
1．選挙結果　(204)
自公保連立「条件付き容認」(204)　自民党は都市部で苦戦 (205)　公明党，比例得票は過去最高 (207)　知名度不足響いた保守党 (207)　森首相は続投 (208)　民主躍進，共産後退 (208)　民主党，東京などで自民党を圧倒 (208)　「小沢人気」生かした自由党 (209)　社民党，女性・市民派が健闘 (209)　共産党は小選挙区全敗 (209)　その他の勢力 (209)　戦後2番目の低投票率 (210)　制度改正 (210)
2．傾向分析　(210)

「１区現象」（210）　無党派層は民主へ（211）　異党派投票（212）
死票（212）　当選者像（213）　「一国一城」化（214）　派閥
（215）　旧新進党議員（216）

３．選挙戦の構図　　（216）

各党の訴え（216）　選挙協力（217）

４．2001年参院選……………………………………………………………218

１．選挙結果　　（218）

自民党大勝（218）　小泉旋風（220）　公明は比例得票最高（222）
民主伸び悩み（222）　共産，社民後退（224）

２．傾向分析　　（225）

無党派層の動向（225）　異党派投票（225）　小泉内閣支持層（225）
非拘束名簿式導入（226）　組織の弱体化（226）　公明党の戦術
（227）　タレント伸び悩み（227）　当選者像（227）

３．選挙戦の構図　　（228）

構造改革論戦（228）　選挙協力（229）　注目の選挙区（230）

巻末資料…………………………………………………………………………233

１．政治関連年表　　（233）
２．2003年衆院選・各政党の政権公約（要旨）　　（252）
３．2003年衆院選の開票結果（小選挙区，比例選）　　（268）
４．1996年以降の内閣・政党支持率（読売新聞全国世論調査）　　（294）

参考文献……………………………………………………………………………297

二大政党時代のあけぼの

平成の政治と選挙

第1章　小泉政治と2003年衆院選

1．小泉純一郎の政治

1．小泉与党の勝利

　2003年11月の衆院選では、自民、公明、保守新の小泉内閣与党と、選挙を前に民主、自由両党が合併して生まれた「民主党」が正面からぶつかりあった。この「自民・公明」と「民主・自由」の両連合軍の対決は、「政権選択」の名で争われたが、与党全体の議席が絶対安定多数を超え、小泉内閣の続投が決まった。政権交代可能な政治システムの確立を目指した小選挙区比例代表並立制のもと、本格的な2大政治勢力による政権争奪の緒戦を小泉純一郎首相が制したのである。

　同時にこの選挙は、小泉が主唱する構造改革路線の是非や小泉内閣2年半の実績を問うものでもあった。小泉は2001年の総裁選で「構造改革なくして景気回復なし」と訴えて以来、緊縮財政のもと、道路4公団や郵政3事業の民営化、不良債権処理など「構造改革」を進めてきた。しかし、2年半を経て、株価に薄日が差し始めたとはいえ、デフレ不況は変わらず、雇用情勢も好転しなかった。治安は悪化し、自殺者も年間3万人を数えていた。外交面では、電撃的な日朝首脳会談で成果を上げ、9・11後のテロ撲滅やイラク戦争では日米同盟最優先の路線をとったが、拉致問題は進展せず、戦争が終結したはずのイラクは、テロの続発で泥沼化していた。一方、小泉流の政治手法は、自民党内に抵抗勢力という名の「敵」を生み出し、「ポピュリズム」

（大衆迎合主義）によって大衆の支持を調達する独特の性格をもっていた。選挙ではこれら小泉政治の総体が問われたのだった。

まずは，その小泉政治についての分析から始めよう。

2. 選挙の顔として

小泉内閣は，93年の細川内閣から数えて7つ目の内閣にあたっていた。これら7内閣は，「単独政権」もあったものの，すべて，非自民8党派，自社さ，自自，自自公，自公保など種々の組み合わせによる連立政権の性格を有していた。だが，この間，自民党が野党に転落したのは，細川・羽田内閣の約1年に過ぎない。社会党委員長を担ぐ奇手によって，村山内閣で早くも与党に復帰し，橋本内閣以降は自民党総裁を首相として政権の座を維持してきた。しかし，2000年，森内閣のもとで自民党は最大の危機を迎えた。病に倒れた小渕の後を継いだ森は，密室協議による出生の問題に加えて，宰相としての資質を問われる失言を繰り返した。低迷する内閣支持率が，森退陣を要求する「加藤（紘一）の乱」を誘発し，愛媛県の水産高校実習船が米原潜と衝突した事故処理のまずさが森内閣の致命傷になった。

自民党は政権の座から滑り落ちた93年以降，支持率が30％程度にとどまる「3割政党」になっていた。国民が見放した森内閣の継続によって支持率がさらに下落すれば，7月の参院選で惨敗することは必至だった。2001年4月の自民党総裁選で，退陣した森に代わって，アウトサイダー的存在で人気のある小泉が担がれたのは，なによりも選挙対策が最大の理由だった。小泉は，「選挙の顔」としての期待に応えて一大ブームを巻き起こし，東京都議選と参院選を大勝に導いて，自民党の「救世主」となったのである。

3. 抵抗勢力との戦い

自民党は，森内閣のもとで国民から嫌われる「拒否政党」になっていた。小泉は，「アンチ自民」の田中真紀子と連携して，「自民党をぶっ壊す」と宣言し，自民党を一般国民の利益を代弁する政党に変えると強調した。これは国民の自民党への嫌悪感を逆手にとり，自民党の解体と再生を訴えて支持を取り戻す戦術にほかならなかった。小泉内閣の支持率は8割を超える空前絶後の数字を記録した。民主党支持層も無党派層も席巻しており，小泉の「反

自民」の姿勢が効果を上げていた。

　小泉の郵政3事業，道路4公団の民営化路線は，自民党内の「郵政族」や「道路族」の反発を招いた。小泉は族議員らを「抵抗勢力」と見立てて挑発し，そこで生じる摩擦熱を政権浮揚のエネルギーにした。これらの改革自体は，小泉政権の2年半では，彼自身も「芽が出た」と言うくらいで注目に値する成果はみられなかった。小泉は，改革案について最後は「抵抗勢力」と妥協し，2歩前進・1歩後退の結論で落着させることも多かった。それは，改革の限界を示す一方で，自民党支持層の離反を防いでいた。むしろ，小泉と抵抗勢力との争いは，政府与党内の対立でありながら与野党対立のような錯覚も与え，結果として野党の存在を無力化する副次的な効果を上げた。そして国民の59％は，小泉改革の実績を「評価」していた（2003年10月調査）。

4．内閣の支持構造

　小泉は2003年衆院選を前に，「総裁選の私の方針が国政選挙に臨む自民党の公約になる」（『中央公論』2003年8月）と語った。これも自民党の非主流派との対立を惹起させる小泉の戦法だった。抵抗勢力の跳梁あってこその小泉人気であり，それは同内閣の支持構造にも起因していた。

　2003年5月調査をみると，内閣支持率は51.3％，自民党支持率は32.9％。同党支持者のうちの内閣支持は75％で，小泉内閣支持の半分を占めるに過ぎない。小泉は，自民党支持層だけを頼りにしていては，内閣支持率は一気に半減してしまう虞があり，高支持率を維持するためには，無党派層や民主党など野党支持層から支持を得なければならなかった。さらに，同年6月調査で小泉支持と自民党との関係を問うてみると，「小泉首相を応援し，自民党も応援する」は32％，「小泉首相を応援するが，自民党は応援しない」が29％，「小泉首相を応援しないが，自民党は応援する」9％，「小泉首相を応援せず，自民党も応援しない」25％だった。つまり，首相の「応援団」の半分は自民党を応援していない非自民支持層なのである。従って小泉は，反自民的なスタイルをとって彼らの応援を常に仰がなければ，貴重な政治資源の「高支持率」を維持できなかった。実際，同年7月の小泉内閣支持率（支持52.2％，不支持36.8％）をみると，民主党支持層，無党派層でも各39％，公明党支持層の3人に2人が内閣を支持していた。

5. 小泉の政局運営術

　自民党内は「小泉人気」に圧倒され，不満分子も沈黙を余儀なくされた。が，田中真紀子外相更迭で支持率が急落すると，非主流派議員は，小泉の「反自民・派閥」の政治手法，デフレ軽視の経済政策，党の支持基盤を崩しかねない郵政や道路公団の民営化路線，自衛隊のインド洋派遣などを批判し始め，2003年になると内閣改造要求と絡めつつ圧力を強めた。その意味で，同年9月の総裁選こそ，反小泉グループが小泉と雌雄を決する場になるはずだったが，小泉は，総裁選後に内閣改造―解散・総選挙という政治日程を組み立て攻勢に出た。自らの処遇や生き残りに懸命になる議員心理を利用して「反小泉」の動きを牽制したのである。反小泉グループは統一候補の擁立に失敗し，総裁選は凡戦に終わる。6割の内閣支持率を誇る小泉を下ろすことはそもそも難しかったが，自民党が小泉再選を許したのは，総裁選直後の衆院選を戦うことのできる，国民的人気のあるリーダーを小泉以外に誰一人として見いだせなかったのが主因である。

　小泉は総裁選後の党役員人事で，盟友の山崎拓幹事長を更迭し，後任には人気はあるものの，衆院当選わずか3回の，安倍晋三官房副長官を抜擢した。それは衆院選を戦うための「顔」としての人事だったが，当選回数を重んじる自民党組織原理への挑戦も意味していた。小泉はこの常識外れの人事によって，自民党に新風を呼び込みつつ，党内に渦巻く人事絡みの不平・不満を抑え込むことにも成功した。

6. 派閥の変容

　自民党は派閥連合政党として誕生し，「派閥あって党なし」といわれた時期もあった。94年には，主要5派閥が解散式を行い政策集団に移行したが，実際は派閥として存続し，やがて復活した。派閥の最大の目的は，党の総裁権力奪取である。領袖は，カネで議員を養って人事と選挙を支援し，見返りに総裁選での1票を要求した。しかし，90年前後から派閥領袖の座は総裁への道を約束しなくなった。カリスマ型のリーダーは姿を消し，領袖の集金力も落ちて，各議員の頼りは派閥からのカネより政党交付金に変わった。小選挙区制の導入により，同一選挙区での派閥間の争いは減り，派閥介入の余地も

小さくなった。

　こうして存在意義そのものが問われていた派閥の衰退を，一層促したのが小泉流人事だった。小泉は組閣にあたって派閥から推薦名簿を求めず，自分一人の判断で閣僚を選んだ。改造内閣でも再改造内閣でも，この方針を貫いた。「1内閣1大臣」に固執し，不祥事での更迭も避けたため，ポストの回転も悪くなった。この結果，派閥は最後の拠り所だったポスト配分の機能をも失うことになった。自民党総裁選においても，領袖が「右向け右」といえば全員がそれに従う，「派閥の論理」も過去のものとなった。小泉の場合は，主流各派の要員を合計しても比較少数にとどまり，派閥のタガが緩まなければ同政権は生まれなかった。小泉が，自民党は「半分壊れた」と公言し，総裁再選後も，「派閥の機能は変わった」と得意げに強調したのは，それなりの理由があったのである。

7.「反経世会」の政治

　小泉は，自民党を支えてきた派閥・族議員政治，事前審査制の政策決定システム，地元への利益誘導政治などに反旗を翻した。小泉はこれを「自民党を変える，日本を変える」というキャッチコピーに集約した。その具体的な標的は，陳情政治や国対政治に長け，「数は力」の政治で党を牛耳ってきた「経世会」(田中―竹下―小渕―橋本派)だった。道路をはじめとする公共事業，郵貯資金を経営の原資とする特殊法人にメスを入れようとする小泉改革は，経世会の権益や利権型政治への切り込みを意味していた。

　米誌『ニューズウィーク』(2001年9月12日)は，小泉改革は田中元首相の日本列島改造論の創造的破壊であり，「小泉は土建国家の悲惨な不条理を終わらせることが出来るか」と書いた。これに田中角栄と福田越夫との「角福戦争」と呼ばれた権力闘争の怨念が重なる。小泉の権力政治は，「反経世会」の色を濃くし，森派の塩川正十郎が小泉再改造内閣を「福田内閣」といって会心の笑みをみせたのもこの文脈からである。

　2002年，野中幹事長ら党執行部が「加藤の乱」を鎮圧したことは，派閥の脆弱化と幹事長ら執行部の権力強化を物語っていた。2003年の総裁選では，一枚岩だった橋本派に決定的な亀裂が入った。小泉は，同派の野中広務と青木幹雄を分断し，野中は議員辞職に追い込まれ，経世会潰しは大きな戦果を

上げた。小泉はかつて政治改革，それも小選挙区制導入反対の急先鋒だった。その政治改革が「派閥崩壊」をもたらし，小泉続投でも追い風となるとは，小泉自身，全く予想していなかったに違いない。

8. 政治改革から10年

政治改革論議は88年の竹下政権下のリクルート事件に端を発した。自民党は急速に国民の支持を失い，政治家の倫理確立と腐敗防止策に取り組まざるを得なくなった。が，政治改革の論議は，カネのかかる政治の仕組み，すなわち，選挙制度と政治資金制度を変えることに重点を移していった。自民党は93年，選挙制度改革をめぐって分裂し，小選挙区比例代表並立制と政党交付金を導入するための政治改革関連法は細川内閣の手によって成立した。

それから10年，政治家の政治資金調達量は減ったが，汚職事件は後を絶たず，政権交代可能な政治システムを確立するという狙いも達せられなかった。90年代は，文字通り，政党乱立の時代であり，生まれた政党のほとんどが消滅した。政党を渡り歩く国会議員も多かった。政党交付金が解党を容易にし，年末になると交付金目当ての新党結成が相次いだ。

政党による不毛な権力争奪に嫌気がさした国民は，2人に1人が支持政党をもたなくなった。青島幸男と横山ノックが東京，大阪の知事になり，青島の後任には石原慎太郎が就いた。既成政治に反発する無党派層の気分が，「非政治的」「反政治的」なヒーローを選択させた。小泉は，無党派層を呼び込むためには，既存の支持層が離れようとも，大胆な政策を打ち出すほかないと考えていた。そして小泉内閣の誕生自体，無党派層のパワーと既成政治に反発する社会風潮に助けられていた。

9.「反政党」政治

小泉は，首相を国民の直接投票で選ぶ首相公選制の推進論者であり，「首相公選制を考える懇談会」を発足させている。小泉には，首相としてできる限り国会から独立してリーダーシップをとりたいという志向がみえる。そして自民党総裁でありながら時に自民党を否定するような態度をとってみせた。2003年1月の参院予算委員会では，「自民党総裁でなくとも総理であり得る」と答弁した。総裁選の際には，選挙に負けても首相の座にとどまり解散に打

って出る,といった奇策が首相周辺から流された。

同時に小泉は,主要閣僚に民間人を多用して彼らを使い続け,主な政策も私的諮問機関をつくって丸投げしていると批判された。小泉が勝利した二度の総裁選の党員投票は,国民が直接首相を選ぶ首相公選制の模擬投票と化したが,小泉は,無党派層を中核とする国民と直接提携しなければ自民党に将来はないと,一般党員を巻き込み,党の組織票を抑えて勝ちを制した。

御厨貴東大教授は,自民党総裁選後,「小泉内閣はもはや自民党内閣ではなく,機能的にいえば1930年代の超然内閣にほかならない」(読売新聞2003年9月22日)と指摘した。衆院の多数党あるいは多数の政治勢力の代表が首相に任命され,内閣を組織するというのが政党内閣制である。内閣は国会の信任,支持に基づいて存立するわけで,ここが議会に責任を負わない「超然内閣」とは違う。小泉の政府と党との強いねじれ関係は,議会制民主主義をうまく機能させる政党政治のうえからは異形だったのである。

10. ポピュリズム

小泉首相は,支持率の変動を常に意識し,支持率の維持・上昇のために「人事」を活用した。小泉内閣の当初の驚異的な支持率は,田中真紀子のキャラクター抜きには考えられない。田中外相による外務官僚叩きは,大衆の反エリート感情や女性たちの男性社会への反感と共鳴しあい,多くの人が田中の歯に衣着せぬ言動に喝采を送った。テレビ・メディアは小泉・田中の一挙手一投足を面白おかしく伝えた。やがて,外相としてふさわしからぬ田中の言動を,国会議員やメディア,評論家が批判すると,匿名の一般市民から感情的な抗議電話やメールが相次いで寄せられた。

2002年1月,小泉は田中を更迭した。7割台の支持率は46.9%(電話調査)に急落し,これを機に支持率は低落傾向に陥った。同年5月には41.8%にまでダウン,5,6月は不支持率が支持率を上回った。ところが7月には50.7%に持ち直した。これは道路公団民営化推進委員会の委員に,与党や国土交通省の抵抗を抑えて作家の猪瀬直樹を起用したことへの好感とみられた。電撃的な日朝首脳会談後の9月には66.1%に復調した。2003年は50%前後で推移したが,9月の自民党「安倍幹事長」抜擢人事は,支持率を63.4%(電話調査)に引き上げる要因となった。いずれも,政治・外交イベントを巧み

に設定し，メディアの過熱報道を利用して支持率を上げる戦術が際立っていた。

　ポピュリズムとは，「『普通の人々』と『エリート』，『善玉』と『悪玉』，『味方』と『敵』の二元論を前提として，リーダーが『普通の人々（ordinary people）』の一員であることを強調すると同時に，『普通の人々』の側に立って彼らをリードし『敵』に向かって戦いを挑む『ヒーロー』の役割を演じてみせる，『劇場型』政治スタイルである。それは社会運動を組織するのでなく，マスメディアを通じて，上から，政治的支持を調達する政治手法の一つである」（大嶽秀夫著『日本型ポピュリズム』中公新書）。小泉や田中が「抵抗勢力」や「官僚」を敵に見立てて戦いを演出し，支持率を上げたことは，まさにこの定義に沿うものだった。

　2003年10月，衆院選を前にして小泉は，中曽根，宮沢両元首相の引退を迫った。小泉の要請に「非礼だ。政治テロだ」と激怒した中曽根は，議員生活にピリオドを打つ記者会見で，「年寄りは引っ込めという安易なポピュリズム，民衆迎合のようなにおいを若干感じた」と述べて小泉の手法を批判した。識者の間では，政治的な見識に富む両者の続投を望む声が強かった。しかし，読売新聞社の「衆院選ネットモニター調査」では86％が首相の不出馬勧告に賛成した。小泉はそんな大衆感覚をうまくとらえていた。

11. テレポリティックス

　ポピュリズムの政治にマスメディアが果たす役割は極めて大きい。とくにテレビのワイドショーが有権者の意識に与えている影響は無視できないものがある。政治のプロセスにテレビが介入する「テレポリティックス」が強く意識され始めたのは，93年の政権交代をめぐる政局・選挙報道からだった。自民党幹部を「悪徳代官」のようにみせる映像が問題視されたのである。細川首相は「ぶら下がり」で記者が背後に立つことを嫌い，外遊先でのマフラー姿が細川ファンを魅了した。テレビ映りのいいこと，「テレジェニック」が政治家にも要求されるようになった。

　フジテレビ系「報道2001」やNHK「日曜討論」，テレビ朝日系「サンデープロジェクト」等に生出演する政治家の言動が政局に少なからぬ影響を与えるようになった。2000年の「加藤の乱」は，そうしたテレビ政治の1つのピ

ークをなすものだった。加藤紘一は「サンプロ」での野中広務との対談でつまずいて窮地に陥った。不信任案採決の日は，政治が同時進行ドラマとなってテレビ中継され，最後は加藤の敗北の「涙」で幕を閉じた。「劇場民主主義」の盛り上がりは加藤の想像を超えていた。

　小泉政権下，辻元清美や鈴木宗男，田中真紀子も，それぞれこの「劇場」の主役として存分に振る舞い，テレビ桟敷を喜ばせたが，その分，スキャンダルで追い込まれた時は，「見せ物」の格好の対象になった。小泉周辺は，一般紙よりもスポーツ紙，ワイドショーなどに重点を置いたメディア戦略をとり，平日は毎日，ぶら下がりと称するテレビインタビューに答えて，自分の姿をテレビに露出し，政府広報ラジオ番組に定期出演した。歯切れの良い，簡単明瞭な言葉遣いは，「ワンフレーズ・ポリティックス」と評されたが，首相のインタビューが国民への説明責任を果たすことにはならなかった。

12. 小泉流の言辞

　2001年のテロ対策特別措置法の論戦で，小泉は「自衛隊は戦力」と言い，「憲法の前文と9条の間にはすきまがある」と答弁した。「常識でいこう」「神学論争はやめよう」などとも言った。解釈改憲が限界に達していることは小泉の言う通りだった。小泉は自らが改憲論者であることを明確にし，2003年衆院選の最中も，「自衛隊は軍隊だ。国軍に改めた方がいい」「9条も大きな問題点だ。今の表現のままでいいのか」などと繰り返した。自民党総裁選前の同年8月には，自民党結党50周年となる2005年11月15日までに，党として憲法改正案をまとめる考えも表明した。これは総裁選や衆院選での「争点」作りと，民主党の分断策ともみられたが，すぐに「小泉内閣では改憲は目ざさない」とトーンダウンし，積極的に論争を仕掛ける姿勢はみせなかった。

　2001年12月，青木建設が倒産したとき，小泉は「構造改革が順調に進んでいることのあらわれ」と言って不評を買った。2002年，ペイオフ全面解禁が延期され，国債発行30兆円枠が破られても，小泉は「構造改革路線は微動だにしない」と強弁した。2003年1月の党首討論でその点を追及されると，「約束を守れなかったのは大したことでない」と失言した。小泉のデフレ認識は甘く，経済政策に精通していないだけに発言は無責任に映った。

　一方，小泉は2003年3月，イラク開戦を前に日本の対応について，「国連の

議論がわからない時点で何ともいえない。その場の雰囲気だ。状況をみて判断する」とあいまいな発言を繰り返した。6月、イラク戦争で大量破壊兵器が発見されていないと突かれると、「フセイン元大統領が見つからないからイラクにフセインが存在しなかったということが言えますか」と、居直るような答弁をし、「どこが非戦闘区域かと今、私に聞かれても、分かるわけがない」と突っぱねた。小泉の言葉には、時に粗雑で投げやりな調子がみられたのである。

官僚主導から政治主導へのスローガンは、小泉内閣でもなかなか現実化しなかった。むしろ、田中真紀子外相に対して外務官僚は公然と反抗し、その背景をなした、鈴木宗男元北海道・沖縄開発庁長官の外交への過剰な関与も表面化した。小泉首相も、道路公団改革など政策に関しては諮問機関・審議会政治を踏襲し、その答申をめぐって省庁間や与党内で対立が激化しても、それを裁断する指導力はみせなかった。道路公団総裁更迭をめぐる混乱は、政治家が官僚をコントロールしきれない「政」の非力ぶりをみせつけ、道路公団民営化推進委員会は委員が脱落して空中分解した。

この10数年、大蔵、外務、厚生のエリート官僚たちの汚職や接待疑惑は、官僚の信頼を地におとしめた。とくに、中国・瀋陽市の日本総領事館に駆け込んできた、亡命希望の北朝鮮住民を中国の武装警官に連行させた事件は、外務省不信を増幅させた。このほか、BSE（牛海綿状脳症＝狂牛病）問題、防衛庁の情報公開請求者リスト作成問題などの不手際も続いた。これらは、官僚の行動様式そのものを厳しく問うものだったが、政治の側の責任も無視できなかった。中央省庁の官僚について国民の74％は「信頼していない」と答えていた（2002年5月）。

2. 2003年衆院選

1. 衆院選の特徴

2003年衆院選は、10月28日に公示され、11月9日に投開票された。この選挙では、「自民・公明」連合と「民主・自由」連合の二大政治勢力が覇を競ったわけだが、その結果は、自民党237、民主党177、公明党34、共産党9、社民党6、保守新党4、無所属の会1、自由連合1、無所属11だった。はじめ

に2003年選挙結果が意味するところについて概括しておこう。

　まず，第1に，自民党は2003年選挙でも過半数を得られなかった。これは1993年衆院選以降4回連続のことであり，自民党の単独政権復帰の難しさを示すものである。しかし，3議席増の公明党と併せて「絶対安定多数」（全部の常任委員会で委員長を独占したうえで，委員数でも過半数を占めることが可能な議席数。選挙時は269）を確保して政権は維持された。民主党は，衆院解散時から40議席増を果たし比例代表では第1党になったが，政権にはなお遠かった。共産党の議席は1967年以来の1桁台に落ち込み，社民党は解散時の3分の1に激減した。2大政治勢力の谷間に社共勢力が沈む構図が生まれたのである。

　第2は，総定数480に占める自民，民主両党の議席率が各49％，37％と，あわせて9割近くを占めたことである。得票率でも小選挙区で自民党44％，民主党37％，比例選でも自民党35％，民主党37％と2党に集中した。小選挙区比例代表の新選挙制度が効果をみせはじめたといえ，自民，民主両党による2大政党制への足がかりができた。

　第3は，無党派層の投票先の多くは民主党に向いていた。出口調査によると，比例選で無党派層の56％が民主党に投じており，追跡調査でも38％が民主党に，33％が自民党に投票していた。民主党が比例選で2200万票を獲得したのは，こうした無党派層の追い風によるところが大きい。2003年衆院選も，近年の国政選挙同様，無党派層の投票行動が選挙の帰趨を決めていた。

　第4は，民主党が都市部でなく，都市と農村との「中間部」でも勢力を伸ばしたことである。300小選挙区を人口集中度によって「都市部」「中間部」「農村部」に3等分して自民党と民主党の獲得議席をみていくと，都市部では自民31対民主60，中間部では58対35，農村部では79対10だった。民主党は都市部で圧勝するとともに，中間部においても解散時より議席を14増やしていた。

　第5は，与党勝利の裏で自民党と公明党の選挙協力が一段と進展したことである。出口調査では，小選挙区で，公明党支持層の72％が自民党候補（277小選挙区）に，自民党支持層の56％が公明党候補（10小選挙区）に投票していた。前回2000年衆院選では各61％，38％であり，いずれも数値がアップしている。そこで例えば，小選挙区の自民党候補が同一選挙区内の「公明党比

例票の半分」の下支えを失ったと仮定すると，当選した168小選挙区のうち46選挙区で逆転の可能性が生じ，自民党は小選挙区でも民主党に後れをとってしまう。自民党の勝利は公明党の協力なくしてありえず，公明党は選挙でも政局運営でも，自民党にとって必要不可欠な存在になったことが明らかである。

第6は，民主党と自由党との合併が一定の効果をあげたことである。得票率を見る限り，わずかな伸びしかみせていないが，両党が合併して大政党になったことによって，比例ブロック制度のメリットを享受する一方，候補者調整によって自民党から議席を奪う小選挙区も出た。

第7は，有権者は，政権選択や政権公約（マニフェスト）への評価，さらには首相選びも迫られる，新しい「かたち」の選挙をはじめて経験した。国民の多数は衆院選を「政権選択」の選挙と考え，2大政党化が進んだ結果についても肯定的な評価をしていた。ただ，政権公約の内容を「知っていた」のは2人に1人にとどまっている。さらに大多数は実際に政権交代が実現するとは思っておらず，民主党に政権を委ねていいと思う人も極めて少なかったのである。

2. 政権公約とは

2003年衆院選で民主党の菅代表は，イギリスに範をとったマニフェストを武器に「脱官僚宣言」を発して小泉政権を批判し，自民党もマニフェストで応戦した。小泉首相は，構造改革の方針は不変であり，「自民党を真の改革推進政党にする」と宣言した。

政権公約とは，政党が政権に就いた際に取り組む政策の達成期限や数値目標，財源などを具体的に明示した公約集のことで，有権者は後日，達成度を検証する仕組みである。2003年の統一地方選で，北川正恭三重県知事が知事選候補者に呼びかけ，「新しい日本をつくる国民会議」（21世紀臨調）が推進した。その狙いは，政権公約を突破口に弱体化した政党政治を立て直すことだった。最も熱心なのは民主党だったが，マスコミの後押しを受けて一種の「流行」のように各党に伝播した。

各党の政権公約の中で，国民がもっとも重視していたのは，「年金制度の見直し」と「経済再生への取り組み」（各53％）だった（2003年10月調査）。国

民はデフレ不況からの脱出と老後不安の解消を強く求めていた。同年10月は，北朝鮮から日本人拉致被害者が帰国してまる1年にあたっており，北朝鮮の核開発問題は6か国協議に舞台を移していた。同月にはブッシュ米大統領が来日し，日本政府はイラク復興支援のため，2004年分として15億ドル（約1650億円）の無償資金資金協力を決めた。同時にイラクに陸上自衛隊を派遣する準備にも入っていた。ただ，イラクへの自衛隊派遣や道路公団の改革，郵政3事業の見直しは必ずしも強い関心を呼んでいなかった。

　また，政権公約実現のためには，与党の政策と内閣の政策が一致していなければならない。民主党の菅代表は，「議院内閣制における本物の内閣，つまり与党と一体の内閣がつくれないリーダーにはマニフェストもつくれない」（『中央公論』2003年8月号）と論じたが，これは，与党と政府の方針との関係があいまいな自民党政治への批判にほかならなかった。実際，自民党の郵政民営化の公約は，「2007年4月から民営化する政府の基本方針を踏まえ，日本郵政公社の経営改革の状況を見つつ，国民的論議を行い，04年秋ごろまでに結論を得る」という玉虫色の表現にとどまっていた。もっとも，読売新聞の候補者アンケートでは，自民，民主両党の候補者の多くが，政権公約に納得できない場合には自説を主張すると回答する一方，衆院選ネットモニター調査によると，国民の側もこれを許容する人が多数派だった。はじめてのことでもあり，政権公約の意義や内容は，国民に十分に浸透しなかった。

3. 自民・公明連合

　衆院選を戦った2大政治勢力の一方の雄，「自民・公明」連合形成の経緯を振り返っておこう。

　自民党は，小渕政権下の99年10月，自由党との連立に公明党が加わる自自公政権を発足させ，公明党を正式のパートナーにした。2000年4月に自由党が分裂すると，その分派の保守党（のちの保守新党）と提携して自公保政権を作った。小泉首相は，前任者の小渕，森と比べて，公明党との関係は緊密でなかった。2001年4月，総裁選の共同記者会見の場で，「公明，保守と協力することも大事だが，これ以外の政党の協力を求めないという態度はとらない」と発言。その後も抵抗勢力を牽制する意味から，民主党との連携を時においおわせ，靖国神社参拝やイージス艦派遣などでも，公明党と摩擦を引き起

こした。しかし，2003年10月の解散は，「2004年衆参同日選・絶対阻止」を唱える公明党の意向を斟酌したものだった。

　自民党は，党組織の空洞化を公明党・創価学会の組織票で補うようになっていた。とくに森内閣下の2000年衆院小選挙区選で，自民党が大敗を免れたのは公明党の選挙協力の賜だった。2003年の衆院選直前の参院埼玉補選での自民党勝利も公明党の全面支援によるところが大きく，これが自公選挙協力を一層促した面もあった。結局，自民党198人が公明党の推薦を受け自民党は10小選挙区で公明党候補を推薦，自公協力関係は一段と強化されていった。

4. 民主・自由連合

　一方，民主，自由両党合併の目的は，選挙を前に政権の受け皿をつくることだった。旧新進党の結党時と比べると，同党が計214人（衆院178，参院36）だったのに対して，合併「民主党」は204人（衆院137，参院67）。この合併に対しては，政権交代が可能な政治勢力が生まれるという評価の一方で，政策的な対立を黙過した選挙目当ての野合という見方も少なくなかった。菅代表は，野党4党は2000年衆院比例選で100議席を得ており，政権を奪うには小選挙区での過半数獲得がポイントと考えていた。

　しかし，合併「民主党」に「期待している」という国民は35％にとどまり（2003年8月調査），上昇気流は生じなかった。民主党支持層の9割以上は合併「民主党」に投票するとしたが，自由党支持層では半数にとどまり，2割弱が自民党に流れていた。合併に伴う両党候補者調整は33選挙区で行われ，一部は公認漏れに反発して出馬を強行した。最終的には自民党（336人）にほぼ匹敵する候補者（277人）を公認した。

　選挙期間中，民主党は，政権交代が実現した場合の主要閣僚予定者を公表し，地方分権担当の無任所相に田中康夫長野県知事，財務相に榊原英資慶大教授，国土交通相には高速道路無料化を提唱した山崎養世らを充てた。福田官房長官は，「仮想政権」と切って捨てたが，投票日を前にした人気取りの「人事」という点では小泉流と異ならなかった。

5. 政権選択選挙

　21世紀臨調はかつて，小選挙区比例代表並立制を導入した政治改革につ

いて，①選挙を通じて有権者の選択が「政権の選択」や「首相の選択」「政策の選択」につながることをめざしたものであり，②有権者は，政権を担っている政党の業績を評価し，それを継続するか，それとも変化を求めるかの選択を重視する「業績投票」が求められる，と指摘した。

2003年の「自民・公明」と「民主・自由」の対決は，そこに大きく近づいていることを意味した。衆院選公示10日前の10月調査では，「自民党を中心とする政権が続く方がよい」（55％）が「民主党を中心とする政権に交代する方がよい」（28％）を大きく上回っていた。「期待している政治家」として小泉首相を挙げた人36％に対して菅代表は22％で，国民的な人気では小泉が菅を上回っていた。そして国民の半数近くは，この衆院選を「政権選択」の選挙と受け止めていた。

選挙戦では，政権の枠組みをめぐる応酬もあった。小泉が公開討論会で，「共産党の協力を得ないと過半数を確保出来ない場合は協力を求めるのか」とただすと，菅は「あらゆる可能性を残したい」と応じた。小泉は，共産党と手を組む民主党，を印象づけようとしていたが，共産党は公示後，「民主党と政権問題で協力することは考えられない」と表明した。これに対して，民主党は「自由公明党だ」と自公の一体化ぶりを攻撃した。実際，「選挙区は自民党，比例は公明党」と公然と呼びかける自民党候補が次々と現れた。

6. 審判の結果

2003年11月9日の投開票の結果，自民，民主両党は比例で各2000万票台に乗せ，共産，社民両党は，前回2000年選挙から各200万票以上を減らした。熊谷弘代表が落選した保守新党（衆参両院7人）は10日，解党して自民党との合流を決めた。自民・小泉，公明・神崎の両党首は18日，連立政権の合意書に調印し，「自公保」に代わる「自公」連立政権がスタートした。一方，社民党の土井党首は，小選挙区で議席を失い，比例で復活当選したが，同党の選挙大敗の責任をとって党首を辞任し，後任には福島瑞穂幹事長が就任した。自民党は，加藤紘一・元幹事長の復党を認めて追加公認し，無所属の田中真紀子・元外相は民主党の衆院院内会派「民主党・無所属クラブ」に入会した。

11月19日召集された特別国会の衆院勢力分野は，自民党245，民主党・無所属クラブ180，公明党34，共産党9，社民党・市民連合6，グループ改革5，

無所属1となった。自民党と民主党の2大勢力の間に公明党が独自の存在感を示す「2003年体制」とも呼ぶべき，新しい形が生まれたのである。

7. 自民，民主の決算

　自民党は，追加公認と保守新党吸収によって解散時勢力とほぼ同じ議席を維持した。比例は，前回選挙を13議席も上回ったが，民主党に比例第1党の座を譲った。小選挙区では，9減の168議席にとどまり，目標としていた単独過半数は得られなかった。結局，不人気で自民党が苦戦した森内閣下の前回選挙を全体で4議席上回るだけに終わった。小泉効果はまだ有効ではあったが，高い内閣支持率を十分に生かすことはできなかった。小泉支援はイコール自民党支援ではなかった。公明党支持層の7割は自民党候補に投票し，自民党支持層の過半数は公明党候補に1票を投じた。自民，公明は「融合」したと形容されるほど接近したのである。

　民主党は，前回の民主党と自由党の議席合計149に比べても28議席を増やした。無党派層の5割以上が民主党に投票したことが躍進の原動力となった。が，議席増は結果的には，共産，社民の議席減を供給源としており，自民党を追いつめることはできなかった。

　政権公約に基づいて政権選択を求めた民主党の戦術は，それなりの効果をあげた。政権公約の浸透度は民主党支持層において最も高かった。そして「政権選択」の呼びかけは，二者択一の投票行動を促し，共産，社民両党支持層の一部の票を呼び込むことにもなったとみられる。

　だが，国民の多くは，自民党に対する牽制政党としての役割を民主党に期待したようで，「政権」を委ねる気持ちはなかった。同時に「政権交代」の実現可能性の低さが史上2番目の低投票率を招き，結果として民主党の議席増の限界をもたらしたとも言えた。結局，自民，民主両党ともに，「勝利感」の乏しいまま，選挙戦を終えたのである。

8. 2大政党制の可能性

　自民党と民主党による2大政党化が進んだことについて，「望ましい」という肯定的な答えは69％に達した（投開票直後の緊急電話調査）。投票日から1週間後の衆院選追跡調査では，我が国でも時々政権が交代する方が望ましい

という人は約 7 割に上っている。

　では，これにより自民，民主両党による 2 大政党制は到来するのだろうか。実際，2 大政党といっても，その間には公明党が存在している。もはや自民党は公明党の協力なしには安定した政権運営は難しく，選挙における公明党の絶大な支援効果を考えると，公明党を敵に回す愚は極力避けるだろう。一方の公明党も，小渕内閣以来の安定した与党の座がもたらすさまざまな利点，便益を思えば，簡単に野に下る決断はしまい。したがって，双方の利害が一致し，両党間でぎりぎりの妥協・調整が図られる限り，比較第 1 党の自民党を公明党が補完する自公政権は長持ちするだろう。

　しかし，憲法改正や安全保障問題，社会福祉政策でいつまでも共同歩調がとれるか，といえば疑問がある。自民党が旧来の保守層の支持を固めるために，教育基本法や憲法改正に積極姿勢を示し，市場主義重視の経済・財政政策を遂行するとすれば，公明党との軋轢は避けられない。公明党にしても，自民党との間で政策的に抜き差しならない対立が生じ，支持母体の創価学会の立場にも反する事態を招くなら，自民党からあっさり離れることもありうる。また，仮に自民党が衆参両院でまがりなりにも単独過半数を獲得すれば，公明党は存在価値を失いかねず，自公関係は変質するかもしれない。逆に，自民党勢力が後退し，自民，民主双方の力がより拮抗するなら，公明党が，政権を左右できる少数政党の力，キャスティングボートを一層有効に使おうと考えるのは確実である。

　政治学の蒲島郁夫東大教授が指摘しているように，民主党の政権への近道は公明党と連携することである。これは2003年選挙で自民党を下支えした公明党支持層が離脱するだけで，自民党と民主党の議席数が逆転するというシミュレーションから明らかである。そもそも，イデオロギー（政治的信念）的な距離では，支持層でも議員同士でも「自・公」より「民・公」間の方が近く，政策的に連携しやすいという背景もある。

　公明党支持層が比較的「民主嫌い」で，民主党リーダーへのアレルギーが公明党議員にみられるとしても，「政権の妙味」やリーダーの交代によって障害は乗り越えることができよう。こうしてみると，2003年選挙の「自民・公明」と民主党との対決は，いずれ自民党に対する「民主・公明」連合の構図にもなりうるということである。

民主党の菅直人代表は，2003年選挙で民主党は「2大政党の一方の柱としての認知」を受けたと自信を示している。だが，菅と小沢一郎代表代行を中心とする民主党執行部は，選挙後も公明党との連携路線はとらず，自公は「融合」したと厳しく批判している。さらに1993年以降，政界再編に深く関わってきた小沢一郎は，自民，民主両党がこのまま2大政党に移行するとは考えておらず，今はなお過渡期との認識を示している。

社民党は「護憲政党」として少数勢力のまま生き残るか，民主党と合併するかの選択を，党も議員も迫られる可能性がある。天皇制と自衛隊を当面容認する新綱領を採択するなど現実路線を強めている共産党は，近い将来，2大政党制が定着してくればキャスチングボートを握る局面が皆無とはいえない。

大政党の自民，民主両党は，ともに内部に理念的，政策的対立を孕んでいる。自民党についていえば，小泉首相の構造改革路線とこれに抵抗する勢力との抗争，財政主導の景気回復策の是非を巡る対立はなお続くだろう。憲法改正も具体的な日程に上れば党内の意見対立は避けられない。一方，民主党の場合も，社会党と自由党の流れを汲むグループの対立，とくに安保政策，憲法第9条の扱いなど，国の基本政策に関わる対立は容易に解消されないものとみられる。非自民の細川政権は，小沢一郎と武村正義との対立を契機に破綻していったが，双方の流れを汲む議員が民主党には同居している。

民主党が近い将来，政権をとることができると思う人が3割にとどまる（緊急電話全国調査）ことも，同党にとっての悲観材料である。寄り合い所帯といわれる，政治潮流の異なる議員たちを「統合」していく努力はもちろんだが，「風」に頼らない安定的な支持基盤確立のための日常活動の強化や地方議員の拡充，党組織の整備が急がれる。

9. 理念と政策

自由党と民主党を併せると「自由・民主党」であり，2つの「自民党」が誕生，結果的に政策の相違がみえないという論評も少なくない。脱イデオロギーの時代と民主党が政権与党の政策に「対案」を掲げてきたこともあって，両党の政策は明らかに接近してきた。

民主党は「開かれた国民政党」を謳い，もはや自民，民主両党ともに包括

的な国民政党と言ってよい。自社両党の55年体制下の，イデオロギー対立に基づく政策上の隔たりは過去のものとなった。戦前をみても，その政党政治の終焉が，政友会と民政党の「2大政党の内外政策の対立幅が大きすぎ，1930年前後の世界危機への日本の対応を混乱させてしまった」ことにあった（坂野潤治著『日本政治「失敗」の研究』）とすれば，政権交代による政策の激変が好ましくないのは明らかである。

　政権に挑む民主党に求められるのは，「非自民」にとどまらない政策対立軸の提示と，何よりも政権担当政党としての安定・安心感を有権者に与えることである。外交・安全保障問題や危機管理を要する事態の発生に際しての対応があまりに不可測では国民の信頼は得られない。一方，自民党も，徳川幕府が倒壊される前に衰亡したといわれるように，民主党に政権を打倒される前に，指導者不足などから自ら「衰退」の道に踏み入りかねない恐れがある。何よりも，小泉首相に代わる新しいリーダーを生み出すことに努力を傾ける必要があろう。

　自民，民主の共通の弱点は，政治理念や国家構想，経済・対外政策の柱がともにみえないことにある。これが両党の政党としての特徴を見失わせてもいる。自民党も民主党も，国民にわかりやすい対立軸をもつ2大政党になって政権交代を繰り返すことになるのか，もう一度，自民党と民主党をまたぐ政界大再編に進むことになるのか。いずれにしても，国政選挙での国民の審判が重要な役割を果たすことになる。

第2章　2003年衆院選の分析

1. 審判の枠組み

1. 与党が「絶対安定多数」

　第43回衆院選は2003年10月28日に公示され，11月9日に投開票が行われた。小選挙区比例代表並立制で3度目となるこの選挙には1159人が立候補し，前回2000年の1404人を大きく下回る少数激戦となった。「政権選択」を最大の争点とした選挙戦の結果，自民，公明，保守新の与党3党が，国会運営の主導権確保に必要な絶対安定多数（269議席）を上回る275議席を獲得し，政権維持に成功した（表2-1）。

　ただ，公明党が解散時より3議席増の34議席と勢力を伸ばす一方で，自民党は10議席減の237議席，保守新党も5議席減の4議席と後退し，与党全体でも12減となった。議席を半減させたうえ，熊谷弘代表も落選した保守新党は選挙後，解党を余儀なくされ，所属議員は自民党に合流した。

　政権交代を訴えて臨んだ民主党は，直前に踏み切った自由党との合併効果もあって，解散時から40議席増の177議席と躍進した。前々回96年衆院選で当時の新進党が獲得した156議席，55年体制下で旧社会党が得た野党としての最多議席166（58年衆院選）を上回ったことで，「2大政党制」への足がかりを築いた。特に比例選では自民党を上回る得票を集め，第1党に躍り出た。具体的目標を盛り込んだ政権公約（マニフェスト）を前面に掲げ，小泉政権との違いを強調したことや，菅直人代表―小沢一郎・旧自由党党首の「2枚

表2-1 2003年衆院選の各党得票等

		自民	民主	公明	共産	社民	保守新
小選挙区	候補者数	277	267	10	300	62	11
	当選者数	168	105	9	0	1	4
	得票数	26,089,326	21,814,154	886,507	4,837,952	1,708,672	791,588
	得票率	43.85	36.66	1.49	8.13	2.87	1.33
比例	候補者数	314	274	45	47	65	—
	(重複立候補)	(255)	(264)	(0)	(31)	(62)	—
	当選者数	69	72	25	9	5	—
	得票数	20,660,185	22,095,636	8,733,444	4,586,172	3,027,390	—
	得票率	34.96	37.39	14.78	7.76	5.12	—
合計	候補者数	336	277	55	316	65	11
	当選者数	237	177	34	9	6	4
	議席率	49.4	36.9	7.1	1.9	1.3	0.8
＊		247	137	31	20	18	9

		無所属の会	自由連合	諸派	無所属	計	投票率
小選挙区	候補者数	8	1	4	86	1,026	59.86
	当選者数	1	1	0	11	300	
	得票数	497,108	97,423	51,524	2,728,118	59,502,373	
	得票率	0.84	0.16	0.09	4.58	100	
比例	候補者数	—	—	—	—	745	59.81
	(重複立候補)	—	—	—	—	(612)	
	当選者数	—	—	—	—	180	
	得票数	—	—	—	—	59,102,827	
	得票率	—	—	—	—	100	
合計	候補者数	8	1	4	86	1,159	
	当選者数	1	1	0	11	480	
	議席率	0.2	0.2	0.0	2.3	100	
＊		5	1	2	5	475	欠員5

＊ 解散時勢力

看板」が効果を上げたものと見られる。

　同じ野党ながら，共産，社民両党は，「自民党対民主党」の2大勢力対決の構図がクローズアップされたあおりを受け，それぞれ9議席（解散時勢力比11議席減），6議席（同12議席減）と惨敗した。特に社民党は，党の「顔」だった土井たか子党首までが小選挙区で敗退（比例で復活当選）する深刻さで，土井は党首を引責辞任した。

2. 現行制度で最少の立候補者

　2003年衆院選の立候補者総数1159人の内訳は，定数300の小選挙区選に1026人，定数180の比例選に745人（うち小選挙区選との重複612人）。総定数が同じ480だった前回2000年衆院選から245人減り，総定数500だった小選挙区比例代表並立制初回の1996年衆院選（1503人）と比べると344人減となった。中選挙区制だった55年体制当時の800〜900人台と比較すれば多いものの，現行制度では最小規模となった。

　競争率は小選挙区選3.4倍（前回4.0倍），比例選4.1倍（同5.0倍）で，比例選に立候補を届け出た政党数も5（自民，民主，公明，共産，社民各党）にとどまり，前回の10から半減した。比例選立候補者に占める重複立候補者の割合は82.1％で，前回の77.3％を上回った。

　1人しか当選できない小選挙区選で自民，民主の2大政党対決の構図が強まったこと，広域的な組織力のない小政党が比例選での候補擁立を見送ったこと，民主党が原則として比例単独候補を認めない方針を打ち出したこと——などが，影響したものと見られる。

　1小選挙区あたりの候補者数も様変わりした。前回2000年衆院選に比べ，候補者総数が245人減ったことを反映し，候補者3人で争う小選挙区が192と全体の64％を占めた。次いで候補者4人が78，5人が23と続き，6人または7人が激突する候補者乱立区はそれぞれ1しかなかった。過去2度の衆院選ではいずれも，候補者4人の選挙区が最も多かったほか，候補者6人以上の選挙区も前々回の1996年には38，2000年でも25あり，2003年衆院選の「少数激戦」傾向は際立っている。与党選挙協力の緊密化，民主・自由両党合併による候補者調整などによって，候補者が絞り込まれたことを示したものだ（表2−2）。

　2003年衆院選の立候補者を主要政党別に見ると，小選挙区では，自民党277（前回271），民主党267（同242），公明党10（同18），共産党300（同300），社

表2−2　衆院選1小選挙区あたりの立候補者数

	2人	3人	4人	5人	6人	7人	8人
2003年	5	192	78	23	1	1	0
2000年	4	103	112	56	21	4	0
1996年	4	83	114	61	26	9	3

民党62（同71），保守新党11（同16＝保守党），無所属の会8（同9），自由連合1（同123）。民主党は前回より25人増やして自民党と肩を並べる陣立てとし，「政権の受け皿」を目指す意欲をアピールした。公明党は自民党との選挙協力を徹底させるために重点区を絞り込み，共産党は小選挙区に満遍なく候補を立てることで比例票を掘り起こす戦術を継続させた。

比例に目を移すと，自民党314（重複255，単独59），民主党274（重複264，単独10），公明党45（重複0，単独45），共産党47（重複31，単独16），社民党65（重複62，単独3）となる。前回衆院選より候補を増やしたのは民主党（15増）だけで，他の4党（自民党12減，公明党18減，共産党19減，社民党11減）はいずれも候補者数を減らした。民主党は比例単独候補を絞り込んだが，公明党は逆に全員を比例単独として小選挙区との重複立候補を見送り，選挙戦術の違いを鮮明にした。

3. 女性候補24年ぶり減少

候補者の新旧の内訳は，解散時まで衆院議員だった前議員が418人（前回2000年は456人），元議員が69人（同72人），新人が672人（同876人）で，新人の減少ぶりが目立った。前回，122人の新人を立てた自由連合が，候補者を前議員1人に絞ったことや，与野党それぞれの候補者調整が進んだことなどが要因と見られる。小選挙区比例代表並立制で初めて行われた前々回1996年衆院選では，969人の新人が出馬しており，現行制度の定着につれて，新規挑戦のムードが落ち着いた面もあるようだ。

立候補者のうち，戦後生まれは71％を占め，平均年齢は51.0歳と前回（51.3歳）からわずかに若返った。主要政党別に見ると，保守新党62歳，自民党55歳，社民党54歳，公明党50歳，共産党49歳，民主党47歳の順で平均年齢が高く，民主党の積極的な若手擁立が目立った。

立候補者大幅減のあおりで，女性候補は149人にとどまり，過去最多だった前回（202人）から53人少なくなった。女性の社会進出を反映し，女性候補の数は1979年衆院選（23人）以降，横ばいまたは増加し続けてきており，2003年衆院選は24年ぶりの減少となる。主要政党別で女性候補が多かったのは，共産党77人（前回84人），民主党29人（同26人），社民党17人（同22人），自民党11人（同11人），公明党6人（同16人），保守新党1人（同1人＝保守党）

の順だった。

　ベテラン議員の引退に伴い，親族がその地盤や看板（知名度）を生かして後継となる「世襲候補」は今回153人（うち新人は33人）おり，全候補者の13％を占めた。政党別では，自民党が最も多く110人で，民主党33人，公明，保守新，無所属の会各1人のほか，無所属7人。共産，社民両党には世襲候補はいなかった。

4. 初の区割り変更

　2003年衆院選は，小選挙区比例代表並立制が導入されて初めての区割り見直しを受けての選挙戦となった。2002年7月の公職選挙法改正に基づくもので，計10道県で小選挙区を1ずつ増やしたり減らしたりし，68小選挙区で区割り（線引き）が変わった。比例選でも，南関東ブロックの定数を1増やし，近畿ブロックを1減らした。各小選挙区の「1票の格差」を2倍未満におさめることを基本目標としたが，基礎配分方式（総定数300を，まず47都道府県に1ずつ割り振り，その上で残る253を人口に応じて各都道府県に比例配分する仕組み）を取ったことで，1票の格差が2倍を超える選挙区が9つ（改正法成立時）も残った。

　5増5減の対象となったのは，増えたのが埼玉（14→15），千葉（12→13），神奈川（17→18），滋賀（3→4），沖縄（3→4）の5県，減ったのが北海道（13→12），山形（4→3），静岡（9→8），島根（3→2），大分（4→3）の5道県だった。

　例えば北海道では，旧7区（留萌，稚内，富良野市など）の市町村を3分割し，それぞれ新6区（旭川市など），新10区（夕張市など），新12区（北見市など）に吸収することで小選挙区を1つ消減させた。このため，中選挙区時代に新6区の地域を地盤としていた自民党の金田英行と，同区からの国政復帰を目指していた同党の今津寛が競合し，金田は比例に転出した。自民党が衆院3選挙区を独占していた島根県でも，新2区の地盤が競合した竹下亘と亀井久興のうち，亀井を比例選に転出させるなどの候補者調整が行われた。

　民主党では，静岡県での1減に伴い，県東部の旧6区（沼津，御殿場市など）選出だった渡辺周，旧7区（三島，伊東市など）選出だった細野豪志は，新5区（富士，三島市など）と新6区（沼津，伊東市など）のどちらを選択

するかを迫られた。いずれを選んでも「今までの有権者の半数と別れ，新人同様の戦いにならざるを得ない」（渡辺）という厳しい状況だったが，結局，細野が新5区を選び，旧5区（富士，富士宮市など）選出の自民党前議員・斉藤斗志二と「小選挙区勝者同士の戦い」を繰り広げることになった。

また，大分でも，旧3区選出の岩屋毅（自民党）と旧4区選出の横光克彦（社民党）が新3区で同様の小選挙区勝者同士の激突を演じた。小選挙区1増で新設された神奈川18区では，他選挙区からの国替え組，小選挙区での落選経験ら7人が「新天地」に名乗りを上げる混戦となった。

5増5減の対象ではなかったものの，区割り変更で選挙区の範囲が大きく変化した例も少なくなかった。例えば，民主党代表・菅直人の地元である東京18区（武蔵野，府中市など）と，隣接の同22区（三鷹，調布市など）は，旧区割りではそれぞれ三鷹市，府中市が含まれていたが，両市をそっくり入れ替える見直しが実施された。民主党の「看板」である菅の地盤が大きく変動したことは，自民党が同選挙区に知名度のある鳩山邦夫をぶつける戦術に打って出る契機ともなったようだ。

5. 政権公約

2003年衆院選は，各政党が「政権公約」（マニフェスト）を前面に掲げた初めての国政選挙と位置づけられた。衆院選直前に成立した改正公職選挙法によって，政権公約の冊子・パンフレットを選挙期間中に配布できるようになったことも，注目度を高める一助となった。手本となった英国のマニフェストは，政策の数値目標，期限，財源などを具体的に明示し，公約の達成度を事後検証できるようにしたものだ。それに比べると，各党の政権公約は具体論に欠ける面が目立ち，「看板倒れ」との指摘も少なくなかった。ただ，「年金制度改革」「景気・雇用対策」「イラク復興支援」「憲法改正」などをめぐり，各党が政策論争を活発化させた点で，政権公約が一定の役割を果たしたことは間違いない（表2-3）。

論戦で特に注目を集めたのは年金制度で，財政見通しの検証に伴う5年に1度の大幅改革を2004年に控え，各党が案を競い合った。

自民党は，政権公約自体では，実施時期を明示せずに「基礎年金の国庫負担割合を（現行の3分の1から）2分の1に引き上げる」などと訴えるにと

どまっていた。しかし，給付と負担に関する関心の高まりに答える形で，小泉首相が10月28日，厚生年金の給付水準を現役世代の手取り収入の「50％程度」とし，保険料率は「年収の10％（本人負担分。労使合計で20％）程度」にすると具体論に踏み込んだ。

民主党は，第1段階として基礎年金の国民負担割合を「5年間で2分の1に引き上げる」とともに，第2段階では全額を消費税でまかなう「国民基礎年金」と，所得に応じた拠出を財源とする「所得比例年金」との2階建て年金制度に移行する抜本改革案を示した。当初は給付と負担の水準を明記していなかったが，10月31日に政権公約の追加版を公表し，「給付水準は現役世代収入の50－55％」，保険料率は「企業負担も含めて収入の20％以下」とする方針を打ち出した。

公明党は，同党の厚生労働相・坂口力がすでに公表していた試案に沿う形で，「年金100年安心プラン」を提唱した。「基礎年金の国庫負担を2008年度から2分の1にする」「厚生年金保険料を年収の20％以下にとどめる」「厚生年金の給付水準は現役世代の50％台半ばを確保する」などの内容で，基礎年金国庫負担の引き上げは所得税の定率減税と年金課税見直しで確保するとした。

また，共産党は基礎年金の国庫負担について「2分の1にただちに引き上げる」とし，将来的には「国庫・事業主負担で財源をまかなう『最低保障年金制度』を創設する」と訴えた。社民党も，基礎年金の国庫負担を「2004年度から2分の1に引き上げる」とした上で，2011年をめどに「1階を全額税方式の『最低保障年金』，2階を負担と給付が明確な個人単位の社会保険」とする新年金制度の実現を図ると約束した。

ただ，こうした各党の年金制度改革案は，国民に「痛み」を伴う部分についての説明がほとんどなく，制度そのものの複雑さも相まって，有権者による「政権選択」の判断材料として十分とは言えなかったようだ。

もう1つの大きな特徴は，各党が憲法改正問題を正面から取り上げたことだった。

自民党は「立党50年を迎える2005年に憲法草案をまとめ，国民的論議を展開する」と改正方針を明示し，民主党も「国民的な憲法論議を起こし，国民合意のもとで『論憲』から『創憲』へと発展させる」と主張した。公明党は「環境権やプライバシー権などを明記して補強する『加憲』方式を検討対象に

表2 − 3　各党の政権公約

	年　金	消費税
自民	2004年に年金制度を抜本改革 基礎年金の国庫負担割合を2分の1に引き上げ 将来の国民負担率を50％以内に抑制	将来の消費税率引き上げについても国民的論議を行い結論を得る
民主	消費税を充てる基礎年金と所得比例部分からなる2階建て年金制度を4年以内に確立 給付水準は現役世代の50〜55％ 国庫負担割合を5年間で2分の1に	基礎年金の財源は消費税の一部を年金目的税化するなどして確保
公明	国庫負担割合を2008年度から2分の1に 給付水準は現役世代の50％以上。保険料の2倍はもらえる制度に	消費税については、当面、引き上げない
共産	国庫負担割合を直ちに2分の1に 将来的には、加入者全員に一定額を支給する「最低保障年金制度」を創設	一貫して廃止を主張。消費税大増税の計画に反対
社民	国庫負担割合を2004年度から2分の1に 2011年をめどに社会保険年金と全額税方式の「最低保障年金」制度に移行	2010年までは国民負担を求めない
保守新	将来とも持続可能な安定した年金制度確立のため、消費税を社会保障目的税化 税率引き上げまでは年金積立金を活用	消費税の使途を基礎年金、高齢者医療、介護に限定

	イラク復興・対米関係	安全保障
自民	日米同盟を基軸に国際協調を重視しつつ、イラク復興支援など国際社会と協力した平和外交を推進 国際平和協力のための基本法を制定	2004年度予算から弾道ミサイル防衛システム整備に着手 防衛省の実現
民主	イラクへの自衛隊派遣は行わず、イラク特措法は廃止を含め見直し 「言うべきは言う」を対米関係の基本姿勢に	日米地位協定改定に着手し、3年で結論 2005年中に防衛構想を策定
公明	イラクへの自衛隊派遣は時期、活動内容、地域を十分に見極めて判断 人道面中心にイラク復興支援を積極的に	「国際平和貢献センター」を設置し、専門的な人材を育成
共産	イラクへの自衛隊派遣は中止し、米国の占領費負担も断る 「アメリカいいなり」政治を断ち切る	日米安保条約は廃棄
社民	憲法に違反するイラクへの自衛隊派遣に反対。人道復興支援は国連中心で 米国追随の費用負担には応じない	自衛隊を縮小・改編
保守新	イラクへの政府調査団の調査に基づき、日本にふさわしい協力のあり方を決定 日米同盟の信頼強化	2004年通常国会で防衛庁の「省」昇格を実現

	憲　法
自民	2005年に憲法草案をまとめ、国民的論議を展開 憲法改正の具体的手続きを定める「国会法改正」「憲法改正国民投票法」を成立させる
民主	国際協調の必要性など時代の要請に即した議論を進める 国民的な憲法論議を起こし、国民合意のもとで「論憲」から「創憲」へと発展させる
公明	基本姿勢は「論憲」の立場 環境権などを明記して補強する「加憲」方式を検討対象に

共産	憲法改悪に反対し，現行憲法を守る 9条は世界に誇る「平和の宝」。世界の平和に貢献する国にするため，9条の役割はますます重要に
社民	9条を守り，国連憲章・憲法の理念に沿った自立した外交を追求 「非核不戦国家」を宣言する国会決議を
保守新	2010年までに新しい憲法の制定を目指す 2004年中に党の原案を発表 2004年度に国民投票法を制定

	道　路	郵　政
自民	道路関係4公団民営化推進委員会の意見を基本的に尊重し，2005年度から道路関係4公団を民営化する法案を2004年通常国会に提出	郵便事業を2007年4月に民営化。国民的論議を行い，2004年秋ごろまでに結論
民主	高速道路は3年以内に一部大都市を除き無料に。道路公団は廃止 2005年度中に道路特定財源を一般財源化	2年以内に，ユニバーサルサービスを前提に，民間企業の参入を大胆に進める
公明	道路関係4公団民営化推進委員会の意見を基本的に尊重。2004年通常国会に法案を提出し，2005年度中の民営化を目指す	「民間にできることは民間に」を基本とする民営化に原則賛成
共産	高速道整備計画を廃止し，建設は凍結・見直し。将来は無料化。公団は債務返済と維持・管理の公営企業体に	銀行の都合のための民営化に反対し，サービス向上を目指す
社民	道路公団民営化に反対。高速料金は環境保全，公共交通の維持・拡充の財源として維持	過疎地などからの撤退を余儀なくさせる民営化に反対
保守新	道路関係4公団民営化推進委員会の意見だけでなく，政府・与党間の協議会の意見を尊重して進める	（記述なし）

	教　育
自民	教育基本法を改正し，公徳心と公共の精神，国を誇りに思う心が自然と身につくような教育を実現 教員免許制度の更新を検討
民主	4年間で小3以下の学級を30人以下に 学校週5日制や学力低下問題などに関する親の不安解消などについて，2005年度中に「教育改革基本計画」を策定
公明	各学校に，住民や保護者が学校運営に参加できる「学校評議会」を創設 小学校の英語教育を必修に
共産	教育基本法改悪に反対 30人学級の実現。私学助成の抜本的増額 義務教育費国庫負担金の縮小・廃止阻止
社民	教育基本法の改悪阻止に全力 20人以下学級の推進と教職員の30万人増 教育予算GDP比5％達成へ「10か年計画」
保守新	教育基本法を見直し，道徳・宗教・規律など内面の教育を重視 学力向上へ学習指導要領を早期見直し

する」として，改正論議を回避しない考えを示した。これに対し，共産，社民両党は「憲法改悪に反対し，現行憲法を守る」(共産党),「憲法第9条を守り，国連憲章・憲法の理念に沿った自立した外交を追求する」(社民党)などと「護憲」の立場を鮮明にした。

6. 過去2番目の低投票率

好天なら行楽へ出かけ，雨天なら自宅にこもる有権者が少なくないため，いずれも投票率は落ち込む。しかし，曇りならば，遠出はしないが外出してみようという有権者が投票所に足を運び，投票率は上向くというのが，政界で広く流布する「天候と投票率の相関法則」だ。

しかし，2003年衆院選では，この法則は必ずしも当てはまらなかった。投票日の11月9日，各地の空模様は，北海道で晴れ間がのぞいた以外は，おおむね曇り，時ににわか雨となった。「選挙日和」とも言える天候ではあったが，有権者の出足は鈍く，最終的な投票率は小選挙区59.86％（前回比2.63ポイント減），比例59.81％（同2.64ポイント減）と衆院選で過去2番目の低率にとどまった（表2-4）。

小選挙区の投票率を都道府県別に見ると，最も高かったのは全国で1県だけ70％を超えた島根県（70.66％）で，60％台は25道県。最も低かったのは公示直前の10月26日に参院補選が行われた埼玉県（53.98％）で，首都圏の1都3県，愛知県，大阪・京都・兵庫の3府県などの人口集中地域はいずれも50％台だった。

また，青森，山形，茨城，群馬，山梨，富山，石川，福井，長野，滋賀，奈良，和歌山，鳥取，島根，岡山，広島，香川，愛知，高知，福岡，佐賀，熊本の22県では戦後最低の投票率となった。

前回2000年衆院選より5ポイント以上投票率が下がったのは，鳥取（6.59ポイント減），島根（6.52ポイント減），香川（6.06ポイント減），富山（5.53ポイント減），群馬（5.38ポイント減），和歌山（5.35ポイント減）の6県で，自民党が強い支持基盤を持つ地域が多かった。前回より投票率が上がった県はなかったが，低下率が1ポイント以下だったのは奈良（0.34ポイント減），沖縄（0.43ポイント減），大阪（0.77ポイント減），宮城（0.78ポイント減），熊本（0.83ポイント減）の5府県だった。

表2-4 戦後の衆院選の投票率の推移

投票日		選挙当日有権者数	投票者数	投票率（％）		
				男	女	計
第22回（1946年4月10日）		36,878,420	26,582,175	78.52	66.97	72.08
第23回（1947年4月25日）		40,907,493	27,797,748	74.87	61.60	67.95
第24回（1949年1月23日）		42,105,300	31,175,895	80.74	67.95	74.04
第25回（1952年10月1日）		46,772,584	35,749,723	80.46	72.76	76.43
第26回（1953年4月19日）		47,090,167	34,948,008	78.35	70.44	74.22
第27回（1955年2月27日）		49,235,375	37,338,021	79.95	72.06	75.84
第28回（1958年5月22日）		52,013,529	40,045,111	79.79	74.42	76.99
第29回（1960年11月20日）		54,312,993	39,923,469	76.00	71.23	73.51
第30回（1963年11月21日）		58,281,678	41,462,551	72.36	70.02	71.14
第31回（1967年1月29日）		62,992,796	46,606,040	74.75	73.28	73.99
第32回（1969年12月27日）		69,260,424	47,449,709	67.85	69.12	68.51
第33回（1972年12月10日）		73,769,636	52,935,313	71.01	72.46	71.76
第34回（1976年12月5日）		77,926,588	57,236,622	72.81	74.05	73.45
第35回（1979年10月7日）		80,169,924	54,522,013	67.42	68.56	68.01
第36回（1980年6月22日）		80,925,034	60,342,329	73.72	75.36	74.57
第37回（1983年12月18日）		84,252,608	57,240,829	67.56	68.30	67.94
第38回（1986年7月6日）		86,426,845	61,707,654	70.21	72.52	71.40
第39回（1990年2月18日）		90,322,908	66,215,906	71.93	74.61	73.31
第40回（1993年7月18日）		94,477,816	63,547,819	66.39	68.09	67.26
第41回（1996年10月20日）	小選挙区	97,680,719	58,262,930	59.03	60.23	59.65
	比例	97,680,719	58,239,414	59.01	60.20	59.62
第42回（2000年6月25日）	小選挙区	100,433,798	62,764,239	62.02	62.94	62.49
	比例	100,492,328	62,757,828	61.97	62.90	62.45
第43回（2003年11月9日）	小選挙区	102,232,944	61,196,418	59.68	60.03	59.86
	比例	102,306,684	61,193,216	59.63	59.99	59.81

衆院選投票率が6割前後にとどまるという低迷ぶりは，現行の小選挙区比例代表並立制が導入された1996年から続いているものだ。96年が過去最低の小選挙区59.65％，比例59.62％，2000年が過去3番目の小選挙区62.49％，比例62.45％。つまり，歴代ワースト3をいずれも過去3回の衆院選が占めていることになる。98年6月の改正公職選挙法施行で，投票時間が2時間延長されて午後8時までとなり，不在者投票の要件も緩和されたが，大きな効果はうかがえないようだ。

小選挙区比例代表並立制導入前の衆院選投票率を見ると，最も高かったのは1958年の76.99％で，52年の76.43％，55年の75.84％がこれに続く。60％台

に落ち込んだ例は47年，69年，79年，83年，93年の5回あるが，いずれも60%台後半に踏みとどまっており，ここ3度の衆院選での有権者の選挙離れの深刻さがうかがえる。

2. 各党の消長

1. 自民党

> 単独過半数
> 確保ならず

自民党は2003年衆院選で，277小選挙区（前回271）に公認候補を立てた。公認擁立を見送った23選挙区のうち，18選挙区では連立与党候補を推薦（公明党10，保守新党8）しており，離党していた加藤紘一・元幹事長（当選後に復党）の山形3区，無所属候補を2人ずつ県連推薦した宮崎2区・同3区もこれに含まれる。候補者の「完全空白区」は愛知11区と大阪11区の2選挙区だけだった。比例単独候補は59人で，前回より7人減，前々回より8人減と絞り込んだ。

この選挙態勢で，自民党は「単独過半数」の確保を目指したが，目標はかなわず，237議席にとどまる結果となった。前回2000年衆院選と比べると4議席増えたが，解散時よりは10議席少なかった。獲得議席率は49.4%で，前回（48.5%），前々回（47.8%）を上回ったものの，50%の「壁」にまたぶち当たったわけだ。

自民党が戦った過去16回の衆院選のうち，議席率5割を下回ったのは，1976年，79年，83年，93年と小選挙区比例代表並立制導入後の3回の計7回。最初の3回は選挙後すぐに無所属議員を追加公認したり，事後入党させたりすることで過半数を維持した。しかし，93年衆院選以降は常に過半数割れが続き，96年衆院選後も入・復党による勢力拡大に努めたものの，過半数回復は97年9月5日まで待たねばならなかった。前回衆院選での過半数割れが解消できたのは2001年10月31日で，今回衆院選後は保守新党の解党・合流で単独過半数回復にこぎつけた。

> 「独占県」
> も減少

小選挙区での議席獲得状況（比例での復活当選を除く）を点検すれば，自民党のもたつきぶりがより明確に浮かび上がる。

300小選挙区のうち，自民党が議席を得たのは168選挙区で，前回2000年衆

院選の177選挙区から9減らしている。得票総数は2608万9326票（得票率43.85％）と，前回2494万5806票（同40.97％）より増やしたものの，議席増には結びつかなかった。

前回は25小選挙区のうち8選挙区しかとれなかった東京都では，民主党と同数の12選挙区で勝つ復調ぶりを見せたが，北海道（12選挙区中5），岩手（4選挙区中1），埼玉（15選挙区中7），千葉（13選挙区中5），新潟（6選挙区中2），愛知（15選挙区中3），滋賀（4選挙区中1），大阪（19選挙区中6）の各道府県では，民主党の後塵を拝して第2党に甘んじた。さらに，前回は14あった自民党の議席独占県は，青森（小選挙区数4），栃木（同5），群馬（同5），富山（同3），福井（同3），岐阜（同5），島根（同2），岡山（同5），香川（同3），愛媛（同4），高知（同3）の11県に減少した。

ただ，自民党は2003年衆院選の比例では踏ん張りも見せた。得票総数は2066万185票で，民主党（2209万5636票）には差をつけられたものの，前回の1694万3425票から大幅に増やし，獲得議席数も13上積みして69とした。森内閣の支持率低迷がマイナスに働いた2000年と，小泉首相・安倍晋三幹事長の2枚看板で党のイメージアップを図った2003年の差が，政党名で争う比例選結果に表れたと言えそうだ。

低迷する絶対得票率　自民党の力量をはかる観点から，有権者全体を分母とした「絶対得票率」の変動を点検してみよう。2003年衆院選での自民党の絶対得票率は，小選挙区25.52％，比例20.19％だった。前回2000年はそれぞれ24.84％，16.86％，前々回96年は22.36％，18.64％となっており，2003年は現行選挙制度の下では最も好成績だったことになる。

しかし，自民党の絶対得票率が3割を下回ったのは，自民党が分裂した直後に行われた93年衆院選（24.34％）が初めてだった。過去，絶対得票率が最も高かったのは58年（44.18％）で，60年代末以降もおおむね3割台前半を保ってきた。しかし，この10年間の自民党はいわば「2割政党」「4分の1政党」に後退したままとなっている。

注目区の勝敗　首相として初めての衆院選に臨んだ小泉純一郎（神奈川11区）は，前回の15万7335票を上回る17万4374票を獲得し，民主党新人らに圧勝した。小泉の得票数は全国300小選挙区中2位，得票率も74.4％で9位につけた。小泉首相に抜擢され，自民党の新た

な「看板」となって全国遊説に走り回った幹事長の安倍晋三（山口4区）も，14万347票と前回の12万1835票から上積みし，社民党新人らに大差をつけた。安倍の得票は全国13位だったが，得票率は小泉首相を上回る79.7％で3位だった。

2003年9月の自民党総裁選で小泉首相に挑んだ藤井孝男（岐阜4区），亀井静香（広島6区），高村正彦（山口1区）は小選挙区で当選したものの，「勝ちぶり」には違いが出た。藤井，高村はいずれも民主党新人にほぼダブルスコアで圧勝し，危なげない戦いぶりを見せた。しかし，亀井は11万7659票と前回（13万8790票）から2万票以上も減らし，10万677票（前回8万1181票）を獲得した民主党前議員（旧自由党出身）の佐藤公治に大きく詰め寄られた。

一方，長く小泉首相を支える役回りを務め，知名度と組織力で勝ると見られた自民党副総裁の山崎拓（福岡2区）は，民主党新人の古賀潤一郎に約1万票差をつけられて敗れ，比例での復活当選もかなわなかった。自民党副総裁の落選は，1980年の西村英一以来，23年ぶり。72年の初当選以来，10回連続当選を重ねてきた山崎の落選は，週刊誌に報道された女性スキャンダルが響いたものと受け止められた。

山崎は本来ならば幹事長として選挙の陣頭指揮を執っているはずだったが，女性スキャンダルの影響で党内外から厳しい視線にさらされ，2003年9月の党役員人事で幹事長から副総裁に「棚上げ」されていた。選挙戦では，公明党の推薦を取り付けたものの，読売新聞社・日本テレビ系列各局の出口調査によれば，女性有権者からの支持は40％と古賀（45％）を下回り，無党派層からの支持も2割弱にとどまった。

山崎と選挙区が隣接する党行革本部長の太田誠一（福岡3区）も，山崎への逆風の余波を受けた格好で，民主党の女性新人，藤田一枝に約6000票差で敗退した。大学生らの集団婦女暴行事件に絡んで「女性軽視」と受け取られる発言をしたことなども影響したものと見られ，特に都市地域では，有権者が議員の行動や発言を厳しくチェックしていることをうかがわせた。

直前の自民党総裁選に絡んで，野中広務元幹事長から「毒まんじゅうを食べた」（ポストを約束された）と名指し批判された元官房長官の村岡兼造（秋田3区）は，地盤の重なる同じ自民党の御法川英文（2003年4月に死去）の後継として，無所属で出馬した長男の御法川信英に競り負けた。また，税財

政・金融に詳しいベテランで現職の党税調会長だった相沢英之（鳥取2区）は，相沢の秘書を20年間務めた元自民党県議の川上義博（無所属）に議席を奪われた。84歳の相沢は「最後のご奉公を」と訴えたものの，「世代交代」を掲げた53歳の川上の勢いに押され，民主党の山内功にも抜かれて同小選挙区3位の得票に甘んじた。

前回2000年衆院選で相次いで落選し，返り咲きの成否が注目を集めた東京のベテラン勢も苦戦した。元農相の島村宜伸（69歳）（東京16区）は雪辱を果たしたが，元通産相の与謝野馨（65歳）（東京1区），落選時に現職通産相だった深谷隆司（68歳）（東京2区），元文相の小杉隆（68歳）（東京5区）はいずれも，前回と同じ民主党候補（海江田万里，中山義活，手塚仁雄）に一歩及ばなかった。与謝野，小杉は比例で復活当選したが，深谷は国政復帰がかなわなかった。

2003年衆院選では，首相経験者の中曽根康弘（85歳），宮沢喜一（84歳）に自民党公認を与えず，不出馬に追い込んだ小泉首相の決断に対し，世論の大方が賛意を示した。そこからも読みとれるように，有権者は，政策決定に大きな力を持つ自民党の実力者であっても，改革イメージの薄い「長老」「ベテラン」には厳しい評価を下す傾向が強かったようだ。

一方で，有権者は安易な「七光り」に対してもそう甘くはなかった。東京都知事・石原慎太郎の3男，石原宏高（東京3区）は，父親と兄（国土交通相の石原伸晃＝東京8区）の高い人気も生かして有力視されていたが，民主党の松原仁に8687票差で敗れた。

宮崎2区，同3区は，自民党の公認調整が難航したことから，候補者2人を無所属で出馬させ，「当選すれば追加公認する」という異例の対応で注目された。旧江藤・亀井派会長江藤隆美の引退で地盤を譲り受けた長男の江藤拓と，前県議の黒木健司が争った宮崎2区は，父親との2人3脚の選挙戦を繰り広げた江藤が逃げ切った。国政挑戦3度目の古川禎久と，持永和見の引退で後継に名乗りを上げた長男の持永哲志がぶつかった宮崎3区は，地道に活動を積みかさねてきた古川が圧勝した。いずれも世襲への賛否が絡んだ自民分裂選挙は，世襲候補の1勝1敗となった。

> **明暗分けた各派閥**

自民党内の主導権争いで重みを持つ「数の力」確保を目指し、各派閥とも勢力伸長を目指したが、8派のうちで議席を増やしたのは森派、山崎派、小里グループの3派だけだった。小泉首相に批判的な「抵抗勢力」を多く抱える橋本、亀井両派は大きく数を減らし、首相を支える3派の堅調ぶりと明暗を分けた。

解散時に比べて最も多く数を増やしたのは森派で、5議席増の64議席（衆院44、参院20）とした。首相がかつて所属し、幹事長に抜擢された安倍晋三も送り出している派閥だけに、「2枚看板」の全面的な応援を得やすかったことがプラスに働いたようで、特に新人の健闘が目立った。

主流派の一角を占める山崎派は、領袖の党副総裁・山崎拓が落選したものの、2増の29議席（衆院23、参院6）、小里グループは1増の15議席（衆院11、参院4）と勢力を上積みした。

一方、党内最大派閥の橋本派は、会長代理の村岡兼造が落選・引退表明するなど、12議席減らして88議席（衆院47、参院41）に落ち込んだ。同派幹部だった元幹事長の野中広務、元自治相の西田司が衆院選に出馬せずに政界引退しているだけに、同派の運営の先行きを危ぶむ声も広がった。亀井派は、新潟県で吉田六左エ門（1区）、栗原博久（4区）、星野行男（5区）の3人がそろって敗退するなど、前議員の落選が目立ち、全体で11議席減の48議席（衆院27、参院21）に後退した。

首相に距離を置く元幹事長・古賀誠が属する堀内派も6減の45議席（衆院32、参院13）と振るわなかった。特に、古賀の地元の福岡県では、太田誠一（3区）、荒巻隆三（6区）、山本幸三（11区）が議席を失った。

2. 民主党

> **40議席増の躍進**

2003年秋の衆院解散をにらみ、10月5日に自由党との合併大会を開いて新たに船出した民主党は、衆参国会議員200人超の「大野党」として衆院選に臨んだ。比例単独候補を前回2000年衆院選（20人）の半数の10人に絞り込む一方、小選挙区には前回を25人上回る267人を擁立し、自民党と肩を並べる大構えの選挙態勢を構築した。その上で、菅直人代表－小沢一郎・旧自由党党首の「2枚看板」、目標数値を盛り込んだ政権公約（マニフェスト）などをアピールし、都市部を中心に無

党派層の支持を集めたことが40議席増の躍進につながったようだ。

議席率は36.9％で，前回26.5％，前々回10.4％と順次勢力を拡大させてきたことがわかる。前々回衆院選は，旧さきがけと社民党離党組が発足させた旧民主党として初の国政選挙で，前回衆院選は，新進党解党を受けて初めて野党第１党として臨んだ選挙だった。民主党はこの３回の選挙を，いわば３段跳びの勢いで戦ったことになる。

過去の衆院選で野党第１党が最も高い議席率を得たのは，58年の社会党（35.5％）で，96年の新進党（31.2％），60年の社会党（31.0％）がこれに続く。民主党は2003年衆院選で記録を更新したわけで，名実ともに野党第１党として認知されたと言えよう。

比例では第１党に

小選挙区での得票数は2181万4154票（得票率36.66％）で，前回2000年の1681万1782票（同27.61％）から約３割増となった。候補者は前回242人から約１割増やしただけだったが，得票がそれ以上に伸びたわけだ。自由党との合併で候補者調整が進んだことなどから，候補者１人当たりの集票能力もかなり向上したことがうかがえる。この結果，当選者は前回比25人増の105人となり，第１党である自民党との小選挙区勢力比は100対63（前回は100対45）にまで迫った。

都道府県別に見ると，民主党が当選者を出したのは29都道府県（北海道，岩手，宮城，秋田，福島，茨城，埼玉，千葉，神奈川，山梨，東京，新潟，石川，長野，静岡，愛知，三重，滋賀，京都，大阪，兵庫，奈良，広島，山口，徳島，福岡，佐賀，長崎，熊本）で，小選挙区の議席を持たない空白県は18県だった。前回2000年，当選者を出したのは26都道府県で，2003年は新たに岩手，秋田，石川，奈良，広島，佐賀の６県で議席を得た一方，山形，栃木，大分の３県で議席を失ったため，差し引き３県の勢力拡大となった。ただ，自民党のように議席を独占した県はなかった。

また，比例では自民党の2066万185票を上回る2209万5636票（得票率37.39％）を獲得し，72議席を得た。衆院比例選で野党第１党が与党第１党の得票・議席を上回って「比例選第１党」となったのは初めてだ。

前回比例選と比べると，前回は1506万7990票（得票率25.18％），47議席で，小選挙区以上に高い上積み率を示した。また，前回の民主党と自由党（658万9490票）との合計2165万7480票，65（うち自由18）議席も上回った。

| 絶対得票率は2割台に |

　民主党の全有権者に対する「絶対得票率」は，小選挙区21.34％（前回2000年は16.74％），比例21.60％（同14.99％）で，いずれも2割を上回る水準となった。野党第1党の絶対得票率が2割を超えたのは，1967年の社会党（20.36％）以来となる。

　これを自民党の絶対得票率と比べると，小選挙区で4.18ポイント下回り，比例では1.41ポイント上回った。2003年衆院選では差がついた小選挙区の絶対得票率も，前々回96年衆院選での自民党の22.36％には肉薄しており，自民党が不調の際には十分逆転可能なレベルにあると言えそうだ。

| 注目区の勝敗 |

　党代表・菅直人の地元である東京18区は，かつて民主党副代表を務めた自民党の鳩山邦夫（2000年に復党）が「落下傘候補」として出馬したことで，大物対決の構図となった。区割り変更で新たに組み込まれた府中市は，有権者の約5割を占める大票田だが，菅にとっても新たな地盤。党首として全国遊説に追われた菅と，徹底的な「ドブ板選挙」を繰り広げた鳩山の力比べが注目されたが，比例との重複立候補をあえて避けた菅が約5万6000票差で大勝した。

　その鳩山の兄で，前党代表の鳩山由紀夫（北海道9区）は，前回2000年衆院選で，自民党新人の岩倉博文（比例で復活当選）にわずか2525票差まで追い上げられ，「党首落選」の危機に瀕した。その反省から，鳩山は地元の集会や祭事にこまめに顔を出す「ドブ板選挙」に徹し，岩倉に約2万2000票の差をつけて面目を保った。

　民主党との合併のため，自党の「解体」に踏み切った元自由党党首の小沢一郎（岩手4区）は，岩手1区から「国替え」した自民党の元農相・玉沢徳一郎の挑戦を受けたが，前回から9359票上積みする12万8458票を獲得して圧勝した。

　「世襲候補」の1人として注目を集めた菅直人の長男，菅源太郎（岡山1区）は31歳の若さを前面に押し出し，同世代や高校生を事務所スタッフに加えるなどして無党派層掘り起こしに力を注いだ。しかし，5期の実績をアピールする一方で，青年組織を再編成するなど若返り対策も進めた自民党の逢沢一郎には追いつけず，3万8855票差で敗退した。

　前回衆院選で，かつては自民党のプリンス的存在と目されていた船田元を破って脚光を浴びた水島広子（栃木1区）は今回，船田の巻き返しにあった。

離党（その後復党）や離婚・再婚問題などが響いて議席を失っていた船田が、祖父の代からの後援会を引き締めるなどの組織戦で返り咲きを決めた。

3. 公明党

堅調に
議席3増

　公明党は2003年衆院選で、10小選挙区（前回18）に公認候補を立て、比例選では45人（同56人）の単独候補を擁立した。当選者は34人（小選挙区9，比例25）で、前回2000年衆院選より3人増とした。各党のうち、解散時勢力に比べて議席を増やしたのは公明党と民主党だけで、小泉政権を支える連立与党が全体としては数を減らしながらも、「絶対安定多数」を確保できたのは、公明党の踏ん張りのおかげだろう。

　議席率は7.1％で、前回（6.5％）を0.6ポイント上回った。中選挙区制当時の公明党の議席率は、最も高かったのが83年衆院選（11.4％）、最も低かったのが結党後最初の67年衆院選（5.1％）。計10回のうち、この67年のほか、72年（5.9％）、80年（6.5％）も、今回の「7.1％」より低かった。

　96年衆院選は新進党として戦ったため、現行選挙制度の下での2回の結果だけで公明党の「実力」を十分に計ることはできないが、小政党に不利とされる小選挙区比例代表並立制でも一定の勢力を維持することには成功したと言える。

小選挙区は
9勝1敗

　公明党は前回2000年衆院選では小選挙区に18人を立てたが、当選者は7人にとどまった。その反省から、前回制した大阪3区、同5区、同6区、同16区、兵庫2区、同8区、沖縄1区の計7選挙区以外は、3選挙区でしか公認候補を立てなかった。前回わずか2342票で次点に泣いた埼玉6区、将来の党代表と目される太田昭宏にあえて挑戦させた東京12区、神奈川6区がその3つだ。いずれも首都圏の選挙区で、関西でしか勝てないという一部の見方を払拭する狙いもうかがえた。

　絞り込んだ10の重点区に挑戦する各候補には、比例選での復活当選が望める重複立候補は認めず、いわば「背水の陣」を敷かせた。連立を組む自民党に対し、公明党としては「絶対に落とせない候補」であることを強くアピールし、選挙協力の徹底を求める意味合いもあったようだ。この集票重点化の結果、公明党は小選挙区で9勝1敗の好成績をおさめた。

また，比例では，得票数873万3444票（得票率14.78％）と，前回776万2032票（同12.97％）から約97万票も増やした。大目標と位置づけている1000万票獲得への足がかりを築いた格好で，第3党としての存在感を高めることにもなった。

注目区の勝敗

前回2000年衆院選での比例単独から小選挙区に転じた太田昭宏（東京12区）は，東京で唯一の小選挙区候補として，自公協力を徹底させた態勢で選挙戦に臨んだ。競合が懸念されていた自民党の八代英太は，選挙区を太田に譲る形で比例に転出。太田の選挙ポスターは「連立与党統一候補者」の肩書を前面に押し出し，自民党支持層や無党派層の公明党・創価学会アレルギーへの配慮もうかがわせた。対抗馬の民主党元議員・藤田幸久は反公明の保守層取り込みにも力を入れたが，太田が3590票差で競り勝った。

白保台一が3選を目指した沖縄1区は，自公協力の候補者調整で自民党公認から漏れた下地幹郎が無所属で出馬し，事実上の与党分裂区となった。那覇市議の支持取り付けでは下地が白保を上回ったが，ポスターなどで「自民党推薦」をアピールした白保が5956票差で議席を維持した。

小選挙区候補10人のうち，唯一敗退したのは埼玉6区の若松謙維だった。それでも，前回から約2万5000票上積みして10万3511票を獲得，約9000票差の次点という惜敗で，自公協力の効果をうかがわせた。

4．共産党

67年以来の1ケタ転落

小選挙区に満遍なく候補を立てることで，比例票の掘り起こしにもつなげようという戦術を取ってきた共産党は，2003年衆院選でも300小選挙区（前回2000年は300，前々回1996年は299）すべてに候補者を擁立した。ただ，党勢の後退を反映するように，比例単独候補は16人（前回32人，前々回22人）に絞り込んだ。

選挙結果は，前回20から半減以下の9議席となり，1967年衆院選（5議席）以来の1ケタ勢力に転落した。議席率は1.9％で，前回（4.2％），前々回（5.2％）と比べて大きく落ち込み，小選挙区比例代表並立制の下での生き残りの難しさを印象づけた。

> 小選挙区での
> 議席獲得ゼロ

　小選挙区では，前回2000年衆院選に続いて全員が落選（比例での復活当選を除く）した。小選挙区比例代表並立制が導入されて以来，共産党が小選挙区で当選者を出したのは初回1996年の2人（京都3区・寺前巖，高知1区・山原健二郎）だけとなっている。

　また，小選挙区候補の数には変化がないにもかかわらず，今回の得票総数は前回（735万2843票）から34％減の483万7952票へと大きく落ち込んだ。公認候補1人1人の集票能力低下が急速に進んでいることを示したものだ。

　これに平仄を合わせ，比例得票は458万6172票と，前回（671万9016票）比32％減となった。議席を獲得できたのは東北（1），北関東（1），南関東（1），東京（1），東海（1），近畿（3），九州（1）の7ブロックだけだった。前回，前々回は全ブロックで議席を得ていたが，今回は北海道，北陸信越，中国，四国と4つの空白ブロックが生まれた。共産党は，全国政党としての要件を満たさなくなったことになる。

> 共産支持層の
> 共産離れも

　また，2003年衆院選での比例得票は，小選挙区得票より5％少なかった。前回の比例票も小選挙区得票を9％下回る671万9016票で，いずれも，「共産党」に票を投じる有権者よりも，「個人」としての共産党候補に票を投じる有権者の方が多かったことを意味する。前々回の96年衆院選では，小選挙区得票（709万6765票）よりも比例得票（726万8743票）が多く，当時は政党としての「共産党」の方が，有権者にとってより魅力があったと判断できる。この変化は，東西冷戦の終焉から時を経るに連れ，共産党のブランドイメージが低下してきたことを示したものだ。

　読売新聞社・日本テレビ系列各局の出口調査分析によると，2003年衆院選で，共産党支持層のうち，共産党に投票したのは小選挙区で72.8％，比例で81.3％にとどまり，前回の小選挙区79.2％，比例88.5％に比べてかなり落ち込んだ。共産党の組織としての求心力が緩みつつあるのは間違いない。自民，民主の2大政党化がこのまま進めば，小選挙区での共産党候補への投票は，議席に結びつかない「死票」になりやすいとの判断が広がると見られるだけに，今後は特に小選挙区得票の目減りが加速する可能性が高そうだ。

> **注目区の勝敗**

党国会対策委員長の穀田恵二（京都1区）は、1993年衆院選で旧1区トップ当選を果たした知名度を生かして雪辱（前回は比例で復活当選）を目指した。しかし、2位だった前回2000年衆院選より1万7731票減らして3位に終わり、比例で復活当選したものの、「共産党離れ」が京都でも進んでいることを印象づけた。また、同選挙区は立候補した自民党の伊吹文明、民主党の玉置一弥（比例で復活当選）、穀田の3人全員が議席を獲得する異例の小選挙区となった。

5. 社民党

> **解散時の3分の1に**

2003年衆院選で、惨敗の度合いが最も激しかったのが社民党だった。小選挙区に62人（前回71人）を擁立し、比例単独候補も3人（前回5人）立てたが、獲得議席は6（前回19）にとどまり、解散時勢力の18に比べて3分の1に落ち込んだ。議席率はわずか1.3%で、前回（4.0%）はもちろん、前々回（3.0%）とも大きな差がついた。

社民党は自民、さきがけ両党との自社さ連立政権当時の1996年1月、社会党から名称変更した事実上の「老舗政党」だ。55年体制当時の衆院選獲得議席は最高166（58年）で、90年衆院選でも136議席を得ている。名実ともに野党第1党だった。しかし、96年衆院選の直前に民主党が結成され、所属議員の多くが同党に参加したため、選挙後の党勢は約5分の1の15議席に激減し、議席率も初めて1ケタに縮小。2000年衆院選で19議席とやや持ち直したが、辻元清美・元政審会長や土井たか子党首の元政策秘書らによる秘書給与流用事件、かつての親北朝鮮路線への世論の反発などが逆風となり、2003年衆院選で「ミニ政党」に転落した格好だ。

> **小選挙区の当選は1**

小選挙区で、社民党は、前回2000年は兵庫7区（土井たか子）、大阪10区（辻元清美）、旧大分4区（横光克彦）、沖縄3区（東門美津子）の4小選挙区、前々回96年は兵庫7区（土井たか子）、大分1区（村山富市）、旧大分4区（横光克彦）、沖縄3区（上原康助）のやはり4小選挙区で議席を得ていた。しかし、今回は沖縄2区で照屋寛徳が当選しただけにとどまった。

得票総数は170万8672票（前回231万5234票）で、候補者1人当たりの得票

は2万7559票（前回3万2608票）と前回より低下した。

　比例でも，前々回は四国と候補を立てなかった北海道を除く9ブロック，前回は四国以外の10ブロックで議席を獲得していたが，2003年衆院選は東北，南関東，近畿，九州のわずか4ブロックでしか議席を維持できなかった。比例得票の減少ぶりは，小選挙区に比べてさらに際立っており，前回比257万6290減の302万7390と半減に近かった。

| 注目区の勝敗 |

　社民党への逆風を強く印象づけたのが，かつて「おたかさん」ブーム，「マドンナ」ブームを巻き起こし，前回2000年衆院選でも次点に10万票弱の差をつけて圧勝している党首・土井たか子（兵庫7区）の予想外の小選挙区落選（比例で復活当選）だ。

　党を超えた幅広い支持を誇ってきた土井にとって，2003年衆院選は，同区での出馬に意欲を示していた民主党新人が他の選挙区に転出し，民主党が土井の推薦に回ったことも好材料のはずだった。しかし，県議24年の実績を持つ対抗馬の自民党公認・大前繁雄は，県議会で初めて北朝鮮による拉致事件について質問したことを強調しながら，社民党の過去の対北朝鮮政策を批判するなどの戦術を展開。土井が得票を前回の3分の2に減らしたのに対し，大前は11万1216票と土井を1万4812票上回り，初当選を決めた。

6．保守新党

| 党代表落選 |

　保守新党として初めて臨んだ2003年衆院選は，小選挙区に11人を立てたが，全国的な組織力には限界があることなどを考慮し，比例への候補擁立は見送った。

　同党は，2000年衆院選の直前に自由党と袂を分かち，自民，公明両党との連立政権にとどまった保守党が前身で，2002年12月25日，民主党離党者を迎えて「保守新党」として再スタートを切ったばかりだった。擁立した11人は，旧保守党出身の海部俊樹，二階俊博，井上喜一，西川太一郎，松浪健四郎，民主党出身の熊谷弘（党代表），金子善次郎，山谷えり子，佐藤敬夫，さらに2新人。しかし，自民党公認候補や自民党系無所属との競合が目立ったことなどから，党代表の熊谷も涙をのみ，獲得議席は4（前回7＝保守党）にとどまった。

　この結果，議席率は0.8％（前回1.5％）と1％を割り込んだ。また，小選

挙区の得票数は79万1588票（得票率1.33％）で，前回123万464票（同2.02％）の3分の2に落ち込んだ。

注目区の勝敗 　自民党との選挙協力が進まず，東京4区（自民・中西一善，保守新・山谷えり子），東京14区（自民・松島みどり，保守新・西川太一郎），愛知6区（自民・丹羽秀樹，保守新・三沢淳）の3選挙区で両党の公認候補同士が議席を争った。また，静岡7区で保守新党代表の熊谷弘と自民党系無所属の城内実，大阪19区では保守新党の松浪健四郎と自民党系無所属の安田吉広がぶつかった。

最も注目されたのは，連立与党の一角を占める保守新党のトップとして，熊谷が背水の陣で臨んだ静岡7区。元外務官僚の城内はもともと自民党県連が公募で候補者に内定していたが，熊谷が民主党を離党して保守新党結成に参加したことで，「連立の信義」に配慮した自民党本部が公認を見送った。ただ，城内の元には森喜朗前首相ら自民党幹部が応援に駆けつけ，自民党県連も独自の推薦を決めるなど，与党分裂の争いが公然化していた。1993年に自民党を離党後，各党を渡り歩いた熊谷への反発も響き，選挙結果は城内の圧勝となった。

また，東京4区，東京14区も自民党候補が議席を得たが，愛知6区では自民，保守新両党候補の合計得票には及ばなかった民主党候補に議席をさらわれて与党共倒れとなり，大阪19区でも民主党新人候補が当選した。

7. その他

無所属の会は，小選挙区に候補8人（前回9人）を立てたものの，1議席（前回5議席）の獲得にとどまった。得票数は49万7108票（得票率0.8％）にとどまり，前回2000年衆院選の65万2138票（同1.1％）から大幅に減らした。議席を守ったのは前衆院副議長の渡部恒三（福島4区）で，自民党新人らとの争いとなったが，与野党の枠組みを超えて公明党推薦を取り付けたことで優位に立った。

前回は小選挙区123人，比例単独3人を立てた自由連合は2003年衆院選では，鹿児島2区に党代表の徳田虎雄が出馬するにとどめた。徳田は接戦を制し，解散時議席の1を守った。

3. 攻防の構図

1. 2大政党化の流れ

> 自民・民主で86％の議席占有

　2003年衆院選の結果，総定数480に占める自民，民主両党の議席率合計が86.3％と極めて高率となり，政党要件を持つ他の6政党の中で2ケタの議席を持つのは公明党だけとなった。第1党および第2党と，その他の政党との勢力差が歴然とする「2大政党」化の流れを印象づけたものと言えよう。1996年衆院選で初めて導入された小選挙区比例代表並立制が，2000年衆院選を経て，3度目の選挙で2大政党化への道筋をつけた。

　この観点から，3回の選挙結果を比較してみよう。初回の96年は第1党（自民党）と第2党（新進党）の議席率合計が79％と比較的高かったが，民主党52議席，共産党26議席，社民党15議席と第3党以下も一定の勢力を保っていた。2000年は第1党（自民党）と第2党（民主党）の議席率合計が75％に後退し，第3党以下も公明党31，自由党22，共産党20，社民党19と勢力の分散が目立った。これに対し，今回2003年では，第3党の公明党まで含めると上位3政党で93％の議席率となり，明らかに特定の政党による議席の集中獲得が進んだことがわかる。2000年は9政党が比例選で名簿を提出していたが，2003年は5政党に半減しており，このことも，小政党が淘汰されつつある傾向をうかがわせた。

> 自民，民主直接対決は「144対102」

　衆院選結果が示す2大政党化の流れは，どういう背景から生まれたのだろうか。そもそもの出発点である主要政党の対決構図にも，その「芽」が見える。

　各小選挙区で最も多かったのは自民，民主，共産の3党で争うパターンで，205選挙区（68％）に上った。「政権の受け皿」を目指した民主党が，小選挙区での候補擁立を拡大したためで，この構図は前回衆院選時（138）を67上回る大幅増となった。

　ただ，共産党が小選挙区での候補擁立を徹底しているのは，主に比例選での集票に反映させる狙いからと目されている。実際，前々回1996年は299小選挙区，前回2000年と今回2003年にはそれぞれ300小選挙区に候補を擁立し

たが、小選挙区での議席獲得は96年の2議席のみで、3党型対決のほとんどは事実上の「自民・民主の一騎打ち」と言える。

さらに、この3党対決型と、3党に社民党や保守新党が加わるケースを合わせると、自民、民主両党の候補がぶつかる選挙区は246で、前回衆院選時(225)から21増えたことになる。自民党と民主党が直接対決したこの246選挙区で、自民党は144対102と勝ち越し、勝率は58.5％でなんとか第1党の面目を保った。

また、直接対決以外も含めると、自民党が制した168小選挙区のうち、民主党が次点につけたのは137と82％を占め、残りは社民党20、無所属6、共産党3、無所属の会2。逆に、民主党が勝った105小選挙区のうち、自民党が次点だったのは92％の97で、残りは保守党3、無所属2、公明党1、共産党1、無所属の会1だった。300小選挙区のうち、自民党と民主党が1、2位を争った選挙区が234と全体の78％を占めたわけで、政権をかけて両党が競り合う構図が2003年衆院選の「軸」だったことが歴然としている。

拡大する「1区現象」

民主党が自民党と肩を並べる政党に育つ可能性をうかがわせる指標として、前回2000年衆院選では「1区現象」が注目された。300小選挙区のうち、各都道府県の第1区、つまり県庁所在地などいわば「顔」にあたる中心地域で野党・民主党の健闘ぶりが際立ったのである。都市部では無党派層の割合が比較的高く、無党派層が民主党支持に流れる傾向が目立ったことが、1区現象を引き起こしたと分析されている。2003年衆院選では、この「1区現象」がさらに拡大した（表2－5）。

47ある1区のうち、自民党が制したのは青森、山形、福島、茨城、栃木、群馬、神奈川、富山、福井、長野、岐阜、三重、京都、大阪、兵庫、和歌山、鳥取、島根、岡山、広島、山口、香川、愛媛、高知、宮崎、鹿児島の26府県で、前回衆院選と同数だった。

ただ、一部に入れ替わりも見られ、山形（当選は自民党・遠藤利明、次点は民主党・鹿野道彦＝比例で復活当選）、栃木（同じく自民党・船田元、民主党・水島広子＝同）、神奈川（同じく自民党・松本純、民主党・佐藤謙一郎＝同）、兵庫（同じく自民党・砂田圭佑、民主党・石井一＝同）の4県では民主党から議席を奪還。一方、秋田（当選は民主党・寺田学、次点は保守党・佐藤敬夫＝自民党・二田孝治は比例転出）、千葉（同じく民主党・田島要、自民

表2-5 衆院1区を制した政党

	2003年	2000年		2003年	2000年		2003年	2000年
北海道	民主	民主	富山	自民	自民	岡山	自民	自民
青森	自民	自民	石川	民主	自民	広島	自民	自民
岩手	民主	自由	福井	自民	自民	山口	自民	自民
宮城	民主	民主	長野	自民	自民	徳島	民主	民主
秋田	民主	自民	岐阜	自民	自民	香川	自民	無所属
山形	自民	民主	静岡	民主	無所属	愛媛	自民	自民
福島	自民	自民	愛知	民主	民主	高知	自民	自民
茨城	自民	自民	三重	自民	自民	福岡	民主	民主
栃木	自民	民主	滋賀	民主	民主	佐賀	民主	自民
群馬	自民	自民	京都	自民	自民	長崎	民主	民主
埼玉	民主	民主	大阪	自民	自民	熊本	民主	民主
千葉	民主	自民	兵庫	自民	民主	大分	無所属	民主
神奈川	自民	民主	奈良	民主	自民	宮崎	自民	自民
山梨	民主	民主	和歌山	自民	無所属	鹿児島	自民	自民
東京	民主	民主	鳥取	自民	自民	沖縄	公明	公明
新潟	民主	自民	島根	自民	自民			

党・臼井日出男），新潟（同じく民主党・西村智恵美，自民党・吉田六左エ門），石川（同じく民主党・奥田建，自民党・馳浩＝比例で復活当選），奈良（同じく民主党・馬淵澄夫，自民党・高市早苗），佐賀（同じく民主党・原口一博，自民党・福岡資麿）の6県では民主党に議席を譲った。

これに対し，民主党は前回の16から19に獲得小選挙区を増やした。具体的には，北海道，岩手，宮城，秋田，埼玉，千葉，山梨，東京，新潟，石川，静岡，愛知，滋賀，奈良，徳島，福岡，佐賀，長崎，熊本で，このほか大分1区でも民主党推薦の無所属・吉良州司が議席を得た。19のうち，岩手（達増拓也＝前回は旧自由党で当選），秋田，千葉，新潟，石川，静岡（牧野聖修），奈良，佐賀は新たに獲得したもので，「1区対決」の票の奪い合いで，民主党は自民党にさらに肉薄してきたことになる。

「中間部」でも民主追い上げ

ただ，同じ「1区」であっても，都道府県によって都市化の度合いにはかなりの差がある。民主党の勢力拡大ぶりを点検するためには，より正確な「物差し」が必要だろう。

そこで，蒲島郁夫東大教授の分析手法にならい，総務省が国勢調査ごとに

公表している「人口集中地区」(実質的な都市地域)に住む人口割合が高い順に300小選挙区を便宜的に3等分し、それぞれを「都市部」「中間部」「農村部」としてみる。この分類によると、47ある1区のうち、人口集中率上位100の「都市部」に含まれるのは東京、愛知、大阪、兵庫、神奈川、京都、千葉、福岡、広島、北海道、沖縄、宮城、奈良、埼玉、静岡、新潟、愛媛、高知の18選挙区だけだ。1区がすべて都市部というわけではなく、逆に福島、三重、茨城、鳥取、島根の各1区はいずれも「農村部」に該当していることがわかる。都市度の実態と、各政党の力量との相関関係を点検するには格好の「物差し」と言っていいだろう（表2－6ａ～ｃ）。

この3分類を使って、2003年衆院選での党派別議席獲得状況を点検してみると、「都市部」の100小選挙区において、自民党が獲得できたのは31選挙区（東京4区、同8区、同9区、同10区、同11区、同14区、同15区、同16区、同17区、神奈川10区、大阪1区、同2区、同13区、神奈川2区、兵庫1区、神奈川1区、同3区、京都1区、大阪14区、広島1区、神奈川13区、東京23区、兵庫7区、神奈川15区、同11区、福岡10区、東京24区、大阪18区、埼玉8区、愛媛1区、高知1区＝都市集中地区の高率順）に過ぎなかった。これに対し、民主党はほぼ2倍の60選挙区を制している。解散時勢力との対比では、自民党が8選挙区減らした一方、民主党は15選挙区増やしており、都市部での優劣がいっそう鮮明になった。

また、「中間部」の100小選挙区では、自民党が58選挙区を制し、35選挙区の民主党を上回ったが、解散時勢力からの増減では自民党11減、民主党14増と明暗がくっきり分かれた。両党の獲得選挙区の差は23に縮まったわけで、次回衆院選でも双方が今回同様の増減を繰り返せば、勢力は逆転することになる。

自民党が厚い地盤を誇る「農村部」の100小選挙区では、さすがに79対10と民主党に圧勝したが、自民党はここでも解散時勢力から5減らしている。民主党が制した選挙区は北海道10区（小平忠正）、宮城5区（安住淳）、山口2区（平岡秀夫）、新潟6区（筒井信隆）、長野2区（下条みつ）、滋賀2区（田島一成）、長野3区（羽田孜）、岩手3区（黄川田徹）、岩手4区（小沢一郎）、福島3区（玄葉光一郎）で、長野2区と滋賀2区は新人による議席獲得だった。地縁・血縁の結びつきが強く、政党支持の流動化が起こりにくいとされ

表2－6a 「都市部」選挙区での当選者の党派

	小選挙区	集中率	議席		小選挙区	集中率	議席
1	東京1	100.0	民	51	大阪16	96.9	公
2	東京2	100.0	民	52	愛知3	96.9	民
3	東京4	100.0	自	53	神奈川7	96.8	民
4	東京5	100.0	民	54	埼玉2	96.8	民
5	東京6	100.0	民	55	千葉6	96.7	民
6	東京7	100.0	民	56	大阪12	96.4	民
7	東京8	100.0	自	57	埼玉4	96.3	民
8	東京9	100.0	自	58	大阪10	96.3	民
9	東京10	100.0	自	59	北海道2	96.2	民
10	東京11	100.0	自	60	千葉4	96.2	民
11	東京12	100.0	公	61	神奈川8	96.2	民
12	東京13	100.0	民	62	大阪14	96.0	自
13	東京14	100.0	自	63	大阪11	96.0	民
14	東京15	100.0	自	64	福岡1	95.6	民
15	東京16	100.0	自	65	広島1	95.3	自
16	東京17	100.0	自	66	北海道1	95.3	民
17	東京18	100.0	民	67	兵庫6	95.2	民
18	神奈川10	100.0	自	68	神奈川4	95.1	民
19	愛知1	100.0	民	69	愛知2	95.0	民
20	大阪1	100.0	自	70	東京3	94.7	民
21	大阪3	100.0	公	71	京都3	94.4	民
22	大阪4	100.0	民	72	愛知5	94.2	民
23	大阪5	100.0	公	73	神奈川5	94.2	民
24	大阪6	100.0	公	74	沖縄1	94.1	公
25	大阪8	100.0	民	75	神奈川13	93.9	自
26	兵庫8	100.0	公	76	千葉2	93.9	民
27	大阪7	99.9	民	77	埼玉3	93.8	民
28	大阪2	99.9	自	78	京都2	93.0	民
29	神奈川18	99.8	民	79	東京23	92.6	自
30	福岡2	99.8	民	80	埼玉5	92.4	民
31	大阪13	99.7	自	81	兵庫7	91.9	自
32	神奈川2	99.7	自	82	神奈川12	91.9	民
33	東京19	99.5	民	83	大阪9	91.8	民
34	兵庫1	99.5	自	84	福岡9	90.8	民
35	東京21	99.2	民	85	神奈川15	90.6	自
36	神奈川1	99.0	自	86	神奈川11	90.5	自
37	神奈川3	98.8	自	87	千葉8	90.2	民
38	愛知4	98.2	民	88	福岡10	89.8	自
39	東京20	98.2	民	89	宮城1	88.6	民
40	京都1	98.0	自	90	兵庫2	88.5	公
41	千葉5	98.0	民	91	宮城2	88.4	民
42	千葉1	97.9	民	92	奈良1	87.4	民
43	埼玉15	97.9	民	93	埼玉1	87.3	民
44	北海道3	97.9	民	94	東京24	87.2	自
45	東京22	97.9	民	95	静岡1	87.2	民
46	神奈川9	97.9	民	96	大阪18	86.5	自
47	神奈川14	97.8	民	97	埼玉8	86.3	民
48	神奈川6	97.4	公	98	新潟1	85.5	民
49	兵庫3	97.0	民	99	愛媛1	84.8	自
50	大阪17	96.9	民	100	高知1	84.1	自
		(%)				(%)	

表2-6b 「中間部」選挙区での当選者の党派

	小選挙区	集中率	議席		小選挙区	集中率	議席
101	鹿児島1	84.0	自	151	宮崎1	62.5	自
102	大阪19	83.7	民	152	北海道8	62.0	民
103	北海道5	83.5	自	153	愛知15	61.9	自
104	埼玉7	82.8	民	154	北海道7	61.8	自
105	熊本1	82.8	民	155	山形1	61.7	自
106	千葉7	81.6	民	156	福井1	61.1	自
107	広島2	81.3	民	157	北海道11	60.6	自
108	石川1	81.1	民	158	北海道9	60.5	民
109	埼玉6	80.5	民	159	愛知12	60.4	自
110	福岡3	80.4	民	160	千葉3	60.3	民
111	東京25	79.4	自	161	静岡6	59.0	自
112	大阪15	79.0	自	162	岡山4	58.9	自
113	秋田1	78.9	民	163	青森1	58.6	自
114	長崎1	78.2	民	164	奈良3	58.6	自
115	京都1	78.2	自	165	福岡4	58.6	自
116	愛知6	78.1	民	166	群馬2	58.4	自
117	京都6	78.1	民	167	香川1	58.4	自
118	和歌山1	77.8	自	168	山口4	57.5	自
119	埼玉13	77.2	自	169	千葉13	57.1	自
120	兵庫11	76.5	民	170	愛知11	57.0	民
121	神奈川17	76.2	自	171	三重2	56.7	民
122	埼玉14	76.2	自	172	山口1	56.6	自
123	神奈川16	75.9	自	173	福島2	55.1	自
124	北海道4	75.5	民	174	広島5	54.6	自
125	兵庫10	74.3	自	175	滋賀3	54.3	民
126	愛知13	73.6	自	176	広島7	54.2	自
127	埼玉9	73.5	自	177	熊本2	53.9	自
128	岐阜1	73.3	自	178	岡山2	53.3	自
129	栃木1	72.6	自	179	長野1	53.2	自
130	大分1	72.2	無	180	佐賀1	52.8	民
131	沖縄2	72.1	社	181	茨城2	51.9	自
132	北海道6	71.6	民	182	愛知9	51.2	保
133	静岡4	70.8	自	183	青森3	51.1	自
134	愛知7	70.5	民	184	愛知14	51.0	民
135	福岡5	70.3	自	185	兵庫4	50.5	保
136	静岡8	70.0	民	186	埼玉10	50.1	自
137	徳島1	69.8	民	187	北海道12	50.0	自
138	愛知10	68.4	保	188	栃木5	49.5	自
139	岩手1	66.5	民	189	広島4	49.2	自
140	富山1	65.9	自	190	沖縄3	49.2	自
141	山梨1	65.1	民	191	宮城4	48.9	自
142	岡山1	65.1	自	192	埼玉12	48.5	自
143	兵庫9	64.9	無	193	鹿児島2	48.1	自連
144	広島3	64.8	自	194	福岡6	47.5	民
145	愛知8	63.7	民	195	愛媛3	47.5	自
146	千葉9	63.6	自	196	三重3	47.4	民
147	滋賀1	63.6	民	197	新潟4	47.0	自
148	奈良2	63.4	民	198	群馬1	46.8	自
149	茨城5	63.1	民	199	静岡2	45.8	自
150	静岡5	63.0	民	200	沖縄4	45.2	自
		(%)				(%)	

表2-6c 「農村部」選挙区での当選者の党派

	小選挙区	集中率	議席		小選挙区	集中率	議席
201	群馬2	44.5	自	251	長崎2	28.0	自
202	長崎4	44.2	自	252	兵庫5	27.1	自
203	静岡7	44.1	無	253	千葉10	26.5	自
204	福島1	42.4	自	254	滋賀2	26.5	民
205	三重1	42.1	自	255	福岡11	26.2	無
206	福岡8	41.9	自	256	岐阜4	25.6	自
207	北海道10	41.9	民	257	滋賀4	25.6	自
208	新潟5	41.5	無	258	宮崎3	24.9	無
209	長野4	41.2	自	259	新潟2	24.9	自
210	宮崎2	41.1	無	260	香川3	24.1	自
211	奈良4	40.8	自	261	茨城7	23.3	自
212	群馬3	40.4	自	262	静岡3	23.1	自
213	福島5	39.6	自	263	和歌山3	23.0	保
214	京都5	39.5	自	264	三重5	22.9	自
215	宮城5	39.1	民	265	長野3	22.6	民
216	千葉12	38.1	自	266	鹿児島4	22.3	自
217	茨城6	37.9	自	267	大分2	21.7	自
218	山口3	37.8	自	268	山梨3	21.6	自
219	広島6	37.8	自	269	愛媛4	21.5	自
220	青森4	37.8	自	270	佐賀3	20.8	自
221	茨城1	37.4	自	271	石川3	20.8	自
222	岐阜3	37.1	自	272	岩手3	20.4	民
223	山口2	36.6	民	273	兵庫12	20.2	自
224	福岡7	36.2	自	274	山梨2	19.9	自
225	山形3	35.6	無	275	栃木2	19.8	自
226	石川2	35.5	自	276	長野5	19.6	自
227	大分3	34.8	自	277	栃木3	18.6	自
228	富山3	34.6	自	278	岩手4	18.6	民
229	鳥取1	34.6	自	279	島根2	17.4	自
230	新潟6	34.1	民	280	熊本3	16.0	無
231	宮城3	33.1	自	281	秋田2	15.9	自
232	島根1	33.1	自	282	富山2	15.5	自
233	長野2	33.0	民	283	秋田3	15.3	無
234	岐阜5	33.0	自	284	鹿児島3	15.2	自
235	岐阜2	32.6	自	285	岡山5	14.9	自
236	福島4	32.6	無会	286	熊本4	14.9	自
237	新潟3	32.0	自	287	徳島2	13.9	自
238	栃木4	31.9	自	288	岩手2	13.9	自
239	埼玉11	31.9	自	289	岡山3	13.0	自
240	高知2	31.3	自	290	福島3	12.6	民
241	愛媛2	31.3	自	291	茨城2	12.6	自
242	福井2	30.6	自	292	香川2	12.5	自
243	福井3	29.8	自	293	千葉11	12.1	自
244	茨城4	29.7	自	294	和歌山2	12.0	自
245	熊本5	29.4	自	295	徳島3	11.8	自
246	山形2	29.3	自	296	鹿児島5	11.6	自
247	鳥取2	29.2	無	297	高知3	11.1	自
248	青森2	28.6	自	298	宮城6	10.3	自
249	三重4	28.5	自	299	佐賀2	9.4	自
250	長崎3	28.1	自	300	群馬5	8.0	自
		(%)				(%)	

る農山村地域でも,自民党の組織基盤にはころびが生じ始めたのかもしれない。

> 民主党の「地盤」に偏りも

ただ,小選挙区での議席獲得状況をブロックごとに点検してみると,民主党の「地盤」は,都市規模だけにとどまらず,地域的偏りも大きいことが浮かび上がってくる。

民主党が小選挙区で自民党を上回る議席を獲得したのは,北海道(自民党5,民主党7),南関東(自民党16,民主党17),近畿(自民党19,民主党20)の3ブロックだけだ。東京,東海両ブロックではそれぞれ12議席,15議席ずつと互角だったが,残る6ブロックは,東北(自民党14,民主党8),北関東(自民党23,民主党9),北陸信越(自民党13,民主党6),中国(自民党17,民主党2),四国(自民党12,民主党1),九州(自民党22,民主党8)とい

表2-7 ブロック別の獲得議席

		計	与党			野党		
			自民	公明	保守	民主	共産	社民
北海道ブロック	小選挙区	12	5	0	―	7	0	0
	比例	8	3	1	―	4	0	0
東北ブロック	小選挙区	25	14	0	0	8	0	0
	比例	14	6	1	―	5	1	1
北関東ブロック	小選挙区	32	23	0	0	9	0	0
	比例	20	8	3	―	8	1	0
南関東ブロック	小選挙区	34	16	1	0	17	0	0
	比例	22	8	3	―	9	1	1
東京ブロック	小選挙区	25	12	1	0	12	0	0
	比例	17	6	2	―	8	1	0
北陸信越ブロック	小選挙区	20	13	0	0	6	0	0
	比例	11	5	1	―	5	0	0
東海ブロック	小選挙区	33	15	0	2	15	0	0
	比例	21	8	3	―	9	1	0
近畿ブロック	小選挙区	48	19	6	2	20	0	0
	比例	29	9	5	―	11	3	1
中国ブロック	小選挙区	20	17	0	0	2	0	0
	比例	11	5	2	―	4	0	0
四国ブロック	小選挙区	13	12	0	0	1	0	0
	比例	6	3	1	―	2	0	0
九州ブロック	小選挙区	38	22	1	0	8	0	1
	比例	21	8	3	―	7	1	2

ずれも自民党に大差をつけられている。こうしたブロックでは，なお自民党が強固な地盤・組織を誇っており，民主党候補はその支持基盤を切り崩す手がかりをつかめないでいるようだ（表2－7）。

比例では，民主党は北海道（自民党3，民主党4），北関東（自民党8，民主党8），南関東（自民党8，民主党9），東京（自民党6，民主党8），北陸信越（自民党5，民主党5），東海（自民党8，民主党9），近畿（自民党9，民主党11）の7ブロックで，自民党を上回るか互角の議席を得ている。得票率では，北海道，北関東，南関東，東京，東海，近畿の6ブロックで自民党を上回り，全11ブロックでの自民・民主対決は民主党が勝ち越した。比例での集票能力と比べると，特に小選挙区での地力のなさが鮮明になる。

無党派の風　読売新聞社・日本テレビ系列各局の出口調査によると，2003年衆院選の投票者のうち，支持政党を持たない「無党派」層は20.3％で，自民党支持層（41.1％）に比べると約半分にとどまったものの，民主党支持層（19.4％）を上回る第2勢力の座を占めた。

この無党派層に，比例選でどの政党に投票したかを聞いたところ，過半数の56.2％が民主党に票を投じるという「1党集中」傾向が明らかになった。その他の党への投票は，自民党21.4％，共産党8.2％，公明党8.1％，社民党5.4％となっており，無党派層取り込みに対する民主党の強さは際立っている（表2－8）。

前回2000年衆院選時の出口調査では，無党派層が投票した政党は，民主党38.2％，共産党13.8％，自民党12.6％，社民党11.1％，自由党10.8％の順で多かった。3年後の今回との対比では，共産（5.6ポイント減），社民（5.7ポイント減）両党で無党派層の離反が目立った一方，自民党は8.8ポイント増，民主党は18ポイント増と無党派層の取り込みを上積みしている。

無党派層に受けが良く，その時々の「風」をうまくつかんで議席を拡大してきた傾向が否定できない民主党は，地方組織の整備が十分とは言えない。

表2－8　無党派層の衆院比例選での投票先

	自民党	民主党	公明党	共産党	社民党	（自由党）
2003年	21.4	56.2	8.1	8.2	5.4	—
2000年	12.6	38.2	6.8	13.8	11.1	10.8

（読売新聞社・日本テレビ系列各局出口調査から。単位は％）

政党としてのその「足腰の弱さ」をどう解消し、「政権政党」を目指すにふさわしい組織体制を整えるかが、2大政党化を担う民主党の緊急課題と言えるだろう。

2. 与党の集票構造

<u>自民党支えた小泉効果</u>　読売新聞社・日本テレビ系列各局が2003年衆院選の投票日に実施した出口調査によると、小泉内閣を支持すると答えた人は50.7％だった。投票者の約半数を占めたこの小泉支持層が小選挙区で投票したのは、自民党が最も多い65.4％で、次いで民主党19.9％、共産党3.4％、公明党2.1％、保守新党1.8％の順。また、比例で投票したのは自民党61.2％、民主党18.3％、公明党15.5％、共産党2.6％、社民党2.0％の順となった。小泉支持が自民支持に直結する「歩留まり」は約6割にとどまったことになる（表2－9）。

ただ、小泉ブーム高揚期に行われた2001年参院選の出口調査では、小泉内閣支持層は投票者全体の60.6％で、このうち自民党に票を投じたのは選挙区48.0％、比例48.8％と歩留まりは今回より低かった。つまり、2003年衆院選は、2001年参院選に比べて小泉支持層が縮小した分、自民党への投票割合が高まった格好で、「小泉首相を支持し、自民党も支持する」という層に大きな変化はなかったことを示している。小泉ブームが冷めかけているとは言え、

表2－9　小泉内閣支持層の比例選投票先

	2003衆院選	2001参院選
小泉内閣を支持する	50.7	60.6
うち　自民党に投票	61	49
民主党に投票	18	12
公明党に投票	16	11
（自由党に投票）	―	6
共産党に投票	3	3
社民党に投票	2	3
その他・無回答	1	16
小泉内閣を支持しない	41.3	13.7
その他・無回答	8.0	25.7

（読売新聞社・日本テレビ系列各局出口調査から。単位は％）

自民党の得票はなお「小泉効果」で下支えされているわけだ。不人気だった森首相の下で戦った前回衆院選に比べ，比例での得票を約2割増やしたことがそれを裏付けている。

強化された自公協力　「自民党か民主党か」の2大勢力対決の構図が鮮明になり，双方の力量が近接してくれば，一定の固定票を持つ第3勢力がどちらに付くかによって勝敗が左右されることになる。民主党の厳しい追い上げにさらされている自民党にとって，公明党の存在はなくてはならないものとなっている。

2003年衆院選では，小選挙区の自民党候補が公明党・創価学会から支援を受け，その見返りに，自身の支持者・後援会に比例では公明党に投票するよう促す「バーター」が活発に行われたようだ。こうした票の取引は，公明，自民両党が公党間の約束としているものではないが，選挙期間中，演説する自民党候補が後援会関係者や街頭の有権者に「比例は公明党へ」と呼びかけていたというエピソードはあちこちで聞かれた。衆院選後の特別国会での与野党論戦では，この問題が取り上げあられ，小泉首相が「私はやっていません」と釈明を余儀なくされたほどだ。

読売新聞社・日本テレビ系列各局が実施した衆院選出口調査で，自民党と公明党との票のやり取りの一端を探ってみよう。

2003年衆院選では，自民党と公明党の公認候補同士が争った小選挙区はなかった。自民党が候補を立てた277小選挙区で，公明党支持層が自民党候補に票を投じた割合は72%だった。これに対し，前回2000年衆院選で，公明党支持層が自民党候補に投票した比率は61%だ。今回と前回では対象小選挙区が異なるものの，自公協力の度合いが約10ポイント上昇したことになる。

東京の小選挙区で具体的に検証して見ると，協力体制が最も固かったのは伊藤公介（23区）で，公明党支持層の91%から票を集めた。ほかにも，1区の与謝野馨（83%），5区の小杉隆（83%），6区の越智隆雄（88%），7区の松本文明（89%），8区の石原伸晃（89%），9区の菅原一秀（87%），10区の小林興起（81%），11区の下村博文（84%），15区の木村勉（89%），18区の鳩山邦夫（87%），19区の松本洋平（89%），24区の萩生田光一（81%）の12人が，公明党支持層の8割超から支持を得ていた。

もちろん，自民党候補すべてに公明党支持票が流れ込んだわけではない。

自民党の松島みどりと保守新党の西川太一郎がぶつかる与党分裂選挙となった14区では，公明党が，旧新進党時代からなじみの深い西川を推薦したことから，公明党支持層の80％は西川に票を投じ，松島に投票したのは7％に過ぎなかった。

自公連立スタートから4年が経過したことで，かつては「反自民」「非自民」の色合いが濃かった公明党支持層の意識も変化し，「公明党が自民党を支える」という構図が定着してきたことがうかがえる。

一方，公明党が候補を立てた10選挙区で，自民党支持層が公明党候補に投票した割合は56％と，前回調査の38％から18ポイントもアップした。東京12区に出馬した公明党の太田昭宏は，自民党支持層の56％から票を得ていた。また，比例で自民党支持層が公明党に投票した割合は5.7％で，やはり前回の4.1％から伸びている。

「政権」左右する公明・創価学会票

自民党が勝利した168小選挙区について，「自民党候補と次点候補との得票差」と「公明党の比例得票」を比較して見ると，公明党・創価学会票の威力がよく分かる。蒲島郁夫東大教授が2000年衆院選での公明党の選挙協力効果を分析した際に用いた手法を参考に，試算してみよう。

まず，各小選挙区内の市町村で公明党が集めた比例票を「その小選挙区における公明党・創価学会の集票能力」と見なす。ただ，2003年衆院選では，自民党と公明党の公認候補が競合した小選挙区はなく，小選挙区と比例での票のバーターも目立ったことから，公明党比例票には自民党支持層の票が一部流れ込んでいることは間違いない。読売新聞社・日本テレビ系列各局の2003年衆院選出口調査によれば，自民党支持層の6％が比例で公明党に票を投じ，公明党支持層の63％は小選挙区で自民党に投票していた。差し引きすれば，おおざっぱに言って比例選で公明党に投じた有権者のほぼ半数が，小選挙区で自民党候補に投票していると見なすことができる。

自公連立が解消されるなどの要因で公明党が非自民勢力に転じたとすると，この票は自民党候補には流れないことになる。もし，自民党候補を下支えしていた公明党票（つまり「公明党比例票の半分」）がすべて棄権に回ったと仮定すれば，自民党候補と次点候補の票差が「公明党比例票の半分」より少ない場合，小選挙区での当落は逆転してしまう。さらに，公明党票がまるごと

第2章 2003年衆院選の分析 71

表2-10 公明票のシミュレーション

選挙区	自民当選者	得票	次点者	得票	得票差	公明票		公明票÷2	
北海道5	町村信孝	129,035	小林千代美	120,192	8,843	37,313	*	18,657	**
北海道6	今津寛	112,270	佐々木秀典	111,656	614	33,943	*	16,972	**
北海道7	北村直人	85,585	仲野博子	72,508	13,077	28,068	*	14,034	**
北海道11	中川昭一	112,210	山内惠子(社)	52,395	59,815	20,461		10,231	
北海道12	武部勤	118,258	松木謙公	82,731	35,527	25,215		12,608	
青森1	津島雄二	81,511	横山北斗(無)	74,799	6,712	23,483	*	11,742	**
青森2	江渡聡徳	96,784	斉藤孝一(社)	21,537	75,247	17,717		8,859	
青森3	大島理森	86,909	田名部匡代	70,275	16,634	19,180	*	9,590	
青森4	木村太郎	110,675	渋谷修	40,864	69,811	20,672		10,336	
岩手2	鈴木俊一	116,854	工藤堅太郎	72,599	44,255	15,088		7,544	
宮城3	西村明宏	74,045	橋本清仁	73,803	242	21,347	*	10,674	**
宮城4	伊藤信太郎	76,554	本間俊太郎(無)	61,200	15,354	27,140	*	13,570	
宮城6	小野寺五典	82,750	大石正光	58,420	24,330	17,126		8,563	
秋田2	野呂田芳成	109,296	佐々木重人	55,969	53,327	23,559		11,780	
山形1	遠藤利明	100,764	鹿野道彦	81,580	19,184	28,202		14,101	
山形2	遠藤武彦	124,591	近藤洋介	106,846	17,745	32,745		16,373	
福島1	佐藤剛男	98,896	亀岡偉民(無会)	96,954	1,942	36,537	*	18,269	**
福島2	根本匠	108,838	増子輝彦	94,514	14,324	22,310		11,155	
福島5	坂本剛二	100,600	吉田泉	84,480	16,120	27,556	*	13,778	
茨城1	赤城徳彦	128,349	大畠章宏	77,420	50,929	31,305		15,653	
茨城2	額賀福志郎	127,364	常井美治	55,444	71,920	27,934		13,967	
茨城3	葉梨康弘	102,315	小泉俊明	92,306	10,009	28,940	*	14,470	**
茨城4	梶山弘志	119,047	大嶋修一(社)	28,660	90,387	20,294		10,147	
茨城6	丹羽雄哉	130,525	二見伸明	74,915	55,610	31,814		15,907	
茨城7	永岡洋治	97,642	五十嵐弘子	44,543	53,099	25,285		12,643	
栃木1	船田元	123,297	水島広子	102,127	21,170	29,015	*	14,508	
栃木2	森山眞弓	96,224	小林守	60,010	36,214	19,221		9,611	
栃木3	渡辺喜美	100,539	松永昌樹(社)	24,513	76,026	18,550		9,275	
栃木4	佐藤勉	125,031	山岡賢次	104,159	20,872	26,906	*	13,453	
栃木5	茂木敏充	124,612	大久保英範	35,131	89,481	24,453		12,227	
群馬1	尾身幸次	130,242	高橋仁	68,960	61,282	26,568		13,284	
群馬2	笹川堯	76,779	石関圭	57,331	19,448	26,886	*	13,443	
群馬3	谷津義男	91,330	長沼広	67,087	24,243	25,986	*	12,993	
群馬4	福田康夫	98,903	富岡由紀夫	48,427	50,476	22,408		11,204	
群馬5	小渕優子	144,848	浅貝正雄(社)	27,693	117,155	22,369		11,185	
埼玉1	新井正則	70,959	木下厚	69,418	1,541	26,014	*	13,007	**
埼玉9	大野松茂	104,167	五十嵐文彦	94,569	9,598	30,463	*	15,232	**
埼玉10	山口泰明	87,489	松崎哲久	75,083	12,406	25,579		12,790	
埼玉11	小泉龍司	123,057	八木昭次	52,729	70,328	24,578		12,289	
埼玉12	増田敏男	95,889	本多平直	75,439	20,450	25,629	*	12,815	
埼玉13	土屋品子	81,935	武山百合子	81,361	574	27,878	*	13,939	
埼玉14	三ッ林隆志	104,066	中野譲	86,826	17,240	36,895	*	18,448	**
千葉9	水野賢一	103,199	須藤浩	89,057	14,142	29,779	*	14,890	**
千葉10	林幹雄	94,946	谷田川元(無)	81,950	12,996	34,349	*	17,175	
千葉11	森英介	130,863	長浜博行	60,296	70,567	34,219		17,110	
千葉12	浜田靖一	115,708	内田悦嗣	87,522	28,186	35,478	*	17,739	
千葉13	実川幸夫	81,625	若井康彦	75,927	5,698	26,007	*	13,004	**
東京4	中西一善	90,693	宇佐美登	77,953	12,740	40,510	*	20,255	**
東京8	石原伸晃	136,429	鈴木盛夫	78,007	58,422	22,467		11,234	
東京9	菅原一秀	112,868	吉田公一	96,662	16,206	34,322	*	17,161	**
東京10	小林興起	81,979	鮫島宗明	77,417	4,562	24,449	*	12,225	**

選挙区	自民当選者	得票	次点者	得票	得票差	公明票		公明票÷2	
東京11	下村博文	113,477	渡辺浩一郎	87,331	26,146	37,023	*	18,512	
東京14	松島みどり	66,417	井上和雄	63,385	3,032	31,883	*	15,942	**
東京15	木村勉	69,164	東祥三	58,616	10,548	32,145	*	16,073	**
東京16	島村宜伸	80,015	中津川博郷	70,189	9,826	45,532	*	22,766	**
東京17	平沢勝栄	142,916	錦織淳	65,269	77,647	40,236		20,118	
東京23	伊藤公介	126,221	石毛鑅子	110,266	15,955	32,872	*	16,436	**
東京24	萩生田光一	108,843	阿久津幸彦	106,733	2,110	45,866	*	22,933	**
東京25	井上信治	80,443	島田久	71,151	9,292	28,338	*	14,169	**
神奈川1	松本純	111,730	佐藤謙一郎	97,630	14,100	28,275	*	14,138	
神奈川2	菅義偉	115,495	大出彰	93,406	22,089	32,001	*	16,001	
神奈川3	小此木八郎	91,207	加藤尚彦	81,996	9,211	30,935	*	15,468	**
神奈川10	田中和徳	114,766	計屋圭宏	89,752	25,014	39,855	*	19,928	
神奈川11	小泉純一郎	174,374	沢木優輔	46,290	128,084	34,262		17,131	
神奈川13	甘利明	139,236	上田龍司	86,256	52,980	35,638		17,819	
神奈川15	河野太郎	148,955	酒井文彦	76,967	71,988	35,596		17,798	
神奈川16	亀井善之	125,067	長田英知	82,967	42,100	33,077		16,539	
神奈川17	河野洋平	135,206	阪口直人	81,900	53,306	32,580		16,290	
新潟2	近藤基彦	95,391	藤島正之(無)	56,002	39,389	20,224		10,112	
新潟3	稲葉大和	108,627	倉持八郎(社)	70,256	38,371	18,603		9,302	
富山1	長勢甚遠	76,154	村井宗明	51,306	24,848	14,584		7,292	
富山2	宮腰光寛	93,849	西尾政英	42,244	51,605	13,231		6,616	
富山3	綿貫民輔	159,316	窪田正人(社)	51,663	107,653	17,386		8,693	
石川2	森喜朗	114,541	一川保夫	82,069	32,472	21,322		10,661	
石川3	瓦力	102,864	桑原豊	66,240	36,624	17,478		8,739	
福井1	松宮勲	55,698	笹木竜三(無)	54,019	1,679	13,592	*	6,796	**
福井2	山本拓	62,558	若泉征三	43,143	19,415	13,555		6,778	
福井3	高木毅	85,113	玉村和夫	49,395	35,718	16,668		8,334	
山梨1	堀内光雄	101,727	花田仁(共)	30,225	71,502	19,498		9,749	
山梨3	保坂武	83,107	後藤斎	62,475	20,632	23,628	*	11,814	
長野1	小坂憲次	118,065	篠原孝	111,821	6,244	24,102	*	12,051	**
長野4	後藤茂之	70,618	堀込征雄	50,651	19,967	17,092		8,546	
長野5	宮下一郎	108,567	加藤隆	70,507	38,060	24,979		12,490	
岐阜1	野田聖子	92,717	浅野真	71,649	21,068	27,816	*	13,908	
岐阜2	棚橋泰文	118,748	大石里奈	60,118	58,630	21,440		10,720	
岐阜3	武藤嘉文	115,221	園田康博	110,796	4,425	34,542	*	17,271	**
岐阜4	藤井孝男	156,179	山田良司	75,240	80,939	26,803		13,402	
岐阜5	古屋圭司	110,553	武田規男	67,546	43,007	25,085		12,543	
静岡2	原田令嗣	129,162	津川祥吾	107,687	21,475	34,209	*	17,105	
静岡3	柳沢伯夫	138,508	鈴木泰	81,364	57,144	25,721		12,861	
静岡4	望月義夫	102,761	田村謙治	76,865	25,896	33,052	*	16,526	
静岡8	塩谷立	104,046	鈴木康友	101,484	2,562	30,496	*	15,248	**
愛知12	杉浦正健	135,622	中根康浩	117,411	18,211	29,791	*	14,896	
愛知13	大村秀章	114,092	島聡	109,670	4,422	25,296	*	12,648	**
愛知15	山本明彦	100,443	都築譲	84,573	15,870	26,445	*	13,223	
三重1	川崎二郎	101,911	中井洽	90,381	11,530	39,476	*	19,738	**
三重4	田村憲久	94,379	伊藤忠治	51,168	43,211	27,006		13,503	
三重5	三ツ矢憲生	111,840	金子洋一	71,937	39,903	29,861		14,931	
滋賀4	岩永峯一	83,149	奥村展三	78,954	4,195	22,755	*	11,378	**
京都2	伊吹文明	83,644	玉置一弥	63,487	20,157	23,749	*	11,875	
京都4	田中英夫	108,209	北神圭朗	72,665	35,544	28,658	*	14,329	
京都5	谷垣禎一	103,486	小林哲也	36,702	66,784	20,259		10,130	
大阪1	中馬弘毅	87,936	熊田篤嗣	64,320	23,616	34,936	*	17,468	
大阪2	左藤章	96,470	岩波薫	56,652	39,818	45,179	*	22,590	

第2章　2003年衆院選の分析

選挙区	自民当選者	得票	次点者	得票	得票差	公明票		公明票÷2	
大阪13	西野陽	97,311	岡本準一郎	65,164	32,147	42,957	*	21,479	
大阪14	谷畑孝	111,543	長尾敬	78,655	32,889	44,652	*	22,326	
大阪15	竹本直一	107,323	梅田喜久雄	79,830	27,493	39,780	*	19,890	
大阪18	中山太郎	108,996	中川治	89,930	19,066	44,525	*	22,263	**
兵庫1	砂田圭佑	71,587	石井一	70,792	795	24,186	*	12,093	**
兵庫5	谷公一	112,437	梶原康弘	108,851	3,586	30,465	*	15,233	**
兵庫7	大前繁雄	111,216	土井たか子(社)	96,404	14,812	28,281	*	14,141	
兵庫10	渡海紀三朗	97,196	岡田康裕	77,009	20,187	38,959	*	19,480	
兵庫12	河本三郎	108,479	山口壮(無会)	103,848	4,631	33,528	*	16,764	**
奈良3	奥野信亮	81,345	福岡ともみ	58,222	23,123	25,394	*	12,697	
奈良4	田野瀬良太郎	112,714	山本直子	49,077	63,637	28,049		14,025	
和歌山1	谷本龍哉	101,602	下角力(共)	45,851	55,751	37,309		18,655	
和歌山2	石田真敏	77,102	岸本健	63,145	13,957	25,932	*	12,966	
鳥取	石破茂	114,283	田中清(社)	31,236	83,047	31,549		15,775	
島根1	細田博之	117,897	濱口和久	61,071	56,826	30,982		15,491	
島根2	竹下亘	145,555	石田良三	50,951	94,604	32,254		16,127	
岡山1	逢沢一郎	102,318	菅原太郎	63,463	38,855	35,100		17,550	
岡山2	熊代昭彦	78,643	津村啓介	69,190	9,453	32,045	*	16,023	**
岡山3	平沼赳夫	125,949	中村徹夫	48,010	77,939	36,986		18,493	
岡山4	橋本竜太郎	104,653	柚木道義	66,199	38,454	39,420	*	19,710	
岡山5	村田吉隆	104,052	秦知子	69,908	34,144	27,256		13,628	
広島1	岸田文雄	84,292	柿沼正明	56,072	28,220	26,465		13,233	
広島3	増原義剛	106,972	金子哲夫(社)	53,382	53,590	34,702		17,351	
広島4	中川秀直	86,275	空本誠喜	49,784	36,491	25,111		12,556	
広島5	池田行彦	74,264	佐々木修一	48,300	25,964	27,340	*	13,670	
広島6	亀井静香	117,659	佐藤公治	100,677	16,982	42,653	*	21,327	**
広島7	宮沢洋一	90,487	和田隆志	73,252	17,235	42,085	*	21,043	**
山口1	高村正彦	137,830	大泉博子	66,672	71,158	36,150		18,075	
山口3	河村建夫	111,658	岩本沙	50,975	60,683	27,633		13,817	
山口4	安倍晋三	140,347	小島潤一郎(社)	21,202	119,145	28,310		14,155	
徳島2	山口俊一	72,116	高井美穂	62,494	9,622	18,996	*	9,498	
徳島3	後藤田正純	85,671	仁木博文	49,411	36,260	23,466		11,733	
香川1	平井卓也	79,298	小川淳也	62,939	16,359	23,135	*	11,568	
香川2	木村義雄	85,370	真鍋光広	57,676	27,694	22,937		11,469	
香川3	大野功統	84,803	奥田研二(社)	23,087	61,716	18,490		9,245	
愛媛1	塩崎恭久	113,516	玉井彰	43,903	69,613	35,778		17,889	
愛媛2	村上誠一郎	99,208	斉藤政光	43,553	55,655	27,318		13,659	
愛媛3	小野晋也	74,160	高橋剛	41,030	33,130	23,822		11,911	
愛媛4	山本公一	117,252	浜口金也	37,564	79,688	29,665		14,833	
高知1	福井照	43,232	五島正規	36,333	6,899	22,846	*	11,423	**
高知2	中谷元	72,504	田村久美子	31,377	41,127	21,231		10,616	
高知3	山本有二	84,287	川添美明	33,208	51,079	25,670		12,835	
福岡4	渡辺具能	95,469	楠崎欣弥	79,712	15,757	34,278	*	17,139	
福岡5	原田義昭	105,071	楠田大蔵	81,166	23,905	36,945	*	18,473	
福岡7	古賀誠	119,837	馬場恵美子(社)	49,262	70,575	36,915		18,458	
福岡8	麻生太郎	132,646	大島九州男	75,879	56,767	48,270		24,135	
福岡10	自見庄三郎	91,974	城井崇	79,735	12,239	44,987	*	22,494	**
佐賀2	今村雅弘	107,522	諸岡稔(共)	22,898	84,624	17,884		8,942	
佐賀3	保利耕輔	102,859	藤原裕美	36,653	66,206	22,469		11,235	
長崎2	久間章生	126,705	熊江雅子(社)	50,772	75,933	32,257		16,129	
長崎3	谷川弥一	77,528	山田正彦	71,099	6,429	23,727	*	11,864	**
長崎4	北村誠吾	100,767	今川正美(社)	53,557	47,210	25,076		12,538	
熊本2	林田彪	95,233	松野信夫	75,517	19,716	30,220	*	15,110	

選挙区	自民当選者	得票	次点者	得票	得票差	公明票		公明票÷2	
熊本4	園田博之	137,428	森川生朗(社)	36,977	100,451	32,205		16,103	
熊本5	金子恭之	95,321	後藤英友	57,901	37,420	22,604		11,302	
大分2	衛藤征士郎	123,434	重野安正(社)	85,666	37,768	30,253		15,127	
大分3	岩屋毅	123,798	横光克彦	111,180	12,618	33,092	*	16,546	**
宮崎1	中山成彬	99,969	米沢隆	71,616	28,353	37,535	*	18,768	
鹿児島1	保岡興治	95,841	川内博史	79,243	16,598	23,998	*	11,999	
鹿児島3	宮路和明	113,743	大園勝司	45,308	68,435	17,171		8,586	
鹿児島4	小里貞利	104,843	浜田健一(社)	59,075	45,768	21,385		10,693	
鹿児島5	山中貞則	100,851	米正剛(無)	51,885	48,966	25,260		12,630	
沖縄3	嘉数知賢	62,975	東門美津子(社)	58,931	4,044	16,058	*	8,029	**
沖縄4	西銘恒三郎	67,752	宮国忠広	38,550	29,202	13,532		6,766	

次点者の党派は,特に記載がなければ民主党.(共)は共産党,(社)は社民党,(無会)は無所属の会,(無)は無所属
＊印は「得票差＜公明票」,＊＊印は「得票差＜公明票÷2」

次点候補に取り込まれると,両候補の票差が公明党比例票(「公明党比例票の半分」×2)より少ない場合,当落の逆転が起こることになる。

このシミュレーションによれば,自民党候補が単に公明党票の下支えを無くしただけで,当選した168小選挙区のうち,46小選挙区で逆転の可能性が生じる。このうち39選挙区は民主党候補が次点につけており,逆転が実現すれば,小選挙区での自民,民主両党の獲得議席(168対105)は122対144に変わる。自民党は小選挙区でも第2党に後退し,政権交代が現実のものとなる「ハードル」は意外に低いことが分かる(表2-10)。

自民党候補を下支えしていた公明党票がすべて次点候補に流れた場合は,当落逆転は85選挙区にも膨らむ。次点との差が39818票あった大阪2区,32889票あった大阪14区などでも,公明党比例票がその票差をさらに上回っているため,公明党・創価学会の対応次第では当落が逆転することになる。

もちろん,自民党候補すべてが公明党の推薦を得ているわけではないし,自民党の各小選挙区候補と地元の公明党・創価学会との関係によっては,もともと公明党・創価学会票がほとんど流れていないケースもあることから,連立解消によって直ちに自民党の小選挙区当選者が半減することにはならない。しかし,自民党の政権維持が困難になる可能性は一気に高まることになる。

3. 野党の集票構造

民主・自由「合併効果」

　民主党が2003年衆院選で議席を伸ばし、「政権の受け皿」として認知されるに至った大きな要因として挙げられるのが、選挙直前の9月末に行われた民主党と自由党の合併だ。新進党以来の「大野党」の登場で、自民党以外に投じられる票を大きく「1本化」する格好で取り込むことが可能になっただけではない。比例選では政党の規模が大きくなればなるほど議席獲得で有利になることもプラスに働き、合併によって大きくなった民主党は、前回2000年衆院選で民主、自由両党が獲得した合計以上の議席を獲得した。

　その詳細を見てみよう。2003年衆院選の比例選での民主党の得票数は2209万5636票で、前回の民主党（1506万7990票）と自由党（658万9490票）の合計2165万7480票からの増加率はわずか2.0%にとどまり、得票率も37.4%と前回36.2%（民主党25.2%、自由党11.0%）から1.2ポイントしか増えなかった。しかし、獲得議席は前回65（民主党47、自由党18）から7議席増えて72となり、10%を超す上積み効果を発揮している。

　また、ブロック別に見ると、前回の民主、自由両党合計を上回る得票率となったのは、北海道40.8%（前回両党合計39.4%）、北関東37.9%（同37.2%）、南関東40.0%（同39.7%）、北陸信越36.9%（同36.4%）、東海40.8%（同40.3%）、近畿37.1%（同32.8%）、中国33.8%（同30.6%）、四国31.7%（同29.1%）、九州31.4%（同29.6%）と9ブロックあったが、うち4ブロックは1ポイント未満のわずかな増加だった。それでも、獲得議席は、北海道4（前回両党合計3）、北関東8（同7）、南関東9（同8）、北陸信越5（同4）、近畿11（同10）、中国4（同3）、四国2（同1）、九州7（同6）の8ブロックで堅実に積み増している。

　つまり、民主党の「合併効果」は、有権者からの支持拡大の点で「1＋1＝3」をもたらしたとは言えないが、現行の小選挙区比例代表並立制において、議席獲得に有利な「適合的な規模」を手にする点で「1＋1＝3」をもたらしたと言える。

小選挙区での効果は限定的

　小選挙区では「合併効果」はどう現れたのだろうか。
　民主、自由両党の出馬予定者が競合していた小選挙区は、合併が内定した7月下旬時点で30を超えていた。合併を正式決定する9月末までにすべての選挙区で公認候補の一本化調整

を終えたものの，例えば北海道2区では，公認漏れした石田幸子（民主党出身）が調整に不満を唱えて無所属での出馬に踏み切った。同選挙区では前回も出馬した石田と松木謙公（自由党，前回は無所属）との一本化調整が焦点となっていたが，民主党は前回比例単独で当選した三井辨雄を同区公認とし，松木を北海道12区に転出させることを決める。激しく反発した石田は8月下旬，菅直人民主党代表と小沢一郎自由党党首の札幌遊説の際に，公認を求める「のぼり」を掲げる抗議のパフォーマンスまで演じた。

このほか，やはり公認から漏れた西川将人（北海道6区＝旧自由党出身），永山茂雄（福島5区＝同），遠藤宣彦（東京5区＝同），富家孝（東京7区＝同），井桁亮（愛知9区＝同）の5人が無所属または無所属の会公認（富塚）で出馬し，民主分裂選挙となった。

しかし，福島1区，千葉3区などでは民主党の，また埼玉6区，京都4区などでは自由党の出馬予定者が立候補を断念したほか，茨城6区，埼玉15区，神奈川7区などでは競合する候補の他選挙区への転出が決まり，候補者空白区の解消につなげるプラスの効果も生んだ。

さらに，合併に伴う候補者調整によって初めて，自民党からの議席奪取が可能になった事例もあった。

前回2000年衆院選では，29小選挙区で民主党候補と自由党候補の「共倒れ」が発生している。このうち，両候補の得票の合計が，当選した自民党候補の得票を上回った選挙区は11。その中から，2003年衆院選で，基本的に前回と同様の対決構図となった10選挙区に絞って，民主・自由の合併効果を点検してみよう（表2－11）。

この10選挙区は，東京10区，同11区，同23区，神奈川3区，同7区，新潟4区，京都6区，大阪4区，同17区，兵庫5区。2003年の民主党候補のうち，2000年も出馬したのは鮫島宗明（東京10区），石毛鍈子（同23区），加藤尚彦（神奈川3区），首藤信彦（同7区），菊田真紀子（新潟4区），吉田治（大阪4区），西村真悟（大阪17区），梶原康弘（兵庫5区）の8人で，菊田，西村，梶原は自由党公認候補だった。

10選挙区のうち，2003年衆院選で，民主党候補が自民党候補の得票を上回って当選したのは5選挙区（神奈川7区，新潟4区，京都6区，大阪4区，大阪17区）で，前回の民主，自由両党候補の合計より得票を伸ばしたケース

表2-11 民主・自由の合併効果

	2003年衆院選			2000年衆院選					
	民主候補	得票	当落	民主候補	得票	自由候補	得票	民由合計	自民得票
東京10	鮫島宗明	77,417	次点	鮫島宗明	64,272	堀田容正	18,509	82,781	71,318
東京11	渡辺浩一郎	87,331	次点	渋谷修	65,109	古山和宏	29,307	94,416	90,483
東京23	石毛鍈子	110,266	次点	石毛鍈子	87,232	長尾彰久	20,986	108,218	100,271
神奈川3	加藤尚彦	81,996	次点	加藤尚彦	55,389	蒲池重徳	15,478	70,867	61,016
神奈川7	首藤信彦	96,479	当選	首藤信彦	80,189	樋高剛	37,827	118,016	85,340
新潟4	菊田真紀子	113,271	当選	坂上富男	58,008	菊田真紀子	69,910	127,918	72,604
京都6	山井和則	117,467	当選	玉置一弥	88,392	松村つとむ	15,136	103,528	96,082
大阪4	吉田治	92,470	当選	吉田治	54,038	村上史好	17,450	71,488	63,290
大阪17	西村真悟	69,861	当選	尾立源幸	33,392	西村真悟	28,345	61,737	41,781
兵庫5	梶原康弘	108,851	次点	吉岡賢治	88,402	梶原康弘	29,540	117,942	105,230

＊ 次点には比例復活当選含む

も5選挙区（東京23区，神奈川3区，京都6区，大阪4区，同17区）あった。いずれも合併による効果と見られる。

ただ，10選挙区すべてに合併効果が及んだわけではなく，いわば限定的だったことも事実だ。前回衆院選時の読売新聞社・日本テレビ系列各局出口調査によると，小選挙区選では，自由党支持層の26.5％が自民党候補に票を入れ，民主党候補を選んだ29.3％とほぼ肩を並べていた。民主，自由両党は，憲法，安全保障などの基本政策で違いが少なくなく，両党合併に違和感を持った自由党支持層が自民党支持に「逃げた」ことも，合併効果の不完全燃焼につながったようだ。

民主・社民協力

2003年衆院選で，民主，社民両党の公認候補がぶつかった選挙区は41あり，構図の内訳は「自民・民主・共産・社民」型が38，「民主・公明・共産・社民」型が2，「民主・共産・社民・保守新」型が1となった。民主，自由両党の合併協議の過程では，社民党を同じ勢力に糾合しようとの動きもあった。野党勢力の一本化・規模拡大のメリットを追求しようとしたもので，結果的には実らなかったが，もし民主党と社民党の選挙協力が成立し，41選挙区のすべてで民主党候補に一本化していた場合，どういう結果となっただろうか。

社民党候補の小選挙区での得票を，そのまま民主党候補に上乗せして計算してみると，埼玉13区，神奈川3区，6区，長野4区，兵庫8区の計5選挙

表2-12 民主,社民の競合区を1本化した場合の議席数(小選挙区)

	自民	民主	公明	共産	社民	保守新	無所属の会	自由連合	諸派	無所属
選挙結果	168	105	9	0	1	4	1	1	0	11
民主,社民競合区を民主党に1本化した場合	165	110	7	0	1	4	1	1	0	11

区で民主党が与党候補を上回る。その分,自民党が3議席,公明党が2議席減らす。民主党と社民党の選挙区での選挙協力の効果は,さほど大きいものではなかったようだ(表2-12)。

一方,2003年比例選には自民,民主,公明,共産,社民の5党が届け出たが,ここでも社民党が届け出せず,社民党の比例得票をそのまま民主党に加算した場合にはどうなっただろう。民主党は,社民党が獲得した5議席より多い8議席を上乗せして80議席に達するのに対して,自民党は3議席減の66議席にとどまることになる。公明党(25議席),共産党(9議席)には変化がなかった。

4. ポイント分析

1. 小選挙区制の利点

定数1の小選挙区制では,2位以下の候補に投じられた票は,議席には結びつかない「死票」となる。小選挙区での当選者が少ない小政党はこの「死票」の割合が多くなり,逆に当選者を多く出す大政党は,得票率を上回る議席率を得やすくなる。このため,小選挙区制は大政党に有利な制度であるとされてきた。

2003年衆院選はどうだったのだろうか。

各政党の小選挙区での得票率と議席率を対比してみると,自民党は得票率43.9%で議席率56.0%(300議席中168議席)を得ており,民主党は得票率36.7%で議席率35.0%(同105議席)だった。自民党の議席率が得票率を12.1ポイント上回っているのに対し,民主党の議席率は得票率を下回っており,第1党の有利さが実証された。

また,300小選挙区すべてに候補を擁立した共産党は得票率8.1%を獲得し

たものの，当選者がいなかったため議席率はゼロとなった。社民党も得票率2.9％に対し，議席率は0.3％にとどまり，小政党の悲哀を印象づけた。

ただ，得票率1.5％の公明党は3.0％の議席率を得ており，少数の「勝てる候補」に絞り込んだ同党の小選挙区戦略の巧妙さをうかがわせた。

各党の小選挙区での得票総数のうち，落選候補が獲得した票，つまり「死票」の割合は，自民党33.1％，民主党51.5％，公明党11.7％，共産党100％，社民党95.7％，保守新党38.5％だった。小選挙区全体の死票率は48.5％で，自民，公明，保守新の与党3党はいずれもこれを下回った。公明，保守新両党は，与党間選挙協力もあって候補者を絞り込んだことが，死票の発生を抑える結果につながったようだ。

2. 復活当選

現行の小選挙区比例代表並立制では，候補者は小選挙区と比例の双方に立候補することが認められている。小選挙区で落選しても，重複立候補した比例で復活当選することが可能になるわけだ。

2003年衆院選で比例での復活当選を果たしたのは120人で，前回2000年衆院選より41人も増えた。党派別に見ると，自民党37人，民主党72人，共産党6人，社民党5人で，特に民主党は比例当選者の全員が復活当選だった。

この結果，比例定数（180）の3分の2が復活当選となり，1つの小選挙区から2人が復活当選したケースも複数生じた。埼玉8区（立候補者4人），千葉12区（同5人），東京4区（同3人），京都1区（同3人）の4選挙区がそれで，京都1区は立候補した3人全員が議員バッジをつけることになったわけだ。

さらに，小選挙区で10万を超す票を得ながら，1位になれずに落選を余儀なくされた候補が9人（北海道9区・岩倉博文，秋田3区・村岡兼造，東京3区・石原宏高，静岡2区・津川祥吾，兵庫12区・山口壯，福岡6区・荒巻隆三，埼玉6区・若松謙維，静岡6区・栗原裕康，京都6区・菱田嘉明）いた一方，3万に満たない得票で復活当選を果たした候補が5人（埼玉8区・塩川鉄也，沖縄1区・赤嶺政賢，東京4区・山口富男，神奈川12区・阿部知子，秋田2区・山本喜代宏）に上るなど，制度の「いびつさ」も指摘された。

3. 異党派投票

　小選挙区比例代表並立制導入の契機となった1990年代前半の政治改革論議は，政党本位の政治の実現を目指したものだった。本来ならば，有権者が小選挙区選で票を投じる候補者の所属政党と，比例選で投票する政党とは一致することが望ましいはずだが，有権者が2つの票をあえて別々の政党に投じる「異党派（クロス）投票」も少なくない。

　ただ，読売新聞社・日本テレビ系列各局の2003年衆院選出口調査によると，小選挙区で自民党候補に投票した人のうち，比例でも自民党に投票したのは67％で，前回衆院選調査より7ポイント増えた。「バランスを取る」などの狙いから，比例票を他党に入れる異党派投票は減ったことになる。「政権選択」選挙との位置づけが強調されたことが影響したものと見られる。また，比例で自民党以外に票を投じたのは32％で，その内訳は公明党（52％），民主党（40％），共産党（4％），社民党（4％）の順で多かった。

　一方，小選挙区で民主党候補に投票した人のうち，比例も民主党を選んだのは79％で，自民党候補への投票者に比べて異党派投票は少なかった。比例で民主党以外に投票したのは21％で，内訳は自民党（43％），公明党（25％），社民党（20％），共産党（13％）の順だった。

4. 得票率

　2003年衆院選での小選挙区当選者の得票率を高い順から見ると，投票した有権者の7割以上から支持を得た候補が14人おり，うち2人は8割以上の票を集めていた。選挙地盤の盤石さを印象づけるこうした高得票率候補の上位30人のうち，28人は前議員だった。

　小選挙区制では，新人候補が前議員（解散時の現職議員）を破って当選することは容易でないとの見方が一般的だ。地元と国とのパイプ役として実績を積みかさねた前議員は「1国1城の主」であり，不祥事でもない限り，新人がその地盤を切り崩すのには多大の労力を要するというわけだ。確かに，各候補の当選率で見ても，前議員は81.6％と高率だったのに対し，元議員は56.5％，新人は14.9％と大きな差がついた。得票率の高い候補の大半が前議員だったことも，そうした見方を裏付けるものと言えそうだ。

　ただ，最も得票率が高かったのは愛知11区の民主党新人・古本伸一郎

(89.6%)だった。豊田市などからなる同選挙区はいわばトヨタの「企業城下町」とも言え，前トヨタ労連の全面支援を受ける古本と共産党新人の一騎打ちという選挙構図が古本圧勝につながった。また，7位につけた青森2区の自民党元議員の江渡聡徳は，前回競り負けた三村申吾が自民党の支持を受けて知事に転出したことに加え，民主党が候補擁立を見送ったことが高得票率に結びついたようだ。

　自民，民主両党の「2枚看板」対決で注目された4人を比べると，最も上位だったのは自民党幹事長・安倍晋三の3位（79.7%）。小泉首相は9位（74.4%），元自由党党首の小沢一郎は24位（65.1%）だったが，民主党代表の菅直人は64位（58.4%）にとどまった。

5. 引退議員

　2003年衆院選で，自民党は比例単独候補の73歳定年制を徹底させた。首相・党総裁経験者として「例外扱い」の可能性が取りざたされていた中曽根康弘（85），宮沢喜一（84）についても，小泉首相の判断で党公認が認められなかったことから，不出馬を決断せざるを得なかった。党内で世代交代を求める声が高まったことなどが理由で，両元首相以外にも，引退・不出馬を表明した議員は最高齢の奥野誠亮（90）や野中広務，塩川正十郎，三塚博ら24人（衆院解散時まで）に上り，前回2000年衆院選の16人から大幅に増えた。

　自民党以外では，民主党が伊藤英成ら10人，共産党が不破哲三，松本善明ら6人，公明党が市川雄一ら3人，社民党，無所属の会，無所属がそれぞれ1人，衆院解散時までに引退・不出馬を決めた。

　引退・不出馬議員の後継としては，世襲候補の立候補が目立った。自民党の場合，半数近くが息子や娘婿に選挙地盤を引き継いだ。葉梨信行（茨城3区），松本和那（千葉7区），宮下創平（長野5区），原田昇左右（静岡2区），中山正暉（大阪4区），奥野誠亮（奈良3区），谷洋一（兵庫5区），江藤隆美（宮崎2区），持永和見（宮崎3区），中山利生（比例北関東），高鳥修（比例北陸信越）で，このうち議席継承（比例復活当選も含む）に成功したのは葉梨，宮下，原田，中山，奥野，谷，江藤の7人だった。民主党でも，石原健太郎（比例東北）が長男を後継に推したが，議席獲得はならなかった。

5. 当選者像

1. 戦後生まれ，初めて半数に

　衆院選当選者のうち，戦後生まれは小選挙区192人（前回150人），比例110人（同88人），合計302人（同238人）にのぼり，初めて過半数を占めた。また，当選者の平均年齢は53.1歳で，前回2000年衆院選の54.2歳より1歳程度下回り，やや若返りが進んだ。自民党が比例単独候補に73歳定年制を例外なく適用したことや，民主党が30代の若手を積極的に擁立した影響と見られる。最高齢は自民党の山中貞則（鹿児島5区）の82歳，最年少は民主党の寺田学（秋田1区）の27歳だった。

　平均年齢を政党別でみると，最も低いのは民主党の48.7歳。次いで，共産党の52.7歳，公明党の53.1歳，自民党56.3歳，社民党の59.0歳の順。最も平均年齢が高かったのは自民党に合流した保守新党の66.8歳だった。年代別で最も多いのは，50歳代の169人（全体の35％）だった。20歳代は5人（1％），70歳以上は21人（4％）にとどまった。

2. 民主，新人当選者の半数占める

　当選者の新旧別内訳は前議員が341人（全体の71％）元議員が39人（同8％），新人100人（同21％）だった。新人の当選者は小選挙区比例代表並立制が導入されて以後では，最少だった。

　政党別に新人の数や割合をみると，最も多いのが民主党の58人で，新人当選者全体の半数を上回った。また，民主党の当選者全体の33％を占めた。次に多いのが自民党の27人。だが，自民党当選者の11％にとどまり，民主党に大きく水をあけられる結果となった。民主党に比べると新旧交代のペースが遅い。他の政党は，公明党3人，社民党2人，共産党1人と，極めて少数にとどまっている。

　当選回数別に当選者数をみると，最も多いのが初当選の100人，次いで2回目の96人，3回目の84人，4回目の65人の順で，当選回数が3回以下の議員が全体の58％を占めた。自民，民主両党について，当選回数別の当選者数をみると，自民党は最も多いのが当選2回の47人，次いで3回目の41人，4回

目の31人，初当選の27人の順だった。ただ，当選17回の山中貞則を筆頭に6回以上のベテランが65人に上るなど，多選議員が目立つ構成となっている。これに対し，民主党は最も多いのが初当選の58人，次いで2回目の43人，3回目の32人の順で，当選6回以上は14人にとどまり，当選回数の分布からも民主党の若返りが顕著になっている。

3. 女性は34人当選

　女性は過去3番目に多い149人が立候補し，34人が当選した。過去3番目の多さであったものの，前回2000年衆院選より1人減少し，衆院に占める議席率も1ケタの7％にとどまった。参院では，女性議員が36人（03年12月末現在），議員全体の15％まで増えているのに比べて，衆院は依然ハードルが高いことをうかがわせる結果となった。

　党派別では，民主党の15人が最も多く，次いで自民党9人，公明党4人，社民党3人，共産党2人の順だった。

4. 小選挙区の世襲当選は98人

　読売新聞社の調べによると，父親などの地盤や看板（知名度）を引き継ぐ世襲候補は，2003年で小選挙区に139人（前回157人）が立候補し，このうち98人（同103人）が当選した。世襲候補の当選率は70.5％で，候補者全体の29.2％に比べて高い当選率を記録，世襲候補の有利さを示した。当選した世襲候補の内訳は，自民党が75人（構成比76.5％），民主党16人（同16.3％），無所属5人（5.1％）の順で，自民党が圧倒的に多い。

　世襲について特に新人をみると，前回2000年衆院選より3人少ない30人が小選挙区に立候補し，11人（前回15人）が小選挙区で当選した。党派別では，自民6人，民主2人，無所属3人の順。注目を集めた候補のうち，引退した江藤隆美元総務庁長官の長男拓は宮崎2区で，自民党系無所属候補らを破って初当選した。一方，岡山1区に出馬した菅民主党代表の長男源太郎は落選した。

5. 議員秘書，地方議員が人材供給源

　読売新聞社の調べを基に当選した新人の経歴をみると，最も多いのが国会

議員の秘書経験者の36人で，新人全体の36％を占めた。次に多いのが，都道府県議会など地方議会の議員経験者の30人だった。秘書と地方議員の双方を経験している人も10人おり，この両者が衆院議員の大きな供給源となっていることがわかる。さらに，会社員9人，中央官僚8人の順。当選者全体でみると，議員秘書が135人（全体に対する比率28％），地方議員124人（同26％），中央官僚67人（同14％），会社員51人（11％）の順で，中央官僚出身者が3番目に浮上している。

　政党別では，自民党の新人当選者は，地方議員12人（44％），議員秘書8人（30％），中央官僚5人（19％）の順。これに対し，民主党は議員秘書19人（33％），地方議員14人（24％），会社員6人（10％）の順で，民主党の大きな支援勢力である労組の出身者は4人（7％）にとどまった。これまで，議員の供給減として大きな位置を占めていた中央省庁出身の新人候補は全体で23人，このうち当選したのは8人にとどまった。当選率は35％と苦戦を強いられた。選挙戦を通じて，一部で官僚批判が盛り上がったことが影響したものと見られる。また，労組出身者も低調な戦いで，新人候補者37人中4人の当選で，1割程度の低い当選率だった。

第3章　政治10年史

1. 細川・羽田政権

1. 1党優位体制の終わり

「55年体制」といわれた時代があった。1955（昭和30）年，保守合同によって誕生した自民党と，左右統一によって生まれた社会党を基軸として，長期間つづいた「2大」政党制をそう呼んだのである。だが，実際，その姿は，複数の政党が存在し競合しつつも，自民党1党だけが力を振るう，1党優位体制の政治にほかならなかった。自民党は，38年間，新自由クラブとの連立を除き，1党だけで政権を維持してきたのである。

しかし，このシステムにも重大な転機がきた。1989（平成元）年の参院選で，自民党は大敗し，参院で過半数割れに追い込まれたのである。敗因は89年4月から導入された消費税，政府中枢を直撃したリクルート事件，牛肉・オレンジなど農産物の自由化，宇野首相の女性スキャンダルだった。万年与党の腐敗体質に国民は「ノー」の審判を下した。参院では，社会党委員長の土井たか子が首相に指名される事態となった。

自民党は「クリーン三木」の流れをくむ海部俊樹を総裁に選び，政治改革で巻き返しにでた。1990年衆院選では，復調したものの，湾岸危機を経て，政治改革熱も徐々に冷め，政治改革関連3法案ともども海部内閣を葬った。91年11月に発足した宮沢内閣も，決して政治改革に熱心な政権とはいえなかった。しかし，政界の最大実力者にのし上がっていた金丸信副総裁の，東京

佐川急便からの5億円違法献金問題，巨額脱税事件が発覚するに及んで，宮沢首相も政治改革の実現を公言した。だが，時すでに遅く，自民党は「改革派」と「守旧派」による内部対立が激化し，最大派閥・竹下派の権力闘争も絡んで党内は混乱を極めた。社会党など野党が提出した内閣不信任案を引き金に，自民党はついに分裂した。

　当時，世界も激しく動いていた。89年11月，ベルリンの壁が崩れ，その年の暮れには，マルタ島に会した米ソ両首脳が冷戦の終結を宣言した。米ソ対立構造の崩壊は「ならず者国家」の跋扈を許し，90年8月にはイラクがクウェートを侵略した。が，日本政府は，この冷戦後の予想せざる事態に十分な対応ができず，巨額の戦費を負担しながら，米国の強い不満と諸外国の侮りを受けた。一方，バブル経済は破裂し，不良債権の累増が景気回復の重い足かせになりつつあった。出口のみえない経済不況への対応でも，政治の打つ手は遅れた。戦後日本が築いてきた平和と繁栄，安定と安全の時代が終わり，国家目標のない「失われた10年」が始まろうとしていた。

2. 新党躍進──93年衆院選

　93年6月18日，宮沢首相は内閣不信任案可決を受け，衆院を解散した。選挙制度改革をめぐる対立と混乱を収拾できなかった。自民党は39人が不信任案に賛成票を投じた。

　自民党内は，金丸信逮捕（93年3月）に象徴される「構造汚職」が放つ腐臭に包まれていた。金丸・竹下派会長の後継選びに端を発した，小沢一郎と「反小沢」の対立抗争は激しさを増し，選挙制度改革の是非をめぐっても党内に亀裂が入った。党幹事長・梶山静六は，「憲法7条解散」ではなく，内閣不信任案の上程で所属議員に踏み絵を踏ませる強攻策をとって党分裂の引き金を引いた。

　衆院本会議直後，「改革派」の武村正義，鳩山由紀夫ら10人が自民党を離党し，6月21日に「新党さきがけ」（武村代表）を結成した。これを追うように同月22日，羽田・小沢派の43人が離党届を提出し，23日には「新生党」（羽田孜代表，衆院議員36人，参院議員8人）を旗揚げした。自民党の一党優位体制は事実上，崩壊し，93年6月世論調査での宮沢内閣の支持率は10.4％，自民党の支持率も35.6％に急落した。

7月4日公示, 18日に投開票された第40回衆院選は, 自民党政権継続の是非を問うものとなった。自民党の獲得議席は223にとどまり, 過半数 (256) に達しなかった。分裂による候補者の減少が響いていたが, 前回90年衆院選に比べて52議席も減らした。ただ, 無所属で出馬, 当選した5人を加えると公示前勢力 (227) は維持した。むしろ没落したのは社会党で, 過去最低の85議席 (86年) を下回る70議席に落ち込んだ。社会党は89年参院選では, 反消費税ブームに乗って46議席と大躍進し, 90年衆院選でも136議席へと大幅議席増を果たしていた。90年衆院選での社会党の総得票は1602万票だったが, 93年は968万票に激減した。社会党は支持者を一気に失った。

　これに対して, 新生党は公示前勢力 (36) を大きく上回る55議席を得て第3党になり, さきがけも新人4人が当選して13議席に増加, 衆院選初参入の日本新党も35議席を獲得した。新党ブームと評され, 選挙直後の調査で, 国民の74%は3党の躍進を「望ましい」と答えた。新党ブームで打撃を受けたのは, 自社両党の候補者だった。自民党の得票率3割台, 社会党の1千万票割れは, ともに初めてで, 55年体制終焉を告げていた。宮沢首相は93年7月22日の自民党両院議員総会で,「知者は惑わず, 仁者は憂えず, 勇者は懼れず」と述べて退陣した。

3. 細川内閣誕生

　次期政権は,「自民」と「社会, 新生, 公明, 民社」グループが, 第3勢力の「日本新, さきがけ」を奪い合う形で展開された。結果は, 日本新党党首・細川護熙をかついだ小沢一郎 (新生党代表幹事) ら非自民勢力に軍配があがった。竹下派分裂で劣勢に立っていた小沢は, ここで自民党に一矢を報いただけでなく, 政権交代の立役者となった。自民党は, 過半数は割っても比較第1党だった。社会党, 新生党, 公明党, 日本新党のいずれか1党と組めば,「最少勝利連合」で政権がつくれた。過小規模の単独少数政権も1つの選択肢でありえた。自民党は連立交渉において, 要党の「日本新, さきがけ」が政権参加の条件として挙げた並立制を受け入れはしたが, 相手にされなかった。党内は, 党分裂と選挙敗北ショックに打ちのめされ, 梶山執行部は機能しなかった。改革派の一部が担ごうとした「後藤田 (正晴・元官房長官) 擁立」も幻のまま, 第2党以下 (共産党を除く) の大同団結を許した。

「反消費税」「反PKO」によって，社公民共闘や社民結集路線が破綻していた社会党は，選挙制度改革をめぐる自民党内の混乱で，一時，勢いづいた。小沢と手を結んだ連合会長の山岸章らの支援によって，宮沢内閣を不信任案可決に追い込んだのである。委員長の山花貞夫（93年1月就任）は，非自民政権参加を最終決断する。しかし，衆院選では大敗を喫し，非自民の第1党として政権づくりをリードできなかった。

社会，新生，公明，日本新，民社，さきがけ，社民連，民主改革連合の8党派による政権合意に基づき，第79代，50人目の首相に細川護熙が指名されたのは93年8月6日。細川擁立に中心的な役割を果たしたのは小沢だった。

細川は1938年1月14日，旧熊本藩主細川家の18代目として生まれた。母方の祖父が近衛文麿。熊本県知事を辞めて92年5月に「日本新党」を旗揚げし，1年余りで一躍，最高権力を手中に収めた。貴公子然とした身のこなしの，清新なリーダーに国民は期待を寄せ，細川内閣の93年9月の支持率は71.9％に達した。

衆院議長には，憲政史上初の女性議長として社会党の土井たか子が就任した。本来，第1党から選出すべき議長が土井に落着したのは，社会党左派の反乱を封じる政治的思惑も込められていた。新内閣の副総理兼外相に羽田孜，内閣官房長官には武村正義が就任した。8党派のうち7党の代表が首相・閣僚として閣内に入ったが，政局運営の実権は，小沢ら各党の幹事長クラスによる代表者会議が握るようになり，この二重構造が政権をきしませていく。細川は就任後初の記者会見で，同内閣を「政治改革政権」と位置づけ，法案が年内不成立の場合は，政治責任をとる考えを表明。先の戦争については「侵略戦争だった」と明言した。8月23日の所信表明演説では「責任ある変革」を掲げた。

一方，ポスト宮沢の自民党総裁選には，渡辺美智雄と河野洋平が立候補した。超派閥で推す動きのあった橋本竜太郎は出馬を断念し，小渕派は自主投票になった。7月30日の両院議員総会での選挙結果は，河野208，渡辺159，無効3票で，河野が第16代総裁に就任した。

4. 政治改革関連法成立

通常国会では，新しい選挙制度をめぐり，単純小選挙区制の自民党と小選

挙区比例代表併用制（のちに連用制）の社会，公明両党の対立が解けなかった。しかし，選挙後の政権争奪の過程で，自民党も小選挙区比例代表並立制の導入を呑んでおり，この点では与野党にコンセンサスが生まれた。連立与党が93年9月に閣議決定した政治改革関連4法案は，衆院に総定数500（小選挙区250，比例選250）の並立制を導入し，比例選は全国単位となっていた。11月15日に開かれた細川・河野のトップ会談は決裂したが，連立与党は細川が提示した妥協案に沿って，小選挙区定数を274に，政党助成金を国民1人あたり250円に減額する修正案を一方的に提出して衆院を通過させた。河野は党内を十分に掌握できず，党の分裂を恐れていた。採決では，自民党から13人が政府案に賛成し，海部や後藤田ら7人が退席。与党・社会党からも5人が反対し，1人が退席した。

参院審議は難航した。94年1月21日の参院本会議では，社会党から造反議員が続出し，賛成118，反対130，欠席3で法案は否決された。両院協議会も暗礁に乗り上げたまま，同月28日に再度トップ会談が開かれ，定数配分は小選挙区300，比例選200，比例選の単位はブロック制とすることで合意した。

政治改革は，リクルート疑惑の反省に立って作られた自民党の「政治改革大綱」（1989年5月）を出発点としていた。結局，新選挙制度は，海部内閣当時の選挙制度審議会が答申（90年4月）し，91年9月に廃案となった政府提出法案と同様の並立制で落着した。政治改革関連4法が成立したのは94年3月4日のことだった。細川連立与党は，8党派を結びつけた選挙制度改革の公約を半年で実現したが，政治改革の成就と同時に急速に瓦解していくことになる。

5. 8党派連立破綻

細川政権では，小沢一郎と市川雄一（公明党書記長）の「一・一ライン」が権勢を振るった。小沢らは，さきがけが占めた内閣官房と，政権内一大勢力の社会党に対して，国会運営やコメの市場開放問題などで圧力をかけ続けた。その最大の標的は武村官房長官と村山社会党委員長であり，政府と与党間には常に摩擦が生じていた。細川自身も，次第に政権内で異分子的存在の社会党や，官房長官とさきがけ代表との立場を使い分ける武村の存在に苛立つようになり，「小沢・武村対立」の局面でも小沢の方に軸足を移していった。

社会党は93年12月，細川が決断したコメ市場の部分開放決定について，「党の方針に照らして反対だが，連立政権に参加する立場から首相の判断を了承する」と渋々認めた。しかし，これを機に政権内部の亀裂は広がり，社会党内も連立維持派と離脱志向派に分化し始めた。そして94年1月，参院社会党の造反による政治改革法案の「参院否決」が，8党派の結束に決定的なダメージを与えたのである。

　細川は同年2月3日，所得税・住民税6兆円減税の財源として国民福祉税構想（税率7％）を公表した。しかし，村山は「聞いていなかった」と反発し，武村も「過ちは改めるにしくはなし」と細川を公然と批判した。細川は陳謝・撤回に追い込まれた。

　武村と小沢との確執も表面化した。もともと，武村は，金丸信の寵児で「強権的」な小沢を許容できず，小沢は自民党改革派との連携を探る「ヌエ的」な武村に不信感を強めていた。2人の国家観，政界再編像の溝は深かった。93年末，政治改革法案審議と予算編成のどちらを優先させるかをめぐっても両者は対立し，法案の早期成立にこだわった細川は，「法案優先」の小沢に軍配をあげた。小沢は細川に武村解任を迫るようになった。

　国民福祉税騒動は，政権中枢の細川―小沢―市川と，「一・一」主導に反発を強めていた勢力との対立をぬきさしならないものにした。細川は武村を更迭するため，内閣改造を企図したが果たせなかった。連立内は「新生，公明，日本新党」と「社会，さきがけ，民社」に二極分化し，政界再編第2幕に向けた駆け引きが活発化した。94年2月の内閣支持率は58.0％と前月比14.4ポイント落ちた。

　細川は，東京佐川急便からの1億円借り入れ問題など金銭スキャンダルで，93年末から野党・自民党の執拗な追及を受けていた。守勢に回ることが多くなった細川は94年4月8日，予算審議に入れない責任をとってあっさり政権を投げ出した。細川内閣の在職日数は263日。

　細川内閣は，在任中の支持率が平均で67.2％（在任中の毎月世論調査の平均値）と，歴代最高値を記録したが，政治改革だけの特命政権として終わった。政治改革の遂行においてのみ，8党派は一致しえたのであり，消費税率アップ1つとっても政権内の軋轢は避けられなかった。しかし，規制緩和など経済構造改革，情報公開法の制定や国会の行政監察機能の向上，政府委員

の廃止，官邸の機能強化，副大臣制導入など，90年代を通じて実現されていく諸政策の多くは，細川政権の中核をなした新党グループが提起したものだった。

6. 羽田短命内閣

　細川辞任表明の直後，小沢が仕掛けたのが渡辺美智雄・元外相擁立だった。自民党を分裂させて渡辺一派を抱き込む一方で，社会党左派を政権から追い出すという二兎を追っていた。同時に，連立与党の羽田カードを温存する意味もあった。「救国内閣」を唱えていた渡辺は，次期首相に意欲を示し，一時，離党を口にした。これに呼応して柿沢弘治ら5人が先行離党したが，「渡辺政権」に伴って連立を離脱するはずの社会党議員を穴埋めするだけの同調者は得られなかった。小沢の大再編構想は失敗した。

　新生党・小沢と社会党・久保亘を中心に進められた政策協議は，安保条約の「維持」や朝鮮半島の有事対応策で合意し，社会，新生，公明，日本新，民社の各党と院内会派の民主改革連合，改革の会の7党・会派は，94年4月22日の党首会談で，羽田孜副総理・外相の擁立で一致した。小沢工作失敗後の選択肢は羽田しかなかった。細川辞意表明直後に日本新党との統一会派を解消していたさきがけは，羽田に投票したが，予算成立に協力するだけの閣外協力に回った。同月25日の首相指名選挙では羽田が第80代，51人目の首相に指名された。

　ところが，組閣に入る直前，新生，日本新，民社，自由4党と改革の会が新統一会派「改新」(130人)を結成した。会派結成をリードしたのは民社党委員長・大内啓伍だった。村山は，社会党が新会派から除外されていたことに憤激し，連立離脱を決断した。大内はこの不可解な騒動がもとで6月，委員長辞任に追い込まれる。

　羽田内閣は4月28日，少数与党政権として発足せざるをえなくなった。首相を除く20閣僚のうち新生党に8，公明党に6閣僚が配分されるという「新生・公明」ブロック主導内閣だった。蔵相は新生党の藤井裕久，外相には柿沢弘治（自由党党首）が就任した。ただ，連立与党の衆院勢力は182（自民党は206）にとどまり，はじめから政権の安定は望み得なかった。

　野党に回った社会党と自民党は，小沢の「強権政治」批判を強め，両党内

で自社連立が公然と語られるようになった。自民党は，小沢と組んだ社会党と提携できないわけはないと考え，社会党は小沢流より自民党「守旧派」の政治手法に親近感を抱いた。武村らさきがけも自社さ政権に動いていた。これに対して5月21日，社会党の久保書記長は，与党との「再連立」の条件として，予算成立後の自主的・内閣総辞職を要求した。連立復帰を望む社会党右派の要求を代弁していた。中曽根元首相らは，社会党をはさんだ自民党と与党との綱引きとは別に，自民，新生両党などからなる「新保守連合」を提唱した。

94年6月末の国会会期切れを前に，河野，村山の自社両党首は，内閣不信任案提出をにらんで接近の度を強めた。自民党は6月23日に不信任案を提出する一方で，党内では「村山首相構想」を推進する動きが出た。同月24日，社会党と与党との政権協議は，自発的総辞職後の羽田再任について，社会党の野坂浩賢国対委員長が反対して決裂した。羽田は不信任案を受けて立ち，衆院解散断行に傾いたが，同月25日の記者会見で，「もう政争から去らねばならない」と内閣総辞職を表明した。総辞職までの在職日数は64日。石橋湛山内閣の65日に1日足らない短さだった。

7. 核開発疑惑

宮沢，細川から羽田政権をまたいで深刻化していたのが，北朝鮮の核開発疑惑だった。北朝鮮は93年3月，核拡散防止条約（NPT）からの脱退を表明し，同年5月には日本海に向けて弾道ミサイル（ノドン1号）の実験発射を行っていた。94年3月の南北実務協議で，北朝鮮代表は「戦争になればソウルは火の海になるだろう」と発言し，米クリントン政権は核施設への攻撃もありうると警告した。政府が朝鮮半島有事を想定して大量避難民対策をあわてて検討し始めたのもこの時期のことである。

羽田内閣発足前の連立政策協議でも，北朝鮮の核開発問題が焦点の1つとなったが，駆け引き材料としか映らなかった。社会党と新進党の対立も，北朝鮮有事の際，「緊密に連携する」相手に「中国」を含めるかどうかの議論に終始し，結局「アジアの関係各国と必要に応じて連携する」という表現で落着した。羽田内閣の柿沢外相は就任直後，集団的自衛権行使に関する憲法解釈を再検討すべきだと発言したが，すぐに撤回した。この発言が極東有事

意識したものにせよ,「にわか」外相の発言に説得力はなく,唐突との印象は免れなかった。カーター元米大統領が94年6月訪朝して金日成主席と会談,核開発計画の現状凍結で合意し,危機は辛うじて回避されたが,国民の多くは隣国の切迫した事態を実感できなかった。

2. 村山政権

1. 村山内閣発足

94年6月の羽田内閣総辞職後も,羽田の再続投との見方は少なくなかった。キャスティングボートを握ったのは社会党であり,政権復帰か,自民との連合か,両にらみの協議を続けた。右派の久保書記長らは前者であり,新生・公明ブロックを嫌う野坂国対委員長らが後者だった。村山は自民党との連合もありうるとし,武村も「村山首相説」を唱えた。6月28日の自社首脳会談で河野自民党総裁は,村山を首相に推す考えを伝え,「社さ合意」を丸のみした。一方,社会党と与党との政権協議は消費税をめぐってまとまらず決裂した。

同月29日の首相指名選挙で自民,社会,さきがけ3党は村山を擁立し,小沢ら与党側は,社会党の左派切りと,自民党分裂を策して海部俊樹元首相(自民党)を対抗馬に立てた。海部擁立も大多数の議員にとっては寝耳に水だった。衆院本会議の第1回投票で,村山は241票,海部は220票。海部には自民党から渡辺美智雄らの26票,社会党から8票が流れた。2人とも過半数(253票)を得られず,決選投票に持ち込まれ,村山が261票を獲得して海部(214票)を下した。中曽根は本会議開会前に記者会見し,「社会党委員長を推すことは国益に反する」と表明したが,この会見は皮肉にも社会党の結束を促した。

村山内閣は,自民党の政権復帰への執念と,社会党の党分裂の恐怖によって生まれたが,それ以上に「アンチ小沢」の感情が強力に作用していた。両党内には,小沢が主導した選挙制度改革,コンセンサスを無視しがちな政治手法への憤懣や,「普通の国」論に対する警戒心が渦巻いていた。小沢が社会党右派に望みをかけたのに対し,自民党は社会党左派を抱き込んだ。亀井静香と野坂浩賢,梶山静六と村山富市ら自社の国対族を中心としたネットワークも有効に働いた。この時期,小沢が仕掛けて失敗した渡辺,海部擁立工作

は，この後に浮沈を繰り返す保・保連合論の源流となる。

村山富市は70歳。1947年の片山内閣以来，46年ぶりの社会党首相だった。村山内閣の外相には河野洋平（自民党総裁），蔵相には，自社接近の触媒役を果たした武村正義（さきがけ代表）が就任し，村山は「人にやさしい政治」を掲げた。発足当初の94年7月調査の内閣支持率は37.1％にとどまったが，8月以降95年2月までは40％台の支持率を維持した。

2. 社会党の政策転換

社会党は，政権を担う代償として「過去」の政策の清算を迫られた。村山は94年7月の衆院本会議で，自衛隊について「憲法の認めるものであると認識する」と表明した。さらに，「日米安保体制の意義と重要性についての認識は，私の政権においても基本的に変わることはない」，「日の丸が国旗，君が代が国歌であるとの認識が国民の間にも定着しており，私自身もそのことを尊重してまいりたい」と語った。国連平和維持活動（PKO）への協力も，「憲法の枠内で，PKO協力法に基づき積極的に行っていく」と明言。非武装中立論は「政策的役割を終わった」とも答弁した。

細川政権下で社会党閣僚は，党員の立場では「違憲」だが，閣僚としては「合憲」という，苦しい使い分けをしていた。自衛隊合憲，日米安保堅持，原子力発電容認などを盛り込んだ党活動方針案は，94年9月3日の臨時党大会にかけられた。「連立政権下の政策展開」にとどめようとする修正案は，賛成152票，反対222票で否決され，原案通り了承された。村山の決断は，政権を維持するためとはいえ，政策論争の積み重ねと民主的な党内手続きを無視していた。これが結局，党の自己否定につながり，存立基盤を突き崩し，55年体制下の政策的対立軸を溶かすことにもつながった。社会党は消費税の引き上げも容認し，党本部の「消費税引き上げ反対運動推進本部」の看板は撤去された。

3. 新進党の結成

村山政権の誕生で野党に回った諸勢力は，まるごと新党結成へと動いた。94年12月10日，横浜市で開かれた新進党の結党大会には，旧新生党74人（衆院61，参院13），旧公明新党64人（衆院52，参院12），旧日本新党28人（衆院

26，参院2），旧民社党24人（衆院17，参院7），旧自由改革連合（高志会，新党みらい，旧改革の会）15人，旧自由党5人，旧リベラルの会2人（以上いずれも衆院），参院無所属2人の計214人（衆院178，参院36）が参加を届け出た。

　このうち，「高志会」とは94年6月の首相指名選挙で海部に投票して自民党を離れた野田毅ら5人，「新党みらい」は94年4月に自民党を離党した鹿野道彦，北川正恭ら5人，「改革の会」は93年12月，党議に反して会期延長に賛成して離党した西岡武夫ら5人。「自由党」は新井将敬，太田誠一ら，「リベラルの会」は山口敏夫らだった。自由党党首だった柿沢弘治，民社党委員長をつとめた塚本三郎や大内啓伍，高志会の津島雄二らは参加しなかった。新党結成の拙速ぶり，公明党との一体化や「一・一の専横」に対する不満が背景にあるとされた。

　新党の党首選びでは，小沢や市川が「小沢幹事長」を前提に，話し合いで「海部党首」を選ぶシナリオを描いていたのに対して，羽田や奥田敬和らは投票決着を主張した。党内は早くも「反小沢」のうごめきと，のちの「小沢・羽田対立」につながる芽が認められたのである。結局，新生党党首・羽田，自由改革連合代表・海部，民社党委員長・米沢隆が立候補し，海部131票，羽田52票，米沢31票で海部が選ばれた。幹事長には小沢が無投票当選し，海部―小沢体制がスタートした。

4．公明，民社両党の解党

　新進党の結成に先立って94年12月上旬，公明党と民社党が相次いで解党した。ただ，解党にあたって公明党は，変則的な「分党」という形をとり，衆院議員と一部の参院議員からなる「公明新党」（64人）と，参院議員12人と地方議員約3200人を主体とする「公明」に分かれ，公明新党だけが新進党に合流した。「公明」の参院議員は95年1月，参院で新進党との統一会派「平成会」を結成した。党職員や機関紙『公明新聞』などを抱えており，新進党への全面的な移行は難しかった。一方で，政界再編の混乱期を乗り切るための便法という見方も根強かった。この時期，公明党の支持母体の創価学会は，新しい政治方針を打ち出している。公明党一党支持は見直し，当面，衆参両院選の比例選では新進党を支持，衆院小選挙区・参院選挙区選は「人物本位」で

対応する、という内容だった。のち、公明党は復活する。

5. 無党派層の増大

村山政権下、支持政党を持たない「無党派層」が急増した。政治に無関心型の無党派層は、古くから存在していたが、1970年代になって、政治に批判的な目をもつ「政党拒否層」と呼ばれる一群が登場した。90年代はこれに加えて新しい無党派層（「脱政党層」）が大量に生まれた。ただ、無党派層といっても、常に支持政党を持たない、というわけではなく、支持政党との間を行き来している人も少なくなかった。

無党派層は、90年にはまだ23.2％（毎月調査の平均値）だった。それが徐々に増え続けて94年には4割台に乗り、95年にはほぼ2人に1人が無党派になった。その増加の第1の要因は、細川政権があっけなく崩壊し、国民の「変革」への期待を大きく裏切ったこと。第2は、表向き対立と抗争を繰り返してきた自社両党による「野合」政権の成立。第3は、政党の離合集散と政治家たちの無節操な政党遍歴だった。

無党派層の増大は、既成政党離れと表裏の関係で進んだ。自民党支持率（平均値）は、94年には25.5％に落ち込んだ。自民党の支持基盤は大幅に縮小した。社会党も95年に8.1％に落ちている。こうして、政治的関心の高い積極的無党派層があらゆる選挙に重大な影響を及ぼしていく。

6. 青島・ノック現象

95年統一地方選の東京都知事選は、青島幸男と石原信雄・前内閣官房副長官（自民、社会、さきがけ、自由連合、公明推薦）、岩國哲人、大前研一、黒木三郎、上田哲らによって争われ、青島が170万票を獲得して石原（123万票）を下した。大阪府知事選では、横山ノックが162万票を得て、平野拓也・前科学技術事務次官（自民、新進、社会、さきがけ、公明推薦、114万票）を破った。タレントから参院議員に転身し知名度を誇る無党派候補が、政党「相乗り」の官僚候補を下したのである。勝因は、無党派の有権者が「脱政党・反官僚」で動いたことにある。一方、新進党は首都決戦を放棄したが、岩手で増田寛也（新進、公明推薦）、三重で北川正恭（新進、さきがけ、公明推薦）が勝利した。

青島は，臨海副都心での都市博覧会中止で注目を集めたが，東京協和信用組合・安全信用組合の2信組破綻処理では公約違反を犯すなど「アマチュア知事」の限界を露呈し，1期4年で知事の座を離れた。ノックは，再選されたものの，選挙中に自ら起こしたセクハラ事件で99年12月，辞職に追い込まれた。

7. 最低の投票率44％──95年参院選

村山は，ルワンダ難民支援のための自衛隊派遣，消費税率の5％への引き上げ決定，被爆者援護法成立など半年間の政権運営は順調だった。衆院の自社さ議席の合計は290を超え，国会運営は安定していた。しかし95年1月17日，阪神・淡路大震災での初動措置の不手際が，政権の力量不足を露呈させた。3月20日にはオウム真理教による地下鉄サリン事件が発生し，無差別テロの恐怖が国民の間に広がった。森自民党幹事長は同年5月，「（村山が）過渡的な内閣で，自ずと仕事に限界があると吐露している」と口を滑らせた。村山は退陣の時期を探り始めていた。

第17回参院選は，95年7月23日に投開票された。自社さ政権と新進党が誕生してから初の国政選挙で，投票率（44.52％，選挙区選）は史上最低を記録した。国民の政党不信がはっきり数字となって現れたのである。社会党は，選挙区選で7議席，比例選を合わせても16議席にとどまる大敗を喫した。2人区や3人区で新進党に競り負けたことが大きかった。自民党も選挙区選31，比例選15の46議席止まりで，新党さきがけの3議席を合わせても与党全体で65議席と，信任の目安としていた75（改選議席の合計）を大幅に下回った。新進党は旧公明党の固い組織票に支えられて躍進し，改選議席を倍増させる40（選挙区選22，比例選18）議席を得た。比例選では1250万票を集め，自民党の1109万票を抑えた。野党の比例選トップは89年の社会党以来であり，新進党は「牽制政党」の座を社会党から奪った。共産党は8議席，89年に「連合の会」として11議席の大旋風を巻き起こした民主改革連合は2議席に終わった。

与党3党首は急遽会談し，改選議席（126）の過半数は確保したので信任された，と強弁して村山続投を決めた。会談の席上，村山は辞意を表明し，河野に禅譲する考えを伝えたが，武村は反対し，河野は決断できないまま辞退，首相の座をみすみす逃した。

8. 橋本自民党総裁

　自民党総裁選は95年9月22日，投開票が行われ，橋本竜太郎通産相が304票（国会議員239，党員65）を獲得し，小泉純一郎元郵政相（国会議員72，党員15の合計87票）を破った。幹事長には加藤紘一，総務会長に塩川正十郎，政調会長に山崎拓が就任した。

　95年参院選後，政局の焦点は自民党総裁選に移った。河野は幹事長に三塚博・元外相を充て，「反経世会」の姿勢で続投に備えたが，宮沢派の加藤紘一は橋本支持を表明。中曽根，渡辺，山崎拓ら渡辺派や河本派の大半も橋本になびくに及んで，河野は同年8月下旬，出馬を断念した。河野総裁は，野党時代の緊急リリーフ役でおわった。一度離党し，新自由クラブの党首として自民党と戦った「フライング」が河野の足を引っ張っていた。河野の不出馬は，橋本新総裁を確定的にした。しかし，三塚派の小泉が同派の森幹事長に代わって敗北覚悟で出馬した。「反経世会」の立場で結束してきた派閥横断のYKK（Yは山崎，Kは加藤，小泉）のうち山崎，加藤はすでに橋本支持を鮮明にしていた。小泉のドンキホーテのような蛮勇が，将来の「小泉首相」へのステップになった。

9. 小沢新進党党首

　小沢一郎は，竹下，海部内閣で政権中枢にあったが，金丸失脚を機に，竹下派を割って新派閥―新党を結成し，細川，羽田政権では中核的存在だった。小沢は国際貢献や自立・自助を説く新保守主義的な思想の持ち主で，2大政党制論者でもあった。ただ，政治手法は自民党の密室政治を引きずっており，背後から最高権力者を操ろうとする金丸型の二重権力の発動を好むところがあった。その小沢が95年12月，新進党党首として政治の表舞台に立つことになったのである。

　新進党の党首選は，羽田副党首と小沢幹事長の一騎打ちになった。小沢は，羽田，細川，市川らの「反小沢包囲網」に危機感を抱き，熱烈な「小沢シンパ」の議員らにあおられる形で出馬を表明した。羽田は「小沢専制」に反感を募らすグループに推され，「海部―小沢体制は次期衆院選まで」とする調停案を蹴って出馬した。選挙は，党員・党友のほか，1000円支払った18歳以上

の国民に投票を認める公選方式で行われた。開票の結果，小沢約112万票に対して羽田は約56万票にとどまった。小沢は，大手ゼネコンなど企業・団体の組織票をいち早く押さえて羽田を制した。しかし，重複投票や名義の無断使用など「不正投票」が指摘され，党内にしこりを残した。

　小沢執行部は幹事長に米沢隆，政審会長に愛知和男，政務会長に渡部恒三が就いた。党首選直後，細川は「野党内野党」の立場を宣言した。党首選で羽田を支持した国会議員57人は96年1月，羽田グループ（興志会）を結成した。小沢が「表」の顔になった途端，新進党は瓦解の速度を早めたのである。

10. 社会党から社民党へ

　村山政権は，社会党の新党運動に絶えず揺さぶられていた。その源流は，93年の選挙制度改革論議にある。山花貞夫委員長は，制度改革派の後押しを受けつつ並立制を呑んで非自民連立に参画した。山花が選挙敗北の責任をとって辞任すると，93年9月の委員長選で，山花の非自民連立路線を支持する右派・中間派は久保亘を推し，これに批判的な左派グループは村山富市を推した。結局，久保が降りて村山が委員長に選出され，久保は書記長に就いたが，党内対立は止まなかった。

　久保支持派は93年12月，社民・リベラル勢力の結集を唱えて「デモクラッツ」を結成し新党をめざした。左派の多い村山支持派は，「反小沢」の立場から自民党との連携を志向した。この綱引きは，久保支持派の敗北に終わり，村山内閣が発足したが，94年8月には，山花を会長とする政策集団「新民主連合」が旗揚げされた。久保は，保守2大政党とは峻別された，第3極としての「民主主義・リベラル新党」構想を表明し，中西績介ら村山支持派は，自社政権強化を主張して対峙した。

　95年1月17日，山花ら衆参両院24議員は，新会派結成のため，社会党に会派離脱届を提出した。が，同じ日に発生した阪神大震災は，山花らの動きを一切，休止させ，新党運動は失速した。山花ら衆参5議員は間もなく離党し，新会派「民主の会」を結成した。社会党は同年5月の臨時党大会で，「民主・リベラル」新党結成の方針を盛り込んだ「95年宣言」を採択した。しかし，久保ら新党推進派と村山ら慎重派との対立は続き，96年1月発足した新党は，「社会党」から「社会民主党」に看板を掛け替えただけと評された。村山内閣

総辞職後の1月党大会で、社民党の新党首には、直前の社会党委員長選挙で秋葉忠利を破った村山前首相が続投し、幹事長には佐藤観樹が選ばれた。社会党の歴史が事実上、終わった。

3. 橋本政権

1. 自民党首相の復活

村山首相は96年1月5日、突如、記者会見し、退陣の意向を表明した。不戦決議をめぐる混乱、住宅金融専門会社（住専）処理策の決定やオウム真理教への破防法（破壊活動防止法）適用、大蔵省の不祥事等に伴う篠沢恭助大蔵事務次官の辞任、日米安保体制の再構築など、村山の手に余る懸案処理が相次いだ。新党結成をめぐる社会党内からの激しい突き上げも、村山をひどく悩ませていた。村山内閣の在職日数は561日。

後継は、自民、社会、さきがけの枠組みの下、橋本竜太郎にすんなり決まった。橋本は同月11日、82代、53人目の首相に指名された。自民党首相は2年5か月ぶり。橋本は58歳、橋本竜伍・元厚相の長男で、自民党の佐藤―田中―竹下派に所属し、竹下派では「7奉行」の1人。鼻柱が強く官僚顔負けの政策通だが、政局の舞台回しは不得手だった。派閥の領袖でない首相は、宇野、海部に次いで3人目であり、派閥の機能変化を思わせた。

橋本内閣の支持率は96年1月調査で56.9％を記録し、国民的な人気の高さを裏付けた。村山政権下、2割台に低迷していた自民党支持率も3割台を回復した。官房長官に梶山静六、副総理・蔵相に久保亘、厚相には菅直人。村山、武村の両党首は入閣しなかった。

2. 住専国会

新内閣発足前、小沢ら新進党3役は、集団議員辞職戦術によって解散・総選挙に追い込もうとした。しかし、羽田や細川の反対に遭い、小沢と橋本の「一竜」対決の緒戦は、不発に終わった。第2ラウンドは住専問題だった。約14兆円に上る住専（住宅金融専門会社）の負債処理で、村山内閣は95年12月、主に大口債権者の農協を救済するため、一般会計から6850億円に上る公的資金を投入することを決めていた。村山と武村が予算案から逃れるかのように

政権を去ったため，国会審議はすべて橋本新内閣に委ねられた。新進党は，予算審議で6850億円を削除するよう要求したが，自民党はこれを拒否，新進党欠席のまま予算案採決を決めると，同党議員は96年3月4日から予算委員会室前で座り込みを開始。3週間にわたりピケを張ったが，世論の厳しい批判を受けて無残な敗北を喫した。

住専国会で，政治家はバブル崩壊後の不良債権問題にはじめて向き合った。政治家にとって金融や為替分野は，そもそも空白の領域だった。国民の側も，金融機関の放漫経営や不良債権の実態の一部を初めて知らされ，大蔵官僚による過剰接待問題や大和銀行事件も絡んで，大蔵不信を募らせた。メディアによる大蔵バッシングが続いたが，細川政権下，斎藤次郎大蔵事務次官と小沢一郎との蜜月ぶりに不満を抱いていた自民党は，大蔵批判をなすがままに任せた。「反官僚」姿勢が強いさきがけでは，「大蔵省解体」を唱える議員さえ現れた。

3. 日米安保共同宣言

96年4月17日，来日したクリントン米大統領と橋本首相の間で「日米安保共同宣言」が発表された。沖縄米軍基地の縮小，アジア・太平洋地域の平和と安定のための米軍兵力10万人維持，日米防衛協力のための指針（ガイドライン）見直し開始などをうたっていた。日米両政府は，これに先立ち，沖縄の普天間飛行場を5～7年以内に日本側に全面返還することで合意した。

冷戦の終結とソ連消滅に伴い，日米安保体制の実効性が問われていた。細川政権期に発足した「防衛問題懇談会」は94年8月，多国間安全保障を第一義とするレポートを村山首相に提出した。これに対して，米国防総省は日米2国関係の重要性をうたう「東アジア戦略報告」をまとめ，日本政府は95年11月には「新防衛計画大綱」を閣議決定した。しかし，同年9月に沖縄で発生した海兵隊員による少女暴行事件によって同盟関係は激しく揺さぶられた。沖縄では「反基地」運動が高まり，日米両政府は同年11月，「沖縄に関する特別行動委員会」（SACO）を設置して米軍施設の整理・縮小に取り組むことで合意した。

「日米安保共同宣言」は，「新防衛計画大綱」と「東アジア戦略報告」を下敷きにしていた。とくに北朝鮮の核疑惑で無力をさらした日米有事協力の研

究開始で合意した意味は大きかった。また，共同宣言で日米安保の重要性を再確認するためには，基地問題の進展が不可欠だったが，その後，普天間を含め沖縄の基地返還は遅々として進んでいない。

　日米両政府が新ガイドラインを策定したのは97年9月のことだった。日本が直接攻撃を受けた場合（日本有事）と，周辺地域での紛争など（周辺事態）における日米協力の具体的内容を明記した。政府は98年4月，極東有事などの際，自衛隊による米軍の後方支援を可能にする周辺事態法案，自衛隊法改正案，日米物品役務相互提供協定（ACSA）改正案からなるガイドライン関連法案を国会に提出した。

4. 民主党結成

　衆院解散翌日の96年9月28日，新政党「民主党」が誕生した。前衆院議員52人，参院議員5人の57人が参加し，自民，新進に次ぐ規模の政党となった。第3極の新党づくりで一致した鳩山由紀夫と菅直人の2人が代表に就き，社民党とさきがけは分裂した。鳩山は政治家4代の家系で一郎・元首相の孫。菅は，社民連が日本新党と合併・消滅する前の94年1月，さきがけに入党，橋本内閣の厚相として薬害エイズ問題で国民の支持を得た。旧社会党系からは横路孝弘らが執行部入りした。

　さきがけ代表幹事の鳩山は96年4月，弟で新進党の鳩山邦夫，船田元らとともに新党（「鳩船新党」）結成に乗り出した。村山と武村両党首による「社さ合流」構想は，すでに頓挫していた。鳩山は8月下旬，「自社野合政権のキーマン」武村の新党参加を拒否して，離党した。これは「排除の論理」と呼ばれ，村山にも適用された。

　社民党は，新党への参加を当初は容認し，参加者は目前の衆院選を「民主党候補」として戦う方針だったが，鳩山が入党イコール候補者ではないと「選別」に出たため，5日後，参加方針を白紙撤回した。同時に自主判断での民主党参加を認めたことから，社民党議員はデモの流れ解散のようになった。社民党党首には，旧社会党委員長の土井たか子が復帰したが，社会民主主義の旗を掲げる社民党と，「政治的軍事的大国主義」の否定を唱えた新党さきがけは，これを機に衰退の道を歩むことになった。

5. 96年衆院選挙

　橋本首相は96年9月27日，衆院を解散した。前回の衆院選から3年余が経っていた。93年選挙時から衆院解散までに結成された国会の新会派は20を超えていた。93年選挙直後と96年選挙時で所属会派が異なる，会派変更議員（自民党を出て自民党に戻ったような出戻り組も含む）は231人に達した。政治改革関連法など重要法案・決議案5件，首相指名選挙5件，年度予算3件をめぐる採決・投票で，党議に違反した議員は計80人，延べ130回に上った。政界の混乱と政党政治の迷走を物語る数字であり，国民の審判を受けなければならない時期に来ていた。

　第41回衆院選は96年10月8日に公示，20日投開票された。自民党は小選挙区169，比例70の計239議席を獲得し，公示前の211を上回った。新進党は，自民党を上回る候補者を擁立して政権を争う姿勢をみせたが，156（小選挙区96，比例60）議席と公示前の160に届かなかった。創価学会は，小選挙区は人物本位，比例選は新進党支持で臨んだが，支持の有無が当落に影響を与えた。民主党は52（小選挙区17，比例35）議席で公示前と同数にとどまり，ブームは起こせなかった。共産党は15から26（小選挙区2，比例24）へ議席を伸ばして第4党になった。社民党は15議席に半減し，さきがけは9から2議席へ激減した。投票率は59.65％（小選挙区）と，初めて6割を切って過去最低を記録した。初の小選挙区比例代表並立制の選挙も，国民の投票意欲を掻き立てなかった。

6. 第2次橋本内閣

　橋本首相は選挙直後，社民党の土井党首，さきがけの井出正一代表と会談し，3党連立の継続を要請した。自民党は衆院第1党ではあったが，過半数に届かず，参院でも110議席で議席率は44％止まり。参院で36人を擁する社民党と提携するしかなかった。民主党は政権参加に消極的だった。土井は，閣外協力に転じる考えを表明し，さきがけも同調した。ただ，政策合意を交わしたうえ，与党協議機関にも参加，首相指名選挙でも橋本に投票した。与党「自社さ」の枠組みは，実質的に維持されたのである。

　第2次橋本内閣は96年11月7日，3年ぶりの自民単独政権として発足した。加藤幹事長，山崎政調会長は留任し，総務会長には森喜朗が就いた。官房長

官・梶山は再任された。

　一方，新進党では，細川が投票日翌日の党最高諮問会議で，分党構想を提案し，羽田は賛成したが，小沢や海部は党解体につながるとして反対した。細川，羽田もうやむやのうちに構想を撤回して小沢の続投が決まった。しかし，小沢・羽田対立は，すでに沸点に達しており，羽田は党を飛び出して96年12月，「太陽党」を結成した。羽田，奥田敬和ら13人の衆参両院議員が参加し，党首に羽田，幹事長には畑英次郎が就いた。選挙前の，鳩山邦夫，船田元らの離党に続く羽田の新進離党は，1年後の大分裂の予告編になった。

7. 中央省庁再編

　橋本首相は，97年1月の施政方針演説で，行政改革はじめ，経済，財政，社会保障，金融システムに教育を加えた6つの改革を一体的に断行すると表明した。新進，民主の行革攻勢に対抗してまとめた自民党の省庁半減案に対し，多くの人は半信半疑だったが，橋本は「火だるまになっても」と決意を示した。96年11月に発足させた首相直属の「行政改革会議」は，戦後型行政システムの転換と「官」主導政治の打破を企図していた。阪神大震災時の不手際，護送船団方式による金融行政の破綻，エイズ問題でみられた薬務行政の人命軽視――などが橋本行革に追い風を吹かせていた。

　1府22省庁を1府12省庁に再編する中央省庁等改革基本法は98年6月，成立した。第1の眼目は，内閣府に経済財政諮問会議を創設し，予算編成のイニシアチブを大蔵省主計局から内閣に移したことである。第2は，財政と金融の分離だった。2000年7月，金融庁が発足し，大蔵省の権限は大幅に縮小された。第3は，郵政3事業は一体のまま，総務省外局の郵政事業庁に委ねられ，2004年に新型の郵政公社に移行させるとした。3事業の分離案は消え，民営化路線は後退した。

8.「自社さ」対「保保」

　自民党内では，橋本内閣で首相の座が奪回されると，自社さの枠組みを守ろうとする勢力（自社さ派）と，小沢との連携を探る勢力（保・保派）が綱引きを始めた。前者は加藤幹事長が代表し，後者の代表は梶山官房長官だった。「保保」工作は住専国会の最中から始まり，小沢は，新進党内の「反小沢

グループ」の批判が強まるにつれて，橋本政権に秋波を送った。加藤らＹＫＫは，小沢の介入による旧竹下派政治の復活を警戒した。

「保保」連合は97年3月，駐留軍用地特別措置法改正問題で表面化した。与党・社民党が反対を打ち出したことから，自社さ派の加藤，野中幹事長代理らは，民主や太陽両党などを相手に多数派工作を進め，梶山や亀井静香らは小沢との連携に動いた。同年4月初め，橋本は小沢と会談，自民・新進の「部分連合」を形成し，改正特措法は民主党も含む圧倒的多数で成立した。

加藤は97年7月の中国訪問で，ガイドライン見直しに関して「周辺有事の対象に中国を想定していない」と発言し，周辺事態に台湾海峡は「当然入る」とする中曽根や梶山から反撃を受けた。中曽根や亀井らは加藤幹事長の交代を求め，人事絡みで第2ラウンドが展開された。梶山は辞任して，亀井や与謝野馨らとともに「保保」執行部をめざしたが，小渕派は「保保」勢力と一線を画し，橋本は加藤らの続投を選択した。橋本は両勢力のバランスの上に乗っていた。

9. 橋本対ロ外交

96年12月17日，テロ組織「トゥパク・アマル革命運動」（MRTA）のメンバー14人が，天皇誕生日の祝賀パーティーが開かれていたペルー・リマの日本大使公邸を襲撃し，人質を取って立てこもった。犯人側は，獄中の仲間の釈放を要求したが，フジモリ大統領は譲歩せず，こう着状態が続いた。橋本は97年2月，カナダでフジモリ大統領と会談する一方，3月には首相特使をキューバに派遣し，カストロ議長に協力を求め，議長は犯人の受け入れを表明した。97年4月22日，ペルーの特殊部隊が邸内に突入し，銃撃戦の末，青木盛久・駐ペルー大使ら日本人人質24人を含む71人を救出した。人質の判事と兵士2人が犠牲となり，犯人は全員が死亡した。フジモリの周到な準備に基づく武力解決の決断に日本政府は助けられたのである。

テロ事件解決後，橋本は対ロ関係打開に乗り出した。97年6月のデンバー・サミットでロシアの参加を歓迎し，7月には，中央アジア諸国等との「ユーラシア外交」を唱え，「信頼」「相互利益」「長期的な視点」の対ロ3原則を示した。橋本は11月にシベリアのクラスノヤルスクでエリツィン大統領と会談し，2000年末までに平和条約を締結するよう全力を尽くすことで合意。98

年4月にはエリツィン大統領を招請し,静岡県の川奈で会談した。橋本は,択捉島とウルップ島の間に最終的な国境線を引く代わりに,当分の間は4島の施政権を認め,返還時期は明記しないという新提案を行った。だが,日ソ共同宣言（1956年）棚上げにつながる,この大胆な「国境線画定」提案も,ロシアの金融危機とエリツィンの病状悪化が重なって霧消してしまう。

10. 橋本内閣改造

橋本は97年9月8日,自民党総裁に再選された。無投票だった。同年8月の内閣支持率は56.1％で,内閣発足時並みの高さだった。橋本は9月11日に発足させた第2次橋本改造内閣の総務庁長官に,ロッキード事件で有罪判決を受けた佐藤孝行・自民党行政改革推進本部長を起用した。中曽根の執拗な要請を受け入れたものだった。

しかし,佐藤の閣内入りに世論は強く反発し,それに追い立てられるように社民,さきがけ両党は,佐藤の罷免を要求した。参院自社さ3党が佐藤問責決議案の共同提出へと動くに及んで,佐藤は就任早々辞任した。橋本は,「世論の重みに十分思いを致さなかった」と陳謝した。佐藤辞任問題をめぐる自社対立は,97年4月の駐留軍用地特措法,7月のカンボジア在留邦人救出のための自衛隊輸送機派遣に続くものであり,3党連立も限界に近づきつつあった。97年9月の内閣支持率は44.1％と大幅に落下した。

11. 拓銀と山一破綻

橋本内閣は,経済の回復基調を背に,所得・個人住民税の特別減税打ち切りやサラリーマンの医療費自己負担（2割）引き上げなど,9兆円の国民負担増につながる政策を打ち出した。しかし,97年4月から消費税が5％に引き上げられた後,景気は失速し,7月からのアジア通貨危機がこれに追い打ちをかけた。

97年11月17日,北海道拓殖銀行が都市銀行で初めて経営破綻した。多額の不良債権を抱えて株価が下落,資金調達ができなかった。同月24日には,4大証券の1つ,山一証券が廃業に追い込まれた。総会屋への利益提供,取引企業への損失補填,巨額の簿外債務などが命取りになった。野沢正平社長の号泣混じりの記者会見は,金融システムの危機を印象づけ,大金融機関はつ

ぶさないとしてきた大蔵省の権威は著しく失墜した。

宮沢元首相は，預金保険機構に政府保証債発行機能を付与するなど公的資金を投入するよう橋本に進言し，梶山も10兆円国債を提唱。自民党は97年12月，公的資金枠30兆円の金融システム防衛策をまとめた。橋本は同月半ば，緊急記者会見し，赤字国債を財源とする 2 兆円の所得減税実施を表明した。これに先立つ同年11月には，2003年度までに国，地方を合わせた財政赤字を単年度ベースで国内総生産（GDP）の 3 ％以下に抑え，赤字国債の発行をゼロにするとした財政構造改革法が成立していた。政策矛盾は覆い隠せず，橋本の財政構造改革路線は風前の灯になった。

12. 新進党の消滅

小沢新進党の支持率は，97年に入ると 1 けた台に低迷した。同年 1 月にはオレンジ共済事件で友部達夫参院議員が逮捕され，比例順位決定の経緯をめぐり党内対立が生じた。7 月の都議選では議席ゼロの惨敗を喫した。衆院選後 1 年余りで離党者は30人を突破し，9 月，北村直人の自民党復党により，自民党の衆院単独過半数を許すことになった。

旧公明党グループは97年 5 月，議員集団「公友会」を作った。9 月になると，神崎が小沢の保・保連合路線を批判した。安全保障政策などをめぐる小沢との齟齬，改正宗教法人法で自民党が仕掛けた「政教一致批判」も響いていた。公明の藤井富雄代表は11月，公明党の一部参院議員と地方議員でつくる公明の新進党合流方針を撤回し，参院比例選は公明独自で戦うと表明した。小沢は12月の党首選で解党的出直しを表明し，対立候補の鹿野道彦・元総務庁長官を230対182票（無効 2 ）の小差で振り切った。小沢は，公友会の解散を迫って公明党・創価学会と全面対立に陥り，結局，旧公明党参院議員全員（19人）が公明に合流することで決着した。

小沢は「純化路線」を突っ走り，97年12月末，新進党を強引に解党した。前年暮れには，羽田グループが同党を去り，97年 6 月には細川も離党していた。公明グループの離脱は，新進党の主エンジンを失うことを意味した。173人を擁する新進党は，ワンマン・リーダーのこらえ性のない党運営と，自社さの枠組解体を狙った「保・保連合」追求の果て，結党 3 年，瞬く間に蒸発した。

13. 新「民主党」の誕生

　新進党解党後の98年1月，保守系の「国民の声」（鹿野代表），「太陽党」（羽田党首），フロムファイブ（細川代表）の3党は「民政党」を結成した。これと，労組を支援組織に持つ民主党と旧民社系の「新党友愛」（中野寛成代表），民主改革連合（笹野貞子代表）の3党が野党勢力の結集へと動き，衆院で統一会派「民主友愛太陽国民連合」（略称・民友連）をつくった。98年1月の通常国会開幕時の民友連勢力は衆院で99，参院で41。小沢率いる自由党は衆院42，参院12の計54。旧公明党は衆院の「新党平和」37，参院「公明」25となった。

　98年4月27日，新しい「民主党」が旗揚げされた。統一会派「民友連」が第2次「民主党」へ発展し，衆参両院議員131人が参加した。細川非自民政権の構成メンバーから「一・一」（小沢一郎と市川雄一）勢力を排除した構成となっていた。代表には菅直人，幹事長には羽田孜，幹事長代理に鳩山由紀夫が選ばれた。

　前身の旧民主党は，「や」党でも「よ」党でもない，中間の「ゆ」党的存在だった。97年9月，菅代表―鳩山幹事長体制となってから，菅はイタリアの中道左派連合（オリーブの木）をモデルとした「選挙連合」を提唱していたが，新進党に瓦解の動きが出ると，細川，羽田らとともに大統一会派結成に動いた。民友連は，旧社会，民社系議員が4割を占めており，民主党内には保守勢力との合同を嫌がる勢力も存在した。だが，民主党名を存続させ，「民主中道」を掲げることで妥協が成立した。新党結成でオルガナイザー役を果たした細川は，結党直後の98年4月末，衆院議員を辞職した。

14. 98年参院選・橋本退陣

　橋本首相は98年1月，国会で「日本発の金融恐慌は決して起こさない」と述べた。同月下旬，大蔵省金融検査部の汚職事件が発覚し，三塚蔵相が辞任した。3月には21の銀行に公的資金1兆8千億円が注入されたが，優良銀行も含めた一律の公的資金投入に批判も出た。橋本は予算成立後，特別減税の2兆円上積み，10兆円規模の財政出動と財革法改正を表明し，財政構造改革路線を転換した。

第18回参院選は，98年7月12日に投開票された。自民党は改選定数126のうち44議席（選挙区選30，比例選14）にとどまった。改選議席は60であり，惨敗といえた。選挙戦のさなか，橋本は「恒久減税」方針をめぐって揺れ続け，経済運営に対する国民の信頼感を決定的に損ねた。自民党は複数擁立した東京，愛知，神奈川，埼玉で共倒れを喫した。橋本は即時退陣した。橋本内閣の在職日数は932日だった。

　民主党は27議席（選挙区選15，比例選12）へと躍進し，比例選では前回95年参院選で新進党が獲得した1200万票台を獲得，自民党に約190万票差に迫った。共産党は過去最多の15議席を獲得し，参院第3党に浮上した。公明は9議席，自由党は6議席，選挙前に与党を離脱した社民党は5議席に終わった。前回選挙で棄権した無党派層が投票所に足を向け，その多くが民主党，次いで自民党，共産党に票を入れていた。自民党は得票総数を前回より増やしながら敗北した。それを上回って「非自民票」が増えたのである。

4. 小渕政権

1. 小渕内閣発足

　橋本退陣に伴う自民党総裁選は，小渕派会長の小渕恵三外相と，同派を離脱した梶山静六・前官房長官，三塚派の小泉純一郎厚相で争われた。98年7月24日，衆参両院議員総会が開かれ，小渕が225票を得て梶山（102票），小泉（84票）を下し，第18代総裁に就任した。

　自民党内政局は98年初めから，「YKK，野中」と「梶山，河野，亀井の3K」が角突きあわせていた。小渕は，山崎政調会長と加藤幹事長のYKと小渕派の支持で総裁選を制した。梶山は河野，亀井の後押しと「金融システムの大手術」というハード・ランディング路線に共鳴する若手の支援を受け，政策の大転換を訴えたがかなわなかった。再出馬の小泉は1回目の総裁選より票を減らした。田中真紀子は，3人の競い合いを「凡人，軍人，変人」の争いと形容した。

　小渕は61歳。経世会（竹下派）の初代事務総長として竹下に仕え，総裁就任も竹下の政治力に負うところが大きかった。温和な性格から凡庸な印象を与えたが，したたかな一面ももっていた。党3役には森喜朗幹事長，深谷隆

司総務会長，池田行彦政調会長を充てた。奇策といえば，経済閣僚の人事だった。首相経験者で78歳の宮沢喜一を「三顧の礼」で蔵相に迎え，経企庁長官には民間人の堺屋太一を起用した。小渕は苦手とする経済・財政運営を2人に「丸投げ」したのである。「経済再生」を掲げる小渕内閣は，98年7月30日に発足した。緊急電話調査では，国民の4人に3人が内閣の先行きに「不安」を感じていた。

2. 金融国会

参院での首相指名選挙では，小渕と菅直人・民主党代表との間で決選投票が行われ，菅142票に対して，小渕103票にととどまり，菅が指名された。両院協議会に持ち込まれ，衆院の議決に基づいて小渕首相に決まった。自民党は，衆院では過半数を持つものの，参院では少数与党だった。橋本前内閣のように閣外協力政党もなかった。内閣官房長官の野中広務が就任直後，「私は法を通すために，小沢さんにひれ伏してでも協力を頼む」と語ったのは，国会運営上の限界からだった。そして小渕政権は，臨時国会で早くもつまずいた。

ブリッジバンク（つなぎ銀行）設立を柱とする金融再生関連法案をめぐり，民主，自由，平和・改革会議の野党と自民党若手議員ら「政策新人類」の間で，延々と修正折衝が続いた。菅は98年9月の経団連との会合で，「金融問題を政局に絡めて，政権を倒す発想はない」と語り，同月半ば，与野党党首会談を機に事態は収拾に向かった。しかし，修正に1週間を要し，自民党が野党案を丸呑みするという異例の形で決着した。自民，民主，平和・改革の共同修正案が可決され，日本長期信用銀行は破綻して一時国有化された。しかし，国会後半になると，金融機関が破綻する前の「資本再注入」を急ぐべきだとの主張が強まり，池田行彦ら自民党執行部は若手から主導権を取り戻す。公明，自由党も方針を転換して野党戦線に乱れが生じ，金融早期健全化法は自民，公明，自由，社民の賛成多数で成立した。

国会閉幕の日，防衛庁背任事件に関連して，額賀福志郎防衛庁長官に対する問責決議が参院本会議で可決された。この決議は，自民党を震え上がらせ，自由党との連立を急がせる契機となった。小渕は98年11月，財政構造改革法を無期限で凍結し，6兆円超の減税を表明した。これにより財政出動路線が

拡大・定着していくことになる。

3. 小渕首脳外交

　98年10月8日，小渕首相は，来日した金大中韓国大統領と会談し，過去の植民地支配について「痛切な反省と心からのおわび」を表明し，その旨共同宣言に初めて文書化した。大統領は「韓国政府は今後，過去の問題を出さないようにしたい」と言明し，両国はようやく歴史的和解の時期を迎えた。これと対照的なのが中国だった。11月25日に来日した中国の江沢民・国家主席は，歴史認識に強いこだわりを示し，共同宣言に中国侵略についての反省と謝罪を明記するよう求めたが，小渕はこれを拒否。「反省とおわび」は口頭にとどめ，宣言に「深い反省」は明記したが，謝罪は盛り込まなかった。その結果，共同宣言に対する両首脳の署名は行われず，後味の悪さを残した。
　この間，小渕は11月12日，モスクワでエリツィン大統領と会談した。北方領土をめぐる大統領の提案は，主権はそのままとして共同経済区域に，という後戻りした内容だった。橋本の国境線画定提案は事実上空振りに終わり，エリツィン頼みの対ロ外交の限界が露呈した。

4. 自民・自由連立

　98年11月，小渕首相は，自由党の小沢党首と会談し，99年1月の通常国会前までの連立政権発足で合意した。小沢は，政府委員制度の廃止や閣僚数の削減，衆参両院の議員定数各50人削減，消費税の福祉目的税化などを提案。合意書には，小沢の提案について両党首間で「基本的方向で一致した」と明記された。国会運営上の補完勢力がほしい自民党と，自らの政策・理念の実現と選挙協力を渇望する自由党との思惑が一致した。この結果，「親・小沢」「反・小沢」の政治対立軸はぼやける一方，イデオロギーや感情面で「反小沢」を旗印にしてきた議員たちには深い脱力感が生まれた。
　自民党内では，「保保」派を除くと，両党首主導の連立劇を「唐突」と受け止め，小沢の政策要求についても抵抗が強かった。このため，連立協議でも，自民党側は党首合意の内容を薄めようとして小沢を苛立たせ，99年1月，衆院比例代表部分の50削減などでようやく最終合意に達した。同月14日，小渕内閣の小渕派3閣僚が辞任，新たに自由党の野田毅幹事長が自治相として入

閣して自自連立内閣が発足した。連立により衆院の与党勢力は304議席に達したが、参院では合計116と過半数に10足りなかった。自民党にとっては、参院公明党の24議席こそ必要であり、自自連立は本丸・公明との連立に持ち込むための「つなぎ」的性格を持っていた。

5. 派閥再編

　自民党では、山崎拓が参院選直後の98年7月、新しい政策集団「新未来研究会」を発足させた。山崎の属する渡辺派は、渡辺美智雄の死去（95年9月）後、中曽根や中尾栄一らによって運営されていたが、山崎は同派の中堅・若手議員31人と無派閥の6人を束ねて、新派閥・山崎派を旗揚げして独立した。98年12月には、森喜朗が三塚博から派閥を継承し、森派をスタートさせた。三塚派では、森と対立関係にあった亀井静香ら21人が同年9月に派閥を集団離脱し、亀井グループを形成した。この亀井グループと、山崎派を除く渡辺派メンバーが合流して99年3月、新派閥「志帥会」をつくった。会長には、はじめ村上正邦が選ばれたが、村上が参院議員会長に就任したのを機に江藤隆美に交代し、江藤・亀井派となった。

　一方、98年12月、宮沢派は新会長に加藤紘一を選任した。これに先立ち河野洋平ら15人は宮沢派を離脱し、河野グループを結成した。これにより、自民党は小渕、加藤、森、江藤・亀井、山崎、旧河本の6派閥と河野グループとなった。

6. 都知事に石原慎太郎

　99年4月統一地方選の東京都知事選は、青島幸男都知事が2月、突然、不出馬を表明して始まった。政党の支援を受けない石原慎太郎・元運輸相、民主党推薦の鳩山邦夫・元文相、無党派の元東大助教授の舛添要一、自民党推薦の明石康・元国連事務次長、無党派の柿沢弘治・元外相、共産党推薦の三上満の有力6候補が出馬し、石原が166万票を獲得して、鳩山（85万票）、舛添（83万票）、明石（69万票）らを下した。

　自民党は当初、公明党とともに鳩山への相乗りを図った。民主党に拒まれると、候補者選びは迷走し、最後は小渕が明石に出馬を要請して落着したが、保守候補の乱立を許してしまった。公明党は都本部レベルで明石を推薦した。

民主党は，無党派対策として鳩山「支持」にとどめながら，自民党が独自候補を出すと「推薦」に切り替え，苦戦が予想されると青島の支援も求めた。石原はギリギリ3月まで出馬表明を延ばし，「はっきりYES　はっきりNO」の二分法と「裕次郎の兄」を前面に押し出す選挙戦で混戦を制した。

7.「自自公」国会

　小渕首相は，訪米中の99年5月，「自自公」協力に踏み込む発言をした。訪米直前には，自自公3党の修正でガイドライン関連法案が衆院を通過していた。

　前年の98年11月，新党平和と公明が合流して，公明党が再結成された。4年ぶりの復活だった。衆参65人で野党第2勢力となり，神崎代表は結成大会で「自民党の補完勢力になることは全くない」と言明した。しかし，すでに同時期，自民党との間で地域振興券（商品券）の支給で合意しており，地域振興券の予算が盛り込まれた98年度第3次補正予算に公明党は賛成した。自民党は「自自公」体制づくりの布石を徐々に打っていく。

　通常国会が始まると，公明党は自自編成による99年度本予算に反対する一方で，予算関連法案は賛成に回るなど両にらみの姿勢をとった。ところが，統一選がヤマを越すと，小渕発言と符節を合わせるように閣外協力に進み，延長国会（57日間）では，国旗・国家法，組織犯罪対策3法，改正住民基本台帳法が自自公3党の賛成で次々に成立した。

　民主党は，ガイドライン関連法，組織犯罪対策3法，改正住民基本台帳法のいずれにも反対した。組織犯罪対策3法では共産，社民両党とともにフィリバスター戦術や牛歩戦術をとった。国旗・国歌法では党議拘束を外し賛否が割れた。「自自公」の国会共闘は威力を発揮し，政府提出法案の成立率は87％に達した。小渕内閣の99年9月の支持率は，発足以来最高の56.1％を記録した。

8. 北朝鮮「有事」

　海上自衛隊の哨戒機P3Cが99年3月23日朝，新潟県・佐渡島沖の日本領海内で，2隻の不審船を発見した。2隻は海上保安庁の航空機，巡視船艇の停船命令を無視して北上した。巡視船艇はこれを追尾し，海面への警告・威

嚇射撃を行った。1隻はいったん停船したが，再び速度をあげて逃走した。このため，政府は24日未明，自衛隊法82条に基づく海上警備行動を持ち回り閣議で決定し，発令した。護衛艦が警告射撃を行い，P3Cが近辺に爆弾を投下したが，2隻はこれを振り切った。ミグ戦闘機2機が飛来し，2隻は北朝鮮へと向かった。海上警備行動の武器使用が極めて限定的であることや，自衛隊が「領域警備」にあたれないことなど，我が国の防衛体制の不備が響いた。

98年8月，北朝鮮は日本海に向けて弾道ミサイル「テポドン」を実験発射し，三陸沖に着弾した。核開発疑惑，日本全土が射程に入るミサイル開発，スパイ船の表面化は，隣国日本に不気味な圧迫感を与え，「怖い国・北朝鮮」という印象を一層強めさせた。

9. 自自公連立ゲーム

小渕は99年6月28日，3党連立政権を樹立する考えを正式に表明し，7月7日，公明党の参加を要請した。公明党は同月24日，臨時党大会を開き，参加方針を決定した。自由党の小沢は，小渕に対して衆院比例定数を50削減する公選法改正案の会期内成立を求めていた。公明党は定数3の「中選挙区制」復活と比例定数削減阻止を掲げており，小沢の要求は，3党連立の「自公」主導を牽制する意味をもっていた。小沢にとっては，新連立政権は「自自プラス公明」であり，「自公」の後に従うことは承服できなかった。しかし，与野党逆転の参院も，自公で過半数に達することから，自由党は不可欠の存在ではなかった。連立ゲームの法則からすると，実質的に「自公・自」になるのは免れなかったのである。

会期末が近づくにつれて，自由党は，公選法改正案の衆院通過を図らないのであれば連立を離脱すると自民党を揺さぶった。8月13日，小渕・小沢会談で，「次期国会の冒頭，定数削減の公選法改正案を成立させる」ことで合意し，連立離脱は回避された。

10. 小渕総裁再選

自自公政局の進行とともに，自民党内では，小渕，野中の「自自公」連立派と，加藤，山崎ら「部分連合」志向派との対立が表面化した。そして対立

は，国会運営だけでなく，総裁選にも持ち込まれた。野中や古賀誠国対委員長は，総裁選で小渕の無投票再選をめざし，そのあと加藤への禅譲を描いていた。しかし，最大派閥・小渕派のコントロール下の政権を潔しとしない加藤は出馬を譲らなかった。加藤と山崎は，公明党の入閣に反対する考えを表明し，小渕との溝を深めた。

99年9月，小渕総裁，加藤前幹事長，山崎前政調会長が立候補を届け出た。幹事長の森は「滅私奉公」と言っていち早く小渕支持を打ち出した。小渕には，小渕派はもとより，江藤・亀井派，森派，河本派，河野グループがついたのに対し，加藤，山崎は自派の支援にとどまり，勝敗は最初から決していた。同月21日開票の結果は，小渕350，加藤113，山崎51票で，小渕が大差で再選された。ただ，加藤派の議員は計70人だったが，加藤の議員票は85票に上っており，上積み分は自自公批判票ともみられた。

11. 鳩山民主党代表

99年9月，自民党総裁選と歩調を合わせて民主党の代表選挙が行われた。菅代表，鳩山幹事長代理，横路孝弘総務会長が立候補した。国会議員，次期衆院選公認候補，地方代表による，第1回の投票では，鳩山154，菅109，横路57票で，鳩山は有効投票の過半数に7票及ばなかった。菅との間で決選投票が行われ，鳩山は182対130で菅を破り，代表の座についた。選挙戦で鳩山が，「憲法前文と第9条を含め改正の努力をすべきだ」と改憲に積極的な姿勢を示したのに対して，菅は「一言一句変える必要はないと言うつもりはないが，9条は尊重すべきだ」と慎重論を展開。横路は改憲に明確に反対した。菅は98年秋に女性スキャンダルが発覚し，人気にかげりが出ており3選は果たせなかった。99年11月，国会での初の党首討論は，鳩山と小渕の対決となった。

12. 自自公政権が発足

99年10月5日，自民，自由，公明3党の新連立政権が発足した。公明党からは続訓弘参院議員が総務庁長官，自由党からは二階俊博国対委員長が運輸相・北海道開発庁長官として入閣した。宮沢蔵相は留任，外相には河野洋平が起用され，2人の総裁経験者が要職を占めた。官房長官には青木幹雄・前

参院自民党幹事長が就任した。党3役は森幹事長，亀井政調会長，池田行彦総務会長（加藤派）。小渕は，池田起用について派閥会長の加藤に相談せず，加藤側近の谷垣禎一についても，金融担当相として「一本釣り」しようとしたが，谷垣が辞退した。小渕は総裁選で「反抗」した加藤への報復に出たのである。

3党は政権発足に先立ち，臨時国会において「比例代表20削減」を先行処理することで合意した。自公両党は，会期末ぎりぎりの12月14日，衆院特別委員会で定数削減の公選法改正案を強引に可決した。ところが，自由党委員は委員会から退席しており，野党側は「採決無効」と抗議。伊藤衆院議長は，議長預かりとして「継続審議」とする裁定案を示した。

2000年1月の通常国会冒頭，与党3党は，委員会と本会議で，野党3党欠席のまま公選法改正案を可決した。野党は審議拒否に入り，小渕首相の施政方針演説は，憲政史上初めて，野党欠席のまま行われた。国会は無用の混乱を呈し，小渕の強気の国会運営が際立った。ただ，「自公・自」に振れた連立の力関係が，「自自・公」になることはなかった。

13. 自自公解消

2000年4月1日，小渕首相（自民党総裁）と自由党・小沢党首，公明党・神崎代表の3党首は，自自公連立政権の解消で合意した。小沢は，自自合意について額面通りの実行を求め，これをサボタージュする自民党に苛立ちを募らせていた。3月初めには，小渕と会談し，自自合流を執拗に迫ったが，小渕は受け入れなかった。自由党の生き残りを賭け，改革保守勢力の総結集を目指した小沢戦略はここに挫折した。自公両党の多くの議員は，度重なる小沢の離脱騒動に倦み疲れていた。自民党と自由党が政権をともにしたのは，わずか1年3か月の間だった。

自由党（衆参50人）では，連立離脱に反対した野田毅・前自治相らが3日，「保守党」を結成した。党首には扇千景参院議員，幹事長には野田が就任した。衆院からは海部俊樹，加藤六月ら20人，参院は6人が参加した。小沢は中西啓介，二階俊博ら新生党当時からの側近議員のほとんどを失った。

14. 小渕首相死去

小渕は，小沢との会談後，報道各社のインタビューを受けて4月1日午後8時前，公邸に戻った。そのあと，体調不良を訴えた小渕は，ライトバンで運ばれて同月2日午前1時前，東京・本郷の順天堂大医学部付属順天堂医院に緊急入院した。集中治療室に入り，同日午後2時には脳こうそくと診断され，こん睡状態に陥った。首相官邸は当初，入院の事実を伏せた。青木幹雄官房長官が「首相緊急入院」を発表したのは，入院から22時間を経た同日午後11時半だった。青木は見舞った際（2日午後7時ごろ），小渕から「臨時代理の任にあたるよう指示を受けた」として首相臨時代理に就任，4日夜，小渕内閣総辞職を決断した。青木は後日，面会では「万事よろしく頼むといわれただけ」と訂正し，順天堂医院の医師団も青木の面会時の説明に一部疑義を呈した。小渕入院時の「政治空白」や記者会見での不手際は，首相官邸の危機管理能力の乏しさを痛感させた。小渕は5月14日，入院先で死去した。棺の車が永田町にさしかかると，雷鳴が轟き大粒の雨が国会議事堂をたたいた。享年62歳。小渕内閣の在職日数は616日だった。

5. 森政権

1. 密室談合批判

　自民，公明，保守3党連立の森内閣は2000年4月5日発足した。これに先立つ衆参両院本会議で，森は第85代，55人目の首相に指名された。閣僚は小渕前内閣のまま，全員が再任された。自民党人事では，野中広務幹事長代理（小渕派）が幹事長に昇格し，亀井政調会長，池田総務会長は再任された。

　小渕が入院した4月2日の正午過ぎ，赤坂プリンスホテルに青木官房長官，村上正邦・参院自民党議員会長，森幹事長，野中幹事長代理，亀井政調会長の5人が参集し，首相臨時代理の設置だけを決めて，しばし病状を見守ることにした。小渕の容体は悪化し，深夜10時に再度集まった5人は，その席で「後継・森」を決めた。前年秋，小渕と総裁の座を争い「反主流」の立場にあった加藤紘一は選外だった。加藤自身も「小渕重篤」に遠慮して動こうとはしなかった。森は棚ぼた式に政権を手中にした。が，退陣するまでこの選任過程の「密室」批判をずっと引きずることになる。

　森は62歳。文相，通産相，建設相などを歴任，党3役もすべてつとめるな

どキャリアは豊富だったが、首相としての資質を疑問視する声は少なくなかった。与党内では、新首相のもとで早々と審判を受けたほうがいいとの判断が広がり、4月末には6月総選挙が既定路線となった。

2. 2000年衆院選挙

2000年6月2日、衆院は解散された。衆院選は6月25日投開票され、与党の自民、公明、保守各党は大幅に議席を減らしたものの、3党合計で271議席と「絶対安定多数」(269) を確保した。自民党は233議席（小選挙区177、比例56）を得たが、公示前勢力から37も減らした。公明党は31議席、保守党は7議席で公示前に比べ各11減らした。自民党の小選挙区での善戦は、公明党の選挙協力に支えられていた。

民主党は127議席（小選挙区80、比例47）を獲得した。前回96年衆院選の52、公示前の95と比べても大きく躍進した。とくに東京では自民党の獲得議席を上回った。自由党は22、社民党は19でともに議席を伸ばし、共産党は20議席へと後退した。

衆院選前の2000年5月、森は、神道政治連盟国会議員懇談会の祝賀会で、「日本の国は天皇中心の神の国」と発言した。野党のみならず公明党の支持母体の創価学会も「憲法の精神にかかわる問題発言」と批判した。森は陳謝したが、発言撤回は拒んだ。6月の衆院選の初遊説でも、森は共産党が政権をとったら「日本の国体は守れるのか」と言い、報道各社の選挙情勢調査に関連して、選挙に無関心な有権者は「寝てしまってくれればいいが、そうはいかない」と口を滑らせた。見識を疑われる、これらの発言が選挙結果に影響を及ぼしたのは明らかだった。

3. 第2次森内閣発足

2000年7月4日、第2次森内閣が発足した。宮沢蔵相、河野外相、堺屋経企庁長官は留任し、新味といえば建設相・国土庁長官に扇千景・保守党党首、環境庁長官に川口順子サントリー常務を充てたことくらいで、旧来の派閥均衡型の内閣だった。党総務会長が池田から小里貞利に交替し、青木官房長官は参院自民党幹事長に復帰した。森は、小渕前首相が政治決断した「沖縄サミット」をこなしたが、7月末には利益供与問題で久世公堯金融再生委員長

を更迭した。

　参院比例選に非拘束名簿式を導入する公職選挙法改正案をめぐって，10月，臨時国会が混乱し，斎藤十朗参院議長が辞任した。続いて中川秀直官房長官のスキャンダルが内閣を直撃した。暴力団幹部との交友疑惑が週刊誌で報じられ，交際女性に覚せい剤の捜査情報を伝えている録音テープが民放テレビで流されて万事休した。森は26日，中川を更迭し，後任に福田康夫を充てたが，翌々日の日曜日，早慶戦を観戦するなど無神経ぶりが顰蹙を買った。それに先立つ10月15日の長野県知事選で，作家の田中康夫が，共産党を除く県議会各会派の支援を受けた県庁OBを破って初当選した。同月22日の衆院東京21区補欠選挙では，薬剤エイズ問題で国の責任を追及した川田龍平の母，川田悦子（無所属）が自民，民主，社民各党の公認候補を打ち負かした。

4. 加藤の乱

　自民党の加藤元幹事長は2000年11月9日，政治評論家らとの会談で，森首相に内閣改造はさせないと明言し，そこが震源となって森退陣論に火がついた。加藤は同月10日，記者団に「国民の75％が反対している内閣に信任投票できるかよく考えないといけない」と表明した。さらに森が退陣しない場合，野党の内閣不信任決議案を採決する本会議への欠席もありうるとして，自分のホームページ上で「運動」を展開した。同月11日には「国民を入れた大きくて広いドラマの始まりだ」と宣言，一般国民からは激励のメールが殺到した。山崎元政調会長が同調し，民主党の菅幹事長らも呼応して動き始めたが，森派会長の小泉は森を全面支援した。加藤，山崎両派は計64人であり，両派から33人以上が賛成すると不信任案は可決される計算だった。

　野中幹事長らは「除名」や小選挙区支部長の地位剥奪もにおわせて激しく締め付けた。不信任案に反対する加藤派の宮沢喜一，堀内光雄，古賀誠，池田行彦らは別グループを結成し，名門派閥「宏池会」は分裂した。同月19日のテレビ番組で野中が総裁選前倒しを示唆すると，加藤は森退陣が確約されれば不信任案否決もありうると応じた。加藤に離党や新党結成の覚悟がないことが明らかになって陣営は一気に崩れ出した。

　11月20日夜の不信任案採決の本会議に加藤，山崎両派40人は欠席した。加藤は無条件降伏したに等しかった。本会議では保守党の松浪健四郎が反対討

論のさなか,野党のヤジに怒って演壇から水をかける珍事が起きた。同月21日未明,賛成190,反対237,欠席・棄権51,退席1で,不信任案は否決された。ただ,野中は22日,不信任案否決は森信任を意味しないと語った。森政権のレイムダック化を示唆したものであり,与党内の空気を代弁していた。

5. 二元外交の危うさ

2000年10月20日,韓国ソウルでブレア英首相と会談した際,森首相は,日本人拉致問題について,「行方不明者として北京やバンコクに移し,そこに居たことにできないか」と北朝鮮に提案した経緯を語った。森はこの前後,金正日総書記宛で首相親書を韓国系ジャーナリストに託してみたり,中川前官房長官を使ってシンガポールで北朝鮮外務省の高官と接触させたりもした。政府が北朝鮮に対する50万トンにのぼるコメの支援を決めたのは10月初めのことだった。政府は人道支援の枠を超えた政策判断に基づく支援と説明したが,余剰米に苦しむ農林族の圧力が働いていた。

2001年3月25日,森首相とプーチン露大統領の会談後に公表された「イルクーツク声明」は,日ソ共同宣言の有効性を文書で初めて確認した。川奈提案の挫折を経て,政府の対ロ外交は,歯舞,色丹の2島を返還させ,残る択捉,国後は継続協議とする「段階的解決論」に転換していた。鈴木宗男・元北海道沖縄開発庁長官がリード役で,2000年12月には森親書を携行してモスクワでエリツィン側近と接触するなど「密使」のような役割を果たしていた。鈴木主導の「2島先行返還論」には,自民党内からも同調する意見が相次ぎ,ロシア側をして日本は2島返還で決着してよいのではないかという心証を与えたと言われた。

6. 森政権の瓦解

2001年1月6日,1府12省庁体制がスタートした。これに先立つ前年12月5日,森は内閣を改造し,行政改革担当相に橋本元首相を起用した。再編で財務相になった宮沢と合わせ,首相経験者が複数入閣した。野中は幹事長ポストを古賀誠国会対策委員長に譲った。小里総務会長の後任には村岡兼造元官房長官を充て,亀井政調会長は留任した。

しかし,この政府・与党体制は長くはもたなかった。2001年の年明け早々,

外交機密費流用事件が発覚した。2月には，森政権誕生にかかわった「5人組」のひとり，村上正邦参院議員会長が財団法人「ケーエスデー中小企業経営者福祉事業団（KSD）」からの資金提供疑惑で議員を辞め，3月には受託収賄容疑で逮捕された。KSD問題では額賀福志郎・経済財政担当相も1月辞任した。

そして2月9日，米ハワイ沖で起きた宇和島水産高校実習船「えひめ丸」と米原潜グリーンビルとの衝突事故が森政権にとどめを刺した。森は事故の一報を受けた時，横浜市内でゴルフのプレー中だった。しかし，そのままプレーを続行し，官邸に到着したのは一報から3時間半を経ていた。与党内にも批判が高まったが，森は「これがどうして危機管理なんですか。事故でしょ」と反論し火に油を注いだ。

2001年2月の森内閣の支持率は8.6％に低下した。自民党はじめ与党は，森首相の下で夏の参院選は戦えないと判断した。森は3月10日，党5役と会談し，総裁選の前倒し実施を明らかにした。事実上の辞意表明だった。しかし，予算案審議への影響や外交日程，後継選びに時間を要するなどの判断から，総辞職の時期はずるずると延ばされ，正式の退陣表明は4月6日になった。森は18日の退陣会見で「私ではいけないなら，去るべきだ」と述べた。在職日数は387日。

6. 小泉政権

1. 総裁予備選で圧勝

2001年4月24日，小泉純一郎・元厚相が第20代自民党総裁に選ばれた。両院議員総会で，衆参両院議員と都道府県連代表による投票の結果，小泉は過半数を上回る298票を得て，橋本竜太郎・行革担当相（155票），麻生太郎・経済財政担当相（31票）を下した。

森失脚が確定した同年3月からポスト森の動きが始まった。森は非主流派への転落を恐れ小泉に自重を求めたが，小泉は山崎，加藤の支援や国民的人気が高かった田中真紀子・元科技庁長官に促されて出馬を決断した。田中は出陣式で「私は変人の生みの母」と語るなど巧みな演説で大衆の心をつかんだ。小泉も「自民党をぶっ壊す」と宣言し，「小泉・田中」の街頭演説には記

録的な数の聴衆が押し寄せた。

　橋本派内には実力者・野中と領袖・橋本を推す両論があり，橋本で決着したが，出馬表明した派閥総会には20人もの議員が欠席した。小泉支持は森，山崎，加藤3派で全議員の3割に満たなかったが，県連による予備選で小泉は41都道府県で1位をとって123票を獲得し，「橋本勝利」の戦前評を覆した。都道府県の大半が，第1位の候補が3票を独占する方式を採用したことが小泉に圧勝をもたらした。橋本は15，亀井は3票にとどまり，麻生は0だった。亀井は本選挙を辞退し小泉支持に回ったが，この時の「政策合意」を小泉は事実上破棄した。

　小泉は59歳。父純也は元防衛庁長官，祖父又次郎は元逓信相という政治家3代目。郵政民営化論者で，郵政相のときは郵政省と衝突し，国会議員の永年在職表彰は辞退するなど永田町では異色の人である。

2. 驚異的な支持率

　小泉新総裁は，自公保党首会談で3党連立継続を確認し，2001年4月26日，第1次小泉内閣を発足させた。幹事長には森派の反発を抑えて山崎拓・元政

表3-1　小泉内閣の支持率の推移（読売新聞全国世論調査）

実施月	実施日	支持	不支持	実施月	実施日	支持	不支持
2001年5月	5.26-27	85.5	5.7	2002年9月	9.21-22	66.1	24.4
2001年6月	6.30-7.1	84.5	7.2	2002年10月	10.26-27	65.9	23.9
2001年8月	8.4-5	77.7	13.8	2002年11月	11.23-24	60.3	27.9
2001年9月	9.15-16	78.6	12.0	2002年12月	12.21-22	54.7	34.2
2001年10月	10.20-21	77.4	14.0	2003年01月	1.25-26	53.0	35.9
2001年11月	11.17-18	76.2	15.4	2003年02月	2.22-23	49.1	39.6
2001年12月	12.15-16	76.3	15.1	2003年03月	3.22-23	49.0	39.6
2002年1月	1.19-20	77.6	14.0	2003年05月	5.10-11	51.3	38.2
2002年2月	2.23-24	53.0	36.1	2003年06月	6.14-15	53.4	35.5
2002年3月	3.23-24	50.6	40.2	2003年07月	7.12-13	52.2	36.8
2002年4月	4.20-21	47.9	40.9	2003年08月	8.30-31	57.7	31.2
2002年5月	5.25-26	41.8	47.7	2003年09月	9.27-28	65.0	25.7
2002年6月	6.22-23	42.2	46.6	2003年10月	10.18-19	59.6	29.5
2002年7月	7.20-21	50.7	38.5	2003年11月	11.15-16	54.1	36.7
2002年8月	8.24-25	45.7	41.4	2003年12月	12.13-14	46.5	43.1
		%	%			%	%

図3-1 小泉内閣の支持率の推移（読売新聞全国世論調査）

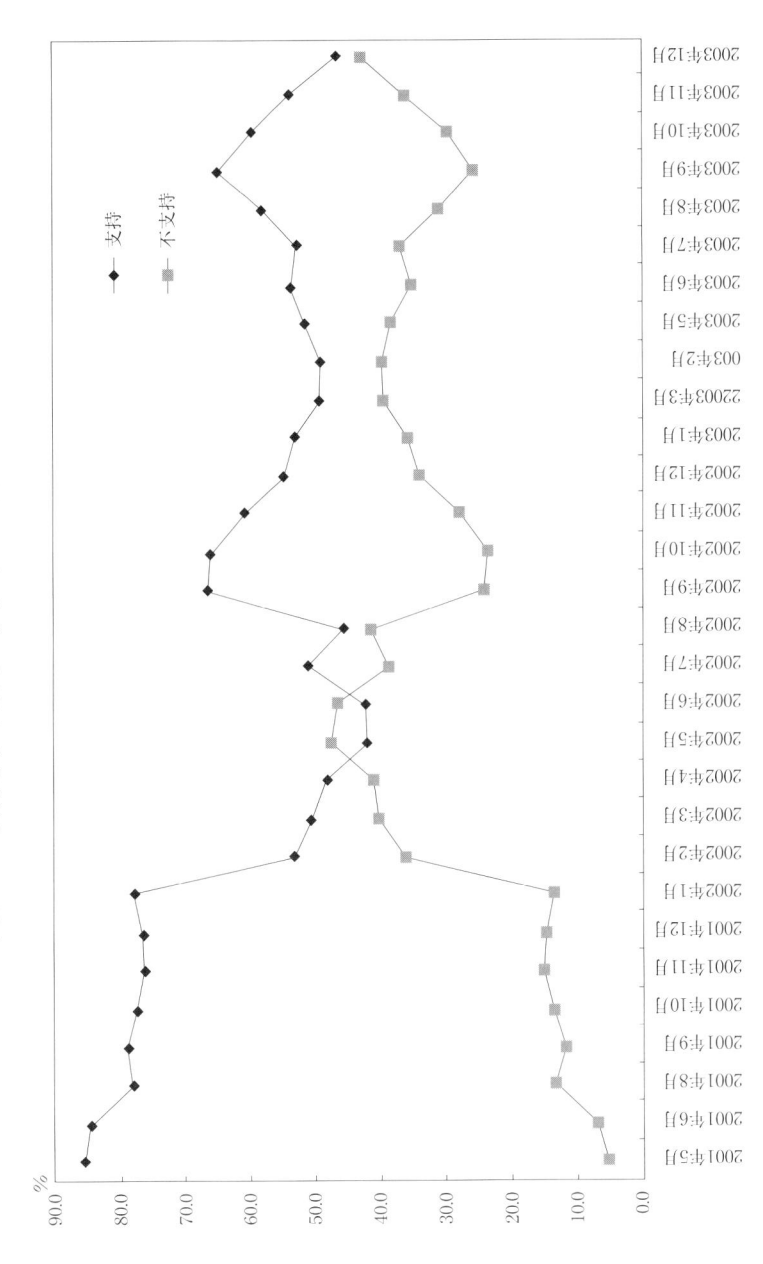

調会長を起用。政調会長には麻生，総務会長には堀内光雄・元通産相を充てた。小泉は「一内閣・一閣僚」を唱え，外相には田中眞紀子を抜擢し，女性閣僚は田中を含め5人に上った。最大派閥の橋本派からの起用は，国家公安委員長・防災担当相の村井仁と参院枠の片山虎之助総務相（再任）の2人にとどまった。政務官人事でも，橋本擁立に異を唱えた同派の3人を起用した。小泉から「驚天動地の人事でしょう」と語りかけられて党5役は言葉を失った。

首相は5月の所信表明演説で「聖域なき構造改革」を強調した。小泉内閣発足直後の緊急電話調査で内閣支持率は87.1％を記録した。空前絶後の数値だった。小泉内閣は5月から8か月にわたって70％台後半の，類例のない高支持率を維持した。森前内閣の不人気に対する反動と，小泉と田中の「反永田町・反官僚・反派閥」姿勢に国民は共鳴した。小泉が就任から間もなく決断した，ハンセン病訴訟の控訴断念も小泉の評価を高めた（図3－1）。

3. 外務省の機密費事件

2001年の元旦，読売新聞が外交機密費流用事件を報じた。外務省は1月25日，松尾克俊・元要人外国訪問支援室長を警視庁に告発した。松尾は3月に逮捕されたが，首相外遊の際の随行員宿泊費を内閣官房に水増し請求し，計5億600万円をだまし取っていた。松尾は官房機密費を詐取した形で，外務省予算の外交機密費の一部が官邸に上納され，官房機密費として使われているとの疑惑が浮上した。

さらに，2000年沖縄サミットのハイヤー代水増し請求と，アジア太平洋経済協力会議（APEC）会場のホテル代水増し請求が発覚し，3人が逮捕された。こうした公金をめぐる外務省の感覚マヒに止めをさす事件が「裏金プール」だった。予算の剰余金を返金せずに外務省各課で裏金としてプールし，懇親経費などに使っていた。会計検査院の2001年度決算によると，その総額は4億6000万円。外務省は弁済金を集めて相当額を国庫に返済するとともに，裏金作りにかかわった3人を懲戒免職とするなど39人を処分した。

4. 2001年参院選

2001年7月29日投票の参院選で，自民党は選挙区選で44，比例選で19の計

63議席を獲得した。前回98年参院選の計44議席から大きく復調した。参院1人区では25勝2敗，前回全敗した大都市5選挙区ですべてトップ当選を果たした。有権者の多くが小泉の政治スタイルに酔い，「小泉改革」に期待を抱いていた。自民党はリーダーを一新して無党派層をつかみ，都市部でも健闘した。公明党は5選挙区で完勝して計12議席，保守党は扇党首の1議席に終わり，扇は党首の座を野田毅に譲った。

民主党は1人区で全敗したが，選挙区18，比例8の計26議席を得て，「小泉旋風」下の逆風をしのいだ。自由党は6議席で倍増した。共産は5，社民は3議席にとどまり，社民党は旧社会党時代を通じて初めて選挙区0に陥った。

比例選には候補者の個人名でも投票できる「非拘束名簿式」が導入された。「拘束名簿式」で，事前に名簿順位が決められると動きが鈍る業界団体を最後までフル稼働させる狙いが込められていた。だが，組織の集票力に頼る選挙戦には限界もみえ，全国特定郵便局長会などの支援で当選した高祖健治参院議員は，「郵政一家」の選挙違反により議員辞職に追い込まれた。

5. デフレと構造改革

小泉内閣発足前の2001年3月，政府は戦後初のデフレ宣言を発した。国債残高は約400兆円に達し，失業率は5％台に乗る寸前だった。小泉は，経済財政担当相に竹中平蔵・慶応大教授を起用し経済運営を任せた。その基本路線は，不良債権処理で経済に活力を取り戻し，デフレからの脱却を図るというものだった。小泉は「民間にできることは民間にゆだねる」と市場経済原理重視の姿勢を示すとともに，「既得権益にとらわれず聖域を設けない」として，自民党・官僚主導の利益誘導政治の見直しを表明した。政府の経済財政諮問会議は6月，構造改革の指針「経済財政運営の基本方針」を決めた。それは，不良債権の最終処理をはじめ，特殊法人の民営化，地方交付税の見直しなど7つの改革プログラムからなっていた。

財政改革の柱は，2002年度予算で国債発行を30兆円以下に抑えることだった。しかし，新規国債30兆円枠は当初予算では守られたものの，補正予算では突破してしまい，2003年度当初予算では36兆円に達した。政権発足当初は1万4500円だった日経平均株価は，半年後には1万円の大台を割り込み，発足2年時には8000円を切った。不良債権処理に目処は立たず金融不安も再燃

した。この間，柳沢伯夫金融担当相が更迭され，竹中が金融相も兼務して「金融再生プログラム」を示したが，2003年6月には大手金融グループ「りそなホールディングス」に1兆9600億円もの公的資金を投入する事態となった。地方への補助金削減，税源委譲，地方交付税の見直しを同時に進める「三位一体改革」も，財務省と総務省が対立し，国庫補助金を「96年度までに4兆円削減」することにとどまった。

6. 道路と郵政改革

　特殊法人改革では，日本道路公団に対する国費投入を打ち切るとともに，2002年6月，首相直属の第三者機関「道路関係4公団民営化推進委員会」(今井敬委員長）を設置した。同推進委は12月，4公団を民営化したうえで5社に分割し，40兆円の借金返済を優先させる最終報告をまとめたが，委員7人の意見対立が表面化し，今井委員長が辞任する騒ぎとなった。さらに財務諸表をめぐって日本道路公団は大混乱に陥り，藤井治芳総裁は2003年10月解任された。民営化のための法案づくりでも，骨抜きに腐心する国土交通省と推進委員会との対立が続いた。

　郵便事業への民間参入を認める郵政公社関連法が2002年7月に成立，日本郵政公社は生田正治（元商船三井会長）初代総裁のもと翌年4月に発足した。同関連法は，自民党総務会が抵抗したため，法案の賛否保留のまま国会提出だけが認められたが，小泉は記者会見で，「民間参入をつぶすなら，小泉内閣をつぶすのと同じ。小泉内閣が自民党をつぶすかもしれない」と挑発した。ただ，首相の諮問機関「郵政3事業のあり方について考える懇談会」（田中直毅座長）は2002年9月，民営化について3案を併記して終わった。

7. 靖国神社参拝

　小泉首相は2001年8月13日，靖国神社を参拝した。中韓両国の反発の前に急遽，参拝日を2日前倒しした。神道形式は避けて一礼方式で行った。小泉は首相談話を発表し，自民党総裁選時に約束した「終戦の日の靖国参拝」を果たせなかったことを，「慚愧の念に堪えない」と表明した。小泉の参拝方針に対し，自民党の加藤紘一や公明党・創価学会は再考を促していた。田中外相も「憲法20条（信教の自由）の問題もある」として首相を公然と批判。同

年7月の日中外相会談の後，中国の唐家璇外相が記者団に「やめなさいと言明した」と述べたことも，日本の国内世論を刺激した。小泉は8月が近づくにつれて，「熟慮して判断する」と繰り返し，明らかに迷いを示していた。

中国や韓国は首相の靖国参拝を非難した。10月に訪中した小泉は，盧溝橋の人民抗日戦争記念館を訪れ，「お詫びと哀悼」を表明した。政府は2001年末，福田官房長官の私的懇談会を設置し，1年後に「国立・無宗教の追悼・平和祈念施設」が必要との報告書がまとめられたが，小泉はこの間，2002年4月の春季例大祭に靖国を参拝した。中国首脳は再度の参拝に不快感を募らせ，日中国交正常化30周年の首相訪中は取り止めになった。小泉は2003年1月に3度目の参拝をし，日中関係は冷えたまま推移した。

8．9・11テロの衝撃

2001年9月11日，ハイジャックされた航空機がニューヨークの世界貿易センタービル2棟と国防総省に激突した。死者は日本人を含め3000人を上回った。ブッシュ米大統領は，イスラム原理主義指導者のウサマ・ビンラーディンとテロ組織「アル・カーイダ」の犯行と断定し，米英両軍は10月，一味が潜むアフガニスタンを攻撃した。小泉首相はこれを「強く支持」した。米政府は「ショー・ザ・フラッグ」という言い回しで人的貢献を求め，小泉は9月25日，自衛隊派遣など7項目の支援策を携えて訪米し，ブッシュと共同対処を確認した。

政府は，米軍などを後方支援するためのテロ対策特別措置法案を臨時国会に提出した。これは戦闘行為には参加しないものの，戦時下への自衛隊派遣を初めて認めており，支援対象に米軍以外の軍隊も想定していた。成立を急ぐ与党は，自衛隊派遣の基本計画の国会報告を国会承認とする修正を施した。首相は，民主党の鳩山代表と会談し，法案への賛成を求めたが，鳩山は「事前承認」を要求して決裂した。衆院通過の際，自民党の野中元幹事長，古賀前幹事長は「起立採決」に抗議して本会議を欠席した。10月29日，同法は与党3党などの賛成多数でスピード成立した。

中谷元防衛庁長官は11月，海上，航空両自衛隊に派遣命令を出した。派遣の国会承認案は同月30日の参院本会議で，民主党も賛成に回って成立した。民主党は衆参両院の採決で横路孝弘副代表らが造反した。山崎幹事長らはイ

ージス艦の派遣を目指したが，党内の慎重論により見送られた。「隊員の負担軽減」などを理由に同艦の派遣が決まったのは翌年12月のことである。一方，国連平和維持隊本体業務への参加凍結解除と武器使用基準緩和を柱とする改正国連平和維持活動（PKO）協力法が2001年12月，成立した。

9. 田中外相更迭

　田中外相は就任早々つまずいた。2001年5月，北朝鮮の金正日総書記の長男・金正男とみられる人物を不法入国で身柄拘束しながら，厄介払いするかのように国外退去とした のである。さらにアーミテージ米国務副長官との会談をキャンセルし，「心身ともにパニック状態になっていた」と釈明した。その後も，外務省人事が思いのままにならないとして，外務省職員を講堂に緊急招集するなどして大混乱を巻き起こし，9・11テロ発生直後には，米国務省の避難先について口を滑らせた。

　田中は2001年5月の記者会見で「外務省は伏魔殿」と形容し，外務官僚に隠然たる影響力をもっていた鈴木宗男衆議院議員に敵対した。鈴木は，地元・北海道に関わりの深い北方領土問題—北方支援事業などを通じてロシア人脈を築き，日本側が大幅に譲歩するかのシグナルを送って領土交渉を歪めている，との批判がくすぶっていた。しかし，田中は6月の衆院外務委員会の質疑で，鈴木の逆襲にあうと根をあげ，鈴木に再質問させないよう外務委員長に働きかけたりした。

　田中と鈴木は，東京でのアフガニスタン復興支援会議（2002年1月）へのNGO参加拒否問題で再度ぶつかった。田中が衆院予算委で，鈴木のこの件への関与を「外務次官が認めた」と答弁すると，野上義二外務事務次官はこれを全面的に否定した。真相は，鈴木の指示というより，鈴木の意向を斟酌した外務省当局の判断ミスに近かった。田中が答弁の根拠としたメモの信憑性も疑われた。国会審議はストップし，小泉は2002年1月29日，田中と野上の2人を更迭した。鈴木は衆院議運委員長を辞職した。小泉は後任の外相に緒方貞子アフガニスタン支援政府代表の就任を要請したが，緒方は辞退し，川口環境相が横滑りした。田中更迭直後の1月31日と2月1日の緊急電話調査で，小泉内閣の支持率は46.9％に急落した。田中はあからさまな小泉批判に転じた。

10. 鈴木逮捕，田中辞職

　川口外相はNGO問題で，官房長と中近東アフリカ局長を更迭し，鈴木に密着していた主任分析官も異動させた。外務省は，鈴木が国後島の宿泊施設「友好の家」（通称ムネオハウス）建設と桟橋改修の工事入札参加資格の決定に「深く関与した」と断定した。2002年3月の衆院予算委の証人喚問では，入札関与をはじめコンゴ人秘書問題，ケニアの水力発電所建設などが俎上にのせられ，社民党の辻元清美は鈴木を「疑惑のデパート」と追及した。鈴木は自民党を離党し，鈴木と関わりの深かったオランダ大使（元欧州局長）は解任された。同年4月末，ムネオハウスの入札情報を地元業者に流した偽計業務妨害容疑で，鈴木の公設秘書が逮捕された。6月には，鈴木自身が，官房副長官就任直後の98年，国有林伐採で行政処分を受けていた業者の受注に口利きをして500万円を受け取った斡旋収賄容疑で逮捕された。鈴木は議員辞職勧告決議を無視して勾留生活を続けた。

　田中真紀子が，国から支給された公設秘書の給与を全額本人に支払わず，大半を流用していたとする記事が2002年4月，週刊誌に報じられた。真相解明に非協力的な田中に対して，自民党党紀委員会は6月，2年間の党員資格停止の処分を決めた。衆院政治倫理審査会は7月，田中に対する公開審査を行った。田中は流用疑惑を全面的に否定したが，8月になって議員辞職願を綿貫衆院議長に提出。東京地検は田中を不起訴処分（嫌疑なし）とした。

11. 辻元逮捕，加藤辞職

　2002年3月，辻元清美・社民党前政審会長の秘書給与流用疑惑が報じられ，辻元は議員を辞職した。初め疑惑を全面否定したが，4日後流用を認めた。翌年7月18日，辻元は，土井党首の元政策秘書らとともに警視庁に詐欺容疑で逮捕された。勤務実態のない女性を政策秘書に登録して国から給与をだまし取ったとされたのである。辻元は2004年2月，有罪（懲役2年，執行猶予5年）が確定した。

　一方，加藤紘一・元自民党幹事長は2002年4月，衆院予算委の参考人質疑の席上，政治資金流用疑惑に関して，「すべての社会的，政治的，道義的な責任をとって衆院議員の職を辞したい」と表明した。自宅マンションの賃貸料

を政治資金で支払うなど公私のけじめを欠き,元事務所代表が脱税容疑で逮捕されてもいた。同時期,民主党の鹿野道彦副代表も,公共工事の口利き事件で元秘書が逮捕された責任をとって離党。井上裕参院議長も公共事業に絡む元政策秘書の裏金受領疑惑がもとで,議長の座と参院議員の職を失った。次いで大島理森農相の元政務秘書官による口利きや献金流用疑惑が浮上し,大島は2003年3月末,農相を辞任した。

12. 日朝共同宣言

小泉首相は2002年9月17日,日本の首相として初めて北朝鮮・平壌を訪問し,金正日総書記(国防委員長)と会談したあと「日朝共同宣言」に署名した。平壌宣言には,同年10月中に国交正常化交渉を再開すること,国交正常化後,日本は北朝鮮に経済協力を実施すること,両国は戦前の財産・請求権を放棄すること,核問題の包括的解決のため関連する国際的合意を順守すること,北朝鮮はミサイル発射凍結を2003年以降も延長すること——などが盛られた。

首脳会談に先立ち北朝鮮側は,拉致した日本人の安否情報について「生存者5人,死亡者8人」と提示した。金総書記は会談の中で「特殊機関の一部が妄動主義,英雄主義に走って行った」と拉致を国家犯罪と認めて謝罪した。日本近海に出没している不審船についても,北朝鮮の工作船と認めた。首相は「拉致」に強く抗議したが,会談決裂は避けた。共同宣言には「拉致」の具体的な記述が欠けていた。

外務省は長年,拉致事件を軽くみていた。首脳会談で提示されるはずの安否情報への備えも不十分で,公表も遅れた。批判の矢は,金総書記に近い人物との秘密交渉で会談を実現させた外務省の田中均アジア大洋州局長に向けられた。10月15日,5人の拉致被害者が24年ぶり帰国した。外務省は当初一時帰国という方針だったが,安倍晋三官房副長官らが北朝鮮に戻すべきではないと主張して永住帰国となった。10月末再開された日朝国交正常化交渉で,北朝鮮は「拉致問題は解決済み」と反発した。

米国は小泉訪朝前,北朝鮮が94年の「米朝枠組み合意」に違反して核開発を進めていることを日本政府に様々なルートで伝えていた。10月の米朝高官協議で米国は,濃縮ウラン施設建設計画があることを北朝鮮に認めさせて公

表した。米国は，安全保障上の懸念をよそに国交正常化に向かおうとする日本政府の動きを牽制していた。北朝鮮は2003年初めには，一方的に核拡散防止条約（NPT）からの脱退を宣言した。平壌宣言からみて北朝鮮の違約は明らかだった。日本政府は，朝鮮総連施設への課税，貨客船「万景峰92」号の船舶検査に踏み切り，北朝鮮に圧力をかけた。

13. 鳩山辞任，菅再登場

　党員・サポーターによる郵便投票が導入された民主党の代表選（2002年9月23日投開票）で，第1回投票は鳩山，菅，野田佳彦，横路孝弘の順だった。上位2人の決選投票の結果，鳩山が（254票）が菅（242票）を辛うじて振り切った。鳩山は，旧民社党・同盟系グループの組織票に助けられた形で，新幹事長に旧民社党出身の中野寛成を指名した。党内は「露骨な論功行賞だ」と猛反発し，鳩山は中野に自発的辞任を促して混乱に輪をかけた。10月の衆参7選挙区の統一補選で，民主党は衆院1勝の惨敗を喫した。

　鳩山は11月29日夕，緊急記者会見を開いて野党結集の必要性を訴えた。同日夜，小沢自由党党首と会談した後，鳩山は新党・統一会派の実現に「身を捨てる覚悟で進む」と表明した。民自合流は2002年2月，鳩山，菅と小沢とが会談して以来，くすぶっていたが，辞任と引き替えの合併話は唐突と映り，鳩山は12月初め，辞任に追い込まれた。

　後継を決める代表選では，菅（104票）が岡田克也幹事長代理（79票）を破って当選した。新執行部は，岡田幹事長（当選4回），枝野幸男政調会長（同3回），野田佳彦国対委員長（同2回）の若い陣容でスタートした。この直後，菅に批判的な熊谷弘前副代表，佐藤敬夫前国対委員長ら5人が離党し，保守党の9人と「保守新党」を結成した。党首には熊谷が就任し，連立政権は自民，公明，保守新党の3党の構成になった。7党を渡り歩き，小泉批判の急先鋒だった熊谷の与党入りは，無節操と批判された。保守新党に参加しなかった野田毅前保守党党首ら3人は自民党に入党した。

14. イラク復興支援法

　2003年3月20日（米東部時間19日），米英両軍はイラク空爆を開始した。攻撃開始を受けて小泉首相は，米国支持を表明し，衆参両院本会議で報告した。

小泉は支持理由にイラクの国連決議「軽視」を挙げたが，核兵器開発で緊迫の度を強めていた北朝鮮情勢を念頭に米国を積極的に後押しした。
　9・11テロ後，ブッシュ米大統領は，イラク，イラン，北朝鮮の3か国を「悪の枢軸」と非難し，大量破壊兵器の保有をもくろむテロリストや国に対しては先制攻撃も辞さないと宣言した。2002年11月，国連安保理はイラクの武装解除を求めた決議1441を採択し，国連査察団が査察を開始した。安保理で米英が早期開戦を主張したのに対し，仏独露は査察継続を求めて対立した。日本政府は安保理の論議の蚊帳の外にあった。米英は，新たな武力行使容認決議案の採択をめざしたが，フランスが拒否権行使を明言したことから決議案を撤回して開戦に踏み切った。2003年4月9日，米英の圧倒的軍事力の前にバグダッドは陥落しフセイン体制は崩壊した。
　小泉首相は5月23日，米テキサス州の牧場でブッシュと会談し，イラク復興支援のため自衛隊の派遣を検討する考えを表明した。小泉は，イラク復興支援特別措置法案の提出を急ぐとともに，国会会期を延長した。イラク復興支援を呼びかけた5月の国連安保理決議に基づいて自衛隊を派遣し，人道支援と治安維持にあたる米英軍の後方支援を行うとしていた。ただ，閣議決定直前，野中らの要求により大量破壊兵器処理支援に関する条項が削除された。同法案は7月4日，与党3党の賛成で衆院を通過したが，自民党の野中，古賀ら3人は，記名採決が受け入れられなかったとして採決前に退席した。同法は同月26日の参院本会議で成立した。

15. 有事立法成立

　有事関連3法が2003年6月6日の参院本会議で，自民，公明，保守新の与党3党と民主，自由両党などの賛成多数で可決，成立した。日本の安全保障に関わる重要法案が与野党合意のもとに成立した意味は大きかった。有事の際の政府や自治体の役割を定めた武力攻撃事態法，有事の際の物資収用や自衛隊車両の緊急通行権限などを定めた改正自衛隊法，改正安全保障会議設置法からなる3法が国会に提出されたのは2002年4月。与野党協議の末，憲法の基本的人権を最大限尊重する規定を法案に追加する修正案がまとまり，5月13日の自民・民主党首会談で合意した。
　防衛庁統合幕僚会議事務局が実施した図上演習「三矢研究」から40年が経

っていた。防衛庁は77年になって立法を前提とせずに有事法制研究を始め，81年に研究成果をまとめたが，与野党のイデオロギー対立は根深く，そのまま放置された。しかし，民主党がもともと有事法制の必要性を唱えていたことや，米同時テロや北朝鮮の核・ミサイル開発，イラク戦争など日本の安全保障環境が厳しさを増したこと，有事法制整備に対する国民世論の変化などが法制化を促した。

16. 民主・自由合併

　民主党の菅代表と自由党の小沢党首は2003年7月23日に会談し，両党の合併で合意した。9月24日，両党首は，民主党を存続政党，自由党を解散政党として合併するとした合併協議書に調印，10月5日，東京プリンスホテルで合併大会を開いた。民主党から174人（衆院115，参院59），旧自由党から30人（衆院22，参院8）の計204人の衆参両院議員が参加した。200人を超える野党の誕生は55年の社会党，94年の新進党以来。合意書によると，政権交代の実現をめざして「小異を残して大同につく」とし，新政党（民主党）の代表は菅直人，運営は民主党執行部，新政党の規約・政策・マニフェスト（政権公約）は民主党のものを継承するとあり，自由党が全面的に譲歩する形をとっていた。衆院選を前に現職の生き残りを図りたい自由党と，党内に絶えない不協和音を一気に抑え込みたい民主党の思惑が一致した。

　両党は2003年3月に「政権構想協議会」の設置で合意し，衆院の110選挙区で統一候補を決定した。民主党内では鳩山らが合併推進の署名運動を展開したが，反対論も根強く，5月は統一会派構想の提案にとどまった。小沢はこれを拒否し，合併話は白紙に戻っていたが，菅は，民主党が自由党を「吸収」する方式で合意に持ち込み反対論を封じた。

17. 自民党総裁再選

　2003年の自民党総裁選は，小泉首相と亀井静香・前政調会長（江藤・亀井派），藤井孝男・元運輸相（橋本派），高村正彦・元外相の4人で争われ，9月20日の投開票の結果，小泉が399票（うち議員票194）を獲得し再選を果たした。亀井は139票，藤井は65票，高村は54票だった。小泉は地方票300のうち205票を手にした。

野中と古賀は「反小泉」統一候補として，平沼赳夫経済産業相や堀内光雄総務会長の擁立をめざした。だが，2人は辞退し，堀内は小泉支持を明確にした。橋本派では，藤井，笹川尭副幹事長，熊代昭彦衆院議員の3人が出馬に意欲を示し，野中らは藤井に絞った。しかし，青木幹雄・参院幹事長ら参院橋本派は小泉を支持して派内は分裂。藤井は派として「温かく送り出す」にとどまり，同派は自主投票になった。古賀も堀内派の丹羽雄哉会長代行の擁立に失敗した。

　青木は竹中経済財政・金融相らの経済運営を批判し，首相に内閣改造を要求していた。これに対して小泉は2003年6月，首相に再選されれば内閣改造を行うと発言，国会会期の延長幅も青木の意向を受け入れた。青木は2004年参院選で，自民党が単独過半数を狙うには「小泉人気」が必要だと考えていた。この「小泉—青木ライン」に橋本派の村岡兼造会長代理らも同一歩調をとるに及んで野中は激しく反発，「自ら退路を断って小泉政権を否定する戦いに燃焼し尽くしたい」と引退を表明した。野中は，青木，村岡らを「毒まんじゅうを食った」となじったが，総裁選投票を待たずに事実上の敗北宣言に追い込まれた。

　党役員人事・内閣改造で，森前首相や青木らは，女性スキャンダルを抱える山崎幹事長と竹中の更迭を小泉に要求し，2人に対して直接，自発的辞任も求めた。しかし，小泉は，山崎更迭論を逆手にとって，山崎を副総裁に祭り上げる一方，後任には，北朝鮮の拉致問題で活躍し，国民的人気の高い安倍晋三官房副長官を充てた。鬼面人を脅かす小泉流だったが，選挙最優先の抜擢人事を自民党内は歓迎した。小泉は，改造人事ではその間隙をつくように竹中も川口外相も留任させ，青木らの要求を峻拒した。

　小泉首相は，2003年10月10日，衆院を解散した。

第4章　政治意識の変容

1. 世論調査からみた2003年衆院選

1. 衆院選調査の概要

　自民党など与党が絶対安定多数を確保し，民主党が躍進して2大政党化が進んだ2003年衆院選挙。国民は一体，どんな意識でこの選挙の一票を投じたのだろうか。

　読売新聞東京本社は，衆院選の前後に各種の世論調査を行っている。

　第1は，2003年1月から10月まで継続的に実施した「衆院選継続調査」。1978年3月から毎月実施している面接調査(サンプル数3000人)の中で，2003年1月以降，「比例選で投票する政党」「議席が増えてほしくない政党」などの質問を数問ずつ盛り込んだ。

　第2は，衆議院解散（10月10日）の約1週間後に行った「事前調査」。10月の面接調査の中に衆院選関連の質問を盛り込み，有権者の意識を探った。調査は10月18, 19の両日に実施した。

　第3は，投票日直後に行った「緊急電話調査」。選挙結果に対する評価を聞くのが主な目的で，11月10, 11の両日に電話（RDD方式）で実施した。

　第4は，投票日の約1週間後に実施した「追跡調査」。11月15, 16の両日実施の面接調査で，改めて有権者の投票行動を探った。

　このほかに，公示後の11月1，2の両日，小選挙区選と比例選の情勢を探るため，全国の22万5千人の有権者を対象に，電話による「情勢調査」を行

表4-1　読売新聞社の衆院選関連世論調査

	実施日	調査方法	サンプル数	回収数
事前調査	10月18,19日	面接方式	3000人	1869人
緊急電話調査	11月10,11日	電話(RDD)方式	1000人目標	974人
追跡調査	11月15,16日	面接方式	3000人	1859人

ったが，この調査は選挙情勢を探ることが目的のため，本稿ではその内容には触れないこととする。また，世論調査とは違うが，インターネット利用者1000人を対象としたモニター調査を計6回行った（表4-1）。

　読売新聞社が実施した各種の世論調査からは，おおよそ以下のようなことが分かった。それは2003年衆院選について，①多くの国民は政権選択の選挙と考えていた　②ただ，政権交代にまでは至らないとの認識が強かった　③「政権公約」（マニフェスト）は，政策本位の選挙に向けて一定の効果をあげた　④2大政党化の進展や将来の政権交代への期待は大きい——等である。

　以下，世論調査のデータを紹介しながら分析してみたい。

2. 継続・事前調査

自民党対
民主党

　まず，2003年1月からの継続調査と，衆院解散直後の同年10月に行った事前調査から，選挙前の各党の勢いを見てみよう。

　事前調査では，小泉内閣の高い支持率を背に自民党が好調であることと，民主党についても，「小泉旋風」に圧倒された2001年参院選よりは復調していることが分かった。共産，社民の両野党には勢いが見られず，自民，民主の2大政党の政権をめぐる選挙になることを予見させた。もっとも，調査段階で，投票先を決めていない人が「無党派層」を中心に約4割に上っており，これらの人々の投票動向が選挙の帰すうを左右する状況にあった。

　小選挙区で自民党に投票すると答えた人は37％，比例選では35％で，民主党（各12％，14％）を大きく上回った。これを，過去の衆院選での事前調査と比べると，自民党の好調ぶりが分かる。1993年衆院選（中選挙区制）の事前調査では31％，小選挙区比例代表並立制が導入された1996年は小選挙区で33％，2000年も32％にとどまっていた。今回は，自民党が最も直近で単独過半数を獲得した1990年衆院選（中選挙区制）時の37％と同水準に達していた。

表4-2 比例選で投票する政党の推移（2003年1月～10月）（％）

	1月	2月	3月	5月	6月	7月	8月	9月	10月
自民党	34.3	30.7	34.1	34.6	36.6	35.2	36.3	37.9	34.9
民主党	9.5	10.7	9.8	10.6	10.2	9.5	15.1	14.4	13.9
公明党	3.0	3.4	4.2	3.9	3.1	3.5	3.7	4.1	3.9
自由党	3.4	1.9	2.5	2.0	2.0	2.4	—	—	—
共産党	2.9	3.3	3.3	3.4	2.9	2.4	2.2	2.1	3.1
社民党	2.1	2.8	2.2	2.2	2.5	2.8	1.9	1.5	2.0
保守新党	0.2	0.3	0.4	0.5	0.2	0.2	0.3	0.1	0.4
その他の政党	0.1	0.1	0.1	0.1	0.1	0.1	0.1	0.1	0.7
決めていない	43.4	45.5	42.8	41.1	41.4	42.9	39.5	39.5	40.1
答えない	1.0	1.2	0.7	1.6	1.1	1.0	0.8	0.3	1.0

※4月調査は実施せず

　小泉内閣の高い内閣支持率も，自民党に有利な材料だと考えられた。過去4回の衆院選事前調査での内閣支持率の最高は，1996年9月調査の橋本内閣の45.6％だった。ところが，2003年10月の事前調査での小泉内閣の支持率は59.6％で，それを14.0ポイントも上回っていた。

　ただ，2003年1月以降に実施した継続調査を見ると，自民党のピークは9月調査（27，28日実施）時点だった。10月の事前調査の内閣支持率は，9月調査の65.0％から5.4ポイント低下した。政党支持率は39.0％で，9月（39.2％）と横ばいだが，比例選での投票政党は9月の38％から35％へと3ポイント低下した。これは，9月の自民党総裁選や，小泉首相が党人事で国民的人気の高い安倍晋三を幹事長に起用したこと，内閣改造などの効果が早くも薄れてきているとみられたのである（表4-2）。

　衆院選の直前に，自由党と合併した民主党については，顕著な「合併効果」は見られていなかった。読売新聞社の継続調査の推移を見ても，両党の合併合意（7月23日）後の8月調査で，比例選での投票先が15％（選択肢は「自由党と合併した民主党」）を記録したのをピークに伸び悩んでいた。ただ，2001年参院選の直前調査では，選挙区選での投票先で，自民党の42％に対して，民主党と自由党の合計値が9％にとどまっていたことと比べれば，民主党の数値は改善していた。

　さらに，事前調査で「議席が増えてほしくないと思う政党」（複数回答）を答える質問をみると，民主党は6％に過ぎず，自民党（16％）を下回った。

表4-3 国政選挙直前の内閣，政党支持率（％）

	調査年月	内閣	内閣支持率	内閣不支持率	自民党支持率	新進党支持率	民主党支持率	無党派層
1996年	1996年8月	橋本	49.6	33.9	32.9	6.8	—	48.1
衆院選	1996年9月		45.6	38.5	32.3	7.0	3.6	45.1
1998年	1998年5月	橋本	32.7	54.9	30.4	—	6.5	49.9
参院選	1998年6月		29.9	57.3	28.7	—	5.5	51.5
2000年	2000年4月	森	41.9	36.1	34.7	—	8.0	43.7
衆院選	2000年5月		27.9	54.6	34.2	—	9.6	41.6
2001年	2001年5月	小泉	85.5	5.7	37.0	—	5.1	49.2
参院選	2001年6月		84.5	7.2	43.0	—	7.0	40.2
2003年	2003年9月	小泉	65.0	25.7	39.2	—	8.5	44.6
衆院選	2003年10月		59.6	29.5	39.0	—	9.2	42.9

1月以降，計7回の調査をみても，常に自民党を下回っていた。民主党はこれまで，政党支持率は低めでも，選挙ではそれを大幅に上回る得票をする傾向があった。今回の選挙前の調査からは，一気に民主党政権が誕生するほどの勢いは見られなかったが，自民党の「勝ち過ぎ」を望まない人たちの受け皿になる可能性がうかがえた。

　ここで，1996年以降の国政選挙直前の内閣支持率（いずれも自民党が首相の内閣）と政党支持率を見てみよう。自民党が惨敗した1998年参院選では，選挙直前の6月調査で橋本内閣の支持率と自民党支持率が，そろって低下している。2000年衆院選でも，森内閣の支持率は直前の5月調査で27.9％に急落した。これに対して，2001年参院選では，小泉内閣の支持率は84.5％という驚異的な水準にあったうえ，自民党の支持率は6月調査で43.0％に上っていた。2001年参院選は，驚異的な内閣支持率と4割を超える政党支持率が自民党の勝利を導いたのである。

　自民党は，2003年衆院選では，2001年衆院選ほどの勢いはなかったものの，過去の選挙前のデータと比べると，決して低い水準ではなかった（表4-3）。

　こうして見てくると，選挙前の内閣支持率と政党支持率の水準と，その数値が上昇傾向にあるのか，下降傾向にあるのかについては，選挙結果の先行指標として役立つことが分かる。

第4章　政治意識の変容

> **無党派層の動き**

　2003年10月の事前調査で，有権者の42.9％を占めた無党派層の意識はどうだったのか。

　小選挙区で，無党派層が投票しようと考える政党を見ると，自民党（11％）が民主党（9％）よりもやや多いが，比例選では民主党（10％）が自民党（8％）をわずかに上回った。2000年衆院選の事前調査では，小選挙区で自民党9％，民主党6％，比例選では自民党9％，民主党7％で，ともに自民党が民主党を上回っていただけに，今回の数値は，とくに比例選の方で，民主党が議席を伸ばす可能性を示していた。

　一方，議席が増えてほしくない政党を見ると，無党派層で民主党をあげた人は3％にとどまった。トップは自民党16％で，公明，共産両党の各13％よりも多い。また，政治や経済の改革に熱心に取り組んでいると思う政党のトップは民主党18％で，自民党15％より多かった。2003年衆院選で，無党派層は民主党に最も好意を寄せていたと言える。

> **望ましい自民党獲得議席**

　選挙前，有権者が，自民党がどの程度議席を獲得することを望んでいたかもみてみよう。継続調査では2003年1，2月と6～10月の計7回の調査で，「次の衆院選の結果，自民党がどのくらいの議席になるのが望ましいと思うか」を聞いた。

　その結果，「過半数を大きく上回る」と「過半数を少し上回る」の合計は，つねに50％を超えている。7月調査では56％だったが，8月調査では8ポイント増の64％に上昇した。以降，10月調査まで6割を超えている。10月調査では62％だった。

　ただ，その内訳を見ると，「過半数を大きく上回る」は，7回の調査とも，2月調査を除くと10％前後で変化がないのに対して，「少し上回る」は7月調査で46％で，8月調査では55％に増えている。

　自民党の解散時勢力は，過半数（241議席）を少し上回る247議席。有権者の6割は，選挙直前に現状と同じ議席を確保することを容認していたことになる。自民党が，民主党の躍進にもかかわらず，過半数に近い237議席を確保し，政権を維持できたのは，こうした国民の意識が背景にあったと見られる。一方，民主党にとっては，2003年衆院選で一気に政権交代を実現することは，実際には困難な状況だったと言えそうだ。

　無党派層についてみると，「過半数を大きく上回る」「過半数を少し上回る」

表4－4　自民党がどのくらいの議席になるのが望ましいか（％）
（2003年1月～10月）

▼全体

		1月	2月	6月	7月	8月	9月	10月
A	過半数を大きく上回る	9.1	7.2	10.3	9.8	9.5	10.8	10.0
B	過半数を少し上回る	46.4	44.0	44.4	46.3	54.6	53.6	52.0
C	過半数を少し下回る	27.2	29.4	27.2	28.3	24.5	21.8	24.8
D	過半数を大きく下回る	6.2	6.9	7.3	6.3	4.3	5.0	5.3
	その他	0.3	0.3	0.3	0.1	0.1	0.3	0.5
	答えない	10.8	12.1	10.5	9.3	6.9	8.4	7.4
	A＋B（過半数）	55.5	51.2	54.7	56.1	64.1	64.4	62.0
	C＋D（過半数割れ）	33.4	36.3	34.5	34.6	28.8	26.8	30.1

▼無党派層のみ

		1月	2月	6月	7月	8月	9月	10月
A	過半数を大きく上回る	3.1	2.4	5.6	3.1	4.8	4.8	2.5
B	過半数を少し上回る	38.5	37.4	36.0	38.8	49.4	46.9	46.4
C	過半数を少し下回る	34.6	34.7	33.6	36.4	30.7	28.5	33.0
D	過半数を大きく下回る	7.3	7.8	7.8	6.8	4.5	5.3	5.7
	その他	0.4	0.3	0.4	0.1	0.2	0.4	0.6
	DK.NA	16.1	17.5	16.6	14.7	10.5	14.1	11.7
	A＋B（過半数）	41.6	39.8	41.6	41.9	54.2	51.7	48.9
	C＋D（過半数割れ）	41.9	42.5	41.4	43.2	35.2	33.8	38.7

の合計は，1月調査では42％となり，7月調査（42％）までは大きな変化はないが，8月調査では54％に増加し，9月調査でも52％を維持し，選挙直前の10月調査では49％にやや下がった。10月調査で「過半数を少し下回る」「過半数を大きく下回る」の合計は39％だった。選挙に近い8，9，10月調査を見ると，自民党の過半数獲得を望む人が，多数派だった（表4－4）。

後の追跡調査の項などでも述べるが，2003年衆院選での民主党の躍進は，無党派層が支えていた。しかし，無党派層は自民党にも多くの票が流れている。その背景には，自民党の過半数を容認する意識があったものと見られる。

> 争点は何か

2003年衆院選の大きな特徴は，各政党が政権公約（マニフェスト）を作成して，これまで以上に政策論争を活発に行ったことである。政権公約は，解散直前に公職選挙法が改正され，その冊子を選挙期間中に，演説会場などで配布できるようになった。で

は，有権者は投票に際して，どのような政策課題を重視していたのだろうか。

10月の事前調査で，投票するときに重視する問題を聞いたところ（複数回答），「年金制度の見直し」「経済再生への取り組み」がともに53％でトップに並んでいた。これに「国の予算の使い方の見直し」45％，「北朝鮮問題」35％などが続いた。「道路四公団の改革」は19％，「郵政三事業の見直し」は9％にとどまった。小泉首相の持論で，自民党の政権公約にも盛り込まれた郵政三事業の民営化は，国民にとって，かなり優先順位の低い問題といえた。重視する問題を支持政党別に見ると，若干の食い違いが見られる。自民党支持層と無党派層は，どの項目を見ても，全体平均とほぼ同じ数値となっている。しかし，民主党支持層では，「国の予算の使い方の見直し」が56％で，全体平均を11ポイント上回ったほか，「地方分権」も16％で，全体平均よりも10ポイント高かった。

小選挙区で投票先を決めるときに何を重視するかでは，「今の政治を変えようとする姿勢」36％が最も多く，以下，「候補者の所属政党の政権公約（マニフェスト）」34％，「候補者の政治家としての能力や手腕」33％などが続いた。比例選では「政党の政権公約（マニフェスト）」42％，「今の政治を変えようとする姿勢」37％，「政党の体質や運営の仕方」24％などの順。国民は候補者や政党の改革姿勢をとくに重視していたのである。

選挙後の政権の枠組みでは，「自民党中心の政権が続く方がよい」55％（9月調査比2ポイント減）が，「民主党中心の政権に交代する方がよい」28％（同4ポイント増）よりも多かった。無党派層では，「自民党中心」39％に「民主党中心」34％が迫っていた。「自民党中心」と答えた人に，その理由を2つまであげてもらうと，「今の野党には政権をまかせられない」が50％と最多で，「小泉首相のもとで日本の政治が変わりそうだ」43％などが続いていた。

政治家17人の名前を挙げて「とくに期待している人」をきいたところ，上位は①安倍晋三44％　②小泉純一郎36％　③石原伸晃30％　④菅直人22％　⑤小沢一郎10％――だった。

3. 緊急電話調査

<u>与党過半数確保の理由</u>　衆院選は，与党の絶対安定多数の確保，民主党の躍進，共産・社民両党の退潮で終わった。この結果を受けて行った電話調査では，与党が過半数を大きく上回る議席を獲得した最大の理由について，「自民党と公明党の選挙協力がうまく行った」を挙げた人が29％で最も多く，「民主党に政権をまかせられないと思った」24％が続いた。「小泉首相への期待が高かった」は21％にとどまり，2001年の参院選で顕著だった「小泉効果」が薄れつつあることがわかった。また，「自民党の公約が評価された」は8％にとどまり，与党の過半数確保も，政策に対する評価とは関連が薄いように思われた。自民党支持層では，「小泉首相への期待が高かった」と「民主党に政権をまかせられない」が29％でトップに並び，「自公の選挙協力」は21％だった。これに対して，公明党支持層では，「自公の選挙協力」が4割強でトップとなっており，自民党支持層との認識の違いが浮かび上がった。

自民党の獲得議席数(237議席)については，「ちょうどよいくらいだ」と「もっと少ない方がよかった」がともに37％となっている。この2つを合計すると，74％の人が自民党の議席が，これ以上多くならなかった方がよいと望んでいることになる。「もっと多い方がよかった」は20％だった。自民党支持層でも「ちょうどよいくらいだ」が47％で最も多い。小泉首相の政権運営における指導力については，衆院選前と比べて「変わらない」が54％で最も多かったが，「弱くなる」24％が，「強くなる」16％よりも8ポイント多かった。

自民，公明，保守新党の与党が引き続き政権を担当することになったことについては，50％が「評価する」(「どちらかといえば」を含む)と答え，「評価しない」(同)の36％を上回った。

<u>民主党への評価</u>　民主党が大幅に議席を増やした最大の理由が何だと思うかでは，「自民党の勝ちすぎを望まなかった」30％が最も多く，これに「野党への票が民主党に集中した」27％が続いた。民主党は選挙戦で政権選択を訴えたが，「民主党に政権を任せてもよいと思った」は8％に過ぎず，政権を託せる政党として，民主党を評価したという認識は薄かったようだ。「勝ちすぎを望まなかった」をあげた人は，民主党支持層でも35％で最も多く，今回の民主党の躍進を支えた無党派層でも31％でト

ップだった。

　また，民主党が近い将来，政権をとることができると思うかでも，「そうは思わない」が51％で，「そう思う」は32％にとどまっている。民主党支持層では「そう思う」が55％と高いが，無党派層では「そうは思わない」49％が，「そう思う」25％よりも多い。民主党としては，自民党（与党）への批判票の受け皿として議席を伸ばすのではなく，有権者に政策や政権担当能力で評価されることが今後の課題だと言えそうだ。

政権公約に対する評価　2003年衆院選で注目を集めた政権公約（マニフェスト）を，投票の「参考にした」人は43％で，「参考にしなかった」人の51％を下回った。自民党支持層では「参考にしなかった」59％が，「参考にした」37％よりも多い。一方，政権公約を前面に押し出した民主党の支持層では，「参考にした」61％が，「参考にしなかった」37％を上回った。また，民主党が躍進した理由には，「民主党の公約が評価された」が全体の21％あり，政権公約を強調した民主党の選挙戦略に一定の効果があったことをうかがわせた。この調査で政権公約を「参考にした」が半数に届かなかったことに対する評価は分かれることだろう。初の試みとしては，まずまずの数値とも言えるし，予想以上に低かったとの見方もできるが，政権公約が，政策本位の選挙の実現に向けて一役買ったことは間違いないといえる。

　なお，読売新聞社が衆院選公示を前に，主な立候補予定者に行ったアンケート調査では，所属政党の政権公約と，自分の主張が異なった場合でも，「マニフェストや公約に反する政策は主張しない」とした人は全体の43％。とくに，自民党候補では12％と極端に低く，政権公約を今回の選挙戦の目玉とする民主党の立候補予定者でも44％にとどまっていた。

2大政党化への見方　2003年衆院選で，自民党（237議席）と民主党（177議席）の獲得議席の合計は414議席に達し，両党で全議席の86％を占め，2大政党化が進んだ。こうした，2大政党化が進んだことについては，「望ましい」（「どちらかといえば」を含む）が69％にのぼり，「望ましくない」（同）の20％を大きく上回った。「望ましい」は，自民党支持層で72％，民主党支持層で85％，無党派層で61％だった。

4. 追跡調査

> 無党派層の投票行動

　2003年衆院選投票日1週間後の追跡調査で，有権者の投票行動をさらに詳しく見てみよう。読売新聞社では，追跡調査を，国政選挙の1週間後に毎回行っており，過去の選挙にさかのぼってデータの比較が出来る。

　まず，各政党支持層の投票行動を見ると，小選挙区で自らの支持政党の候補者に投票した割合（歩留まり率）は，自民党支持層で85％，民主党支持層で84％だった。また，比例選で自らの支持政党に投票した割合は，自民党支持層で86％，民主党支持層で91％だった。自民党支持層の歩留まり率の推移を見ると，選挙区選では，1998年参院選以降の計4回の国政選挙では最低となっている。比例選では2000年衆院選，2001年参院選と同水準だ。

　これに対して，民主党支持層では，今回の衆院選の歩留まり率は，選挙区選，比例選とも計4回の国政選挙の中では最も高くなっている。民主党支持層が，この選挙での政権交代に期待していたことの表れのようだ。ただ，自民，民主両党とも，80％台半ばの歩留まり率を記録しており，政党支持が，投票先を決める大きな要因になっていることに変わりはない（表4－5）。

　つまり，政党支持率の数値（％）は，その政党の選挙での「基礎体力」を示す数値と言える。さらに票を上積みするには，無党派層の支持をどれだけ取り付けるかが，最大のポイントとなる。

　そこで，追跡調査での無党派層（全体の34.1％）の投票先を見ると，小選挙区では自民党が38％で最多だったが，民主党も34％に上った。

　一方，比例選での投票先では，民主党が38％で，自民党の33％よりも多かった。今回の衆院選の比例選での獲得議席では，民主党が自民党を上回って第一党になっている。この結果は，とくに比例選で，無党派層が民主党の躍進を後押ししたことを示している。

表4－5　自民，民主支持層が支持政党に投票した割合（％）

選挙区	1998年参院選	2000年衆院選	2001年参院選	2003年衆院選
自民党支持層	88.4	87.5	91.0	85.1
民主党支持層	73.4	82.8	80.7	83.7
比例選	1998年参院選	2000年衆院選	2001年参院選	2003年衆院選
自民党支持層	90.4	85.0	85.2	85.8
民主党支持層	87.1	86.1	84.3	91.4

自民，公明の選挙協力

追跡調査で，自民党と公明党の選挙協力について見てみよう。2003年衆院選では，自民党と公明党との選挙協力が徹底して行われ，小選挙区で自民党公認候補（277人）と公明党公認候補（10人）が競合する選挙区はなかった。このため，基本的には小選挙区では，公明党が自民党を支援する構図となっている。そこで，2003年衆院選での公明党支持層の投票行動を，前回2000年衆院選の追跡調査と比べてみたい。

2000年衆院選の追跡調査では，小選挙区で公明党支持層の約3割（32%）が自民党に投票したと答えたのに対して，2003年では，約5割（47%）が自民党に投票したと回答した。公明党支持層は，母数が少ない（2003年＝72人，2000年＝89人）ため分析に制約はあるが，この数値からは，自民党と公明党との選挙協力関係が深まっていることがうかがえる。自民党にとっては，従来からの支持基盤の弱体化を，公明党の支持母体である創価学会で補う，という構造が定着しているといえそうだ。

投票率アップは民主有利？

一般的に，投票率がアップすれば，無党派層が多く投票所に足を運ぶことになり，自民党，公明党の組織票の比率が減り，民主党に有利だとされる。実際に，民主党の小沢一郎・旧自由党党首は「70%になれば圧勝」と言っていた。この説を追跡調査のデータで確認してみよう。

追跡調査では，投票を棄権したと答えた人は21%だった。支持政党を見ると，自民党が25.4%，民主党が9.9%，無党派層が60.1%となっている。棄権者の6割を無党派層が占めている。従って投票率が上がれば，民主党が有利だと考えられるが，必ずしもそうではないようだ。

追跡調査では棄権者に，もし投票に行っていたら，比例選では何党に投票したと思うかを聞いている。その結果は，自民党が37%で最も多く，これに民主党27%，公明党3%，共産党5%，社民党3%，答えない26%だった。民主党が頼みとする無党派層を見ても，自民党と民主党が25%で並んでいる。

また，追跡調査で，投票に行ったと答えた比率を支持政党別に比べると，民主党支持層では90%が「投票に行った」と回答したのに対して，自民党支持層では85%だった。民主党の基礎票となる同党の支持層は，積極的に投票に参加している。

こうした数値から見ると、少なくとも2003年の選挙に関しては、投票率がアップしても、必ずしも民主党に有利だとは言い切れないようだ。

衆院選の性格　2003年衆院選の性格を、複数の選択肢の中から2つまであげてもらったところ、「自民党中心の政権か、民主党中心の政権かを選んだ選挙」44％が最も多かった。国民の一票によって政権を選択する選挙だという認識が浸透していたようだ。2番目は、「各政党が政策を競った選挙」28％で、各政党が政権公約を掲げこれまで以上に政策論戦が注目されたことの反映と見られる。

以下、「各政党がイメージを競った選挙」25％、「小泉内閣の実績を評価した選挙」24％など。「候補者が地元へのサービスを競った選挙」は3％にとどまった。「イメージを競った選挙」が3位となったのは、各政党がテレビCMやポスターなどを通じて、これまで以上にイメージ戦略をとったことが影響したようだ。

支持政党別に見ると、自民党支持層では「政権選択」41％に、「小泉内閣の実績」36％が続いており、今回の衆院選は、小泉内閣の業績評価を問う機会だという思いは比較的強かったようだ。これに対して、政権公約を重視した民主党支持層では「政権選択」が58％でトップ。これに「政策を競った」34％が続いており、政策を重視する傾向が強かった。

政権交代の可能性　「政権選択の選挙」が焦点となった今回の衆院選で、実際に政権交代が実現すると思っていたかを聞くと、「思っていなかった」（「あまり」を含む）が83％にのぼり、「思っていた」（「ある程度」を含む）15％を大きく上回った。選挙後に行った調査という点を割り引いても、大多数の国民は、2003年衆院選で一気に政権交代が実現するとは考えていなかったようだ。自民党支持層では、「思っていなかった」が87％に上っている。一方、政権交代を目指した民主党の支持層でも「思っていなかった」が73％と圧倒的に多いが、「思っていた」も27％あり、全体平均より12ポイント多い。「思っていなかった」は無党派層で85％、小選挙区で民主党に投票した人でも74％を占めている。

ただ、一般的に日本でも、ときどき政権が交代する方が望ましいと思うかを聞くと、「そう思う」（「どちらかといえば」を含む）が71％で、「そうは思わない」（同）の24％よりも多かった。日本では、55年体制以降、自民党が一

時期を除いて政権の座にあるが，国民は，政権交代が起こりうる緊張感のある政治を望ましく思っているようだ。自民党支持層でも「そう思う」55％が「そうは思わない」42％よりも多い。民主党支持層では「そう思う」が92％に達している。

> 政権公約の認知度

各政党の政権公約（マニフェスト）の内容をどの程度知っていたかを聞いたところ，「内容をある程度知っていた」44％が最も多く，「内容をよく知っていた」は4％だった。この2つを合計しても，政権公約の内容を知っていた人は48％だった。一方，「マニフェストという名称は知っていた」が39％，「全く知らなかった」が13％で，この2つを合計すると，内容を知らなかった人が過半数を占めている。

「よく知っていた」「ある程度知っていた」の合計は，民主党支持層では59％で，各政党の支持層の中では最も高い。自民党支持層は49％だった。ただ，実際に投票に行った人で見ると，「知っていた」人は54％で，「知らなかった」人の45％よりも多かった。投票先を決めたときに，とくに役立ったもので「政権公約」をあげた人でも「よく知っていた」は9％にとどまったが，「ある程度知っていた」は75％と高くなっている。

また，小泉首相が，自民党の政権公約に掲げた政策を実現できると思うかとの質問では，「実現できない」（「あまり」「全く」の合計）が」52％に上り，「実現できる」（「かなり」「多少は」の合計）は43％を上回った。「かなり実現できる」は5％に過ぎなかった。自民党は政権公約で，小泉首相が提唱する郵政三事業の民営化を明記したが，党内には反対派の議員も少なくないことなどが，国民の多くに政権公約の実現性への疑問を抱かせているようだ。自民党支持層では，「実現できる」が65％にのぼるが，そのうち「かなり実現できる」は9％に過ぎない。民主党支持層では「実現できない」が75％にのぼる。小泉内閣の支持層でも「実現できる」は65％だった。

5. ネットモニター調査

> 政党支持率の推移

読売新聞社は2003年衆院選に際して，インターネット利用者1000人を対象に，計6回のモニター調査を行った。モニターは，読売新聞紙上での社告と，ホームページ上での告知で募集し，応募があった2094人の中から，男女比，年齢，地域バランスなどを

考慮したうえで，1000人を選んだ。

インターネットは，この数年で幅広く普及したとはいえ，まだ高年齢層での利用者は少ない。1000人のモニターの年代構成を見ると，20歳代が17%，30歳代が29%，40歳代が23%，50歳代が17%，60歳代が12%，70歳以上が3%となっており，60歳以上が極めて少ない。このため，有権者名簿などから対象者を無作為抽出する世論調査とは違い，モニターが有権者全体の縮図になっているとは言えない。そうした限界はあるものの，モニター調査は最近の選挙での勝敗を左右する「政治意識の高い有権者」や「政治意識の高い無党派層」の動向をうかがい知る指標としては有用だと考えられる。以下，その結果を分析してみたい。

調査の質問と回答は，すべてインターネット上で実施した。各回の調査時期は以下の通り。

〈1〉8月29日～9月1日（自民党総裁選前）
〈2〉9月26～29日（自民党総裁選後）
〈3〉10月10～14日（衆院解散直後）
〈4〉10月24～27日（衆院選公示日直前）
〈5〉11月5～7日（衆院選投票日直前）
〈6〉11月10～12日（衆院選投票日直後）

この6回の調査の推移を追ってみよう。各政党の支持率の推移を見ると，自民党が総裁選直後の第2回調査で支持率をアップさせたものの，3回調査ではダウンし，その後は横ばいのまま投票日を迎えている。これに対して，民主党は投票日の直前になって支持率がアップし，自民党に迫っていたことが分かる。こうした数値の変動は，自民党の伸び悩みと，民主党の躍進という情勢を示していたとも言える。

自民党の支持率は，2003年8月末の第1回調査で29.9%だったが，9月末の第2回調査では37.2%へと増加した。これは，9月20日の自民党総裁選で小泉首相が再選され，国民の人気が高い安倍晋三官房副長官（当時）を，党ナンバー2の幹事長に抜擢するなど，総裁選と，その後の自民党と改造内閣の人事に，モニターが好感を持ったためと見られる。このとき，第1回調査で，民主党支持だった人の10%，無党派層の22%が，自民党支持に変わっている。しかし，6回の調査の中で自民党のピークは，この第2回調査で，そ

表4-6 ネットモニター調査での政党支持率の推移（％）

	第1回 8月29日～ 9月1日	第2回 9月26～ 29日	第3回 10月10～ 14日	第4回 10月24～ 27日	第5回 11月5～ 7日	第6回 11月10～ 12日
自民党	29.9	37.2	34.7	34.8	34.7	34.6
民主党	15.7	27.1	28.7	28.4	32.9	34.3
公明党	5.0	5.0	4.9	5.7	5.3	5.7
自由党	6.1	—	—	—	—	—
共産党	3.3	3.3	3.4	3.0	3.6	3.9
社民党	2.3	1.7	1.4	2.2	2.0	2.1
保守新党	0.1	0.1	0.1	—	0.1	—
その他	0.5	0.2	0.5	0.2	0.3	0.3
無党派	37.1	25.3	26.3	25.6	21.1	19.1

※ 第2回の民主党の選択肢は「自由党と合併した民主党」

の後は約35％で横ばいとなっている（表4-6）。

一方，民主党の支持率は9月26日に自由党と合併した直後の第2回調査で27.1％に上昇した。8月末の第1回調査では，民主党が15.7％，自由党が6.1％で，両党の合計が21.8％だったのと比べると，民主党にも「合併効果」が表れていた。このとき，第1回調査で自由党を支持すると回答した人の75％をはじめ，社民党支持層の28％，無党派層の17％が民主党支持に変わっている。また，民主党支持率は，投票日直前の第5回調査時で上昇を見せている。第4回調査よりも4.5ポイント高い32.9％を記録し，選挙前の第5回調査までの中では，自民党（34.7％）に最も接近した。

第5回調査では，自民党をはじめ，民主党以外の政党の支持率にはほとんど変化がない中，無党派層は4.5ポイント減少している。第4回調査で無党派だった人の15％が民主党支持に回ったのに対し，自民党支持に変わったのは6％で，無党派層の一部が投票日直前に民主党支持に転じたことを示している。

投票政党の推移　2003年11月9日の投票日直後に行った第6回調査で，比例選での投票政党を見ると，モニターの43％が民主党に投票したと答え，自民党（32％）に10ポイント以上の差をつけている。第6回調査の政党支持率を見ると，自民党（34.6％）と民主党（34.3％）が並んでいた。無党派層の投票政党をみると，民主党（48％）が自民党（18％）

表4-7　比例選で投票する政党（％）

	第1回 8月29日～ 9月1日	第2回 9月26～ 29日	第3回 10月10～ 14日	第4回 10月24～ 27日	第5回 11月5～ 7日	第6回 11月10～ 12日
自民党	26.0	33.9	31.1	30.6	32.0	31.7
民主党	34.2	31.4	34.8	35.2	39.8	43.4
公明党	5.1	5.3	4.7	6.1	6.3	8.5
共産党	4.6	3.9	3.6	4.0	5.3	6.4
社民党	2.6	1.6	1.6	2.3	2.5	3.2
保守新党	0.4	0.2	0.2	0.1	―	―
その他	0.5	0.5	0.5	0.1	―	―
決めていない	26.7	23.3	23.5	21.6	14.1	―
投票に行かなかった	―	―	―	―	―	6.4
答えない	―	―	―	―	―	0.4

※　第6回の質問は「比例選で投票した政党」。第1，2回の民主党の選択肢は「自由党と合併した民主党」

を大きく上回っており，無党派層が民主党を支えていることが分かる（表4－7）。

さらに，投票日前に行った第1回から第5回までの計5回の調査で，「比例選で投票しようと思う政党」の推移を見てみると，第2回調査以外の計4回の調査では，民主党が自民党を上回っている。第2回調査で自民党は34％で，第1回よりも8ポイント増えた。第1回調査で民主党に投票すると答えた人の10％，投票先を決めていなかった人の23％が「自民党」に転じたのがアップの最大の要因だ。これは，先にも述べたように，主に小泉首相の自民党総裁再選や，「安倍効果」によるものと考えられる。

モニター調査での政党支持率の数値の推移ともあわせて考えると，自民党のピークは自民党総裁選，内閣改造直後の9月末あたりだったようだ。これは，面接方式による2003年1月以降の衆院選継続調査の結果とも一致する。これに対して民主党は自由党の合併直後の9月末には，顕著な上昇傾向は表れていなかったが，投票日に向けて徐々に勢いが出ていたと言えそうだ。

|全6回の回答者の変動|

今回の6回の調査にすべて答えた人は，全体の60.7％にあたる607人だった。この607人に絞って，その回答の推移を見てみよう。

全調査に回答した607人のモニターの動きを見ると，この2か月半の間に，政党支持，投票政党を変化させている人が少なくないことが分かる。この間，

自民党総裁選，民主党と自由党の合併，衆院選など，政治に関する大きな出来事が相次いだことがその理由のようだ。

まず，政党支持を見てみよう。第1回調査で，自民党を支持していた人は185人だったが，その後の5回の調査とも自民党を支持したのは141人（76％）だった。また，第1回調査で民主党を支持していたのは94人で，その後の5回とも民主党を支持したのは67人（71％）だった。

また，第1回調査で，無党派層だった人は224人で，その後の5回とも無党派層だったのは81人（36％）だった。第1回調査で無党派層だった人の約6割が，一度は何らかの政党を支持していたことになる。つまり，第1回調査での無党派層の半数以上が，調査期間の2か月半の間に，政党支持との間を行き来したことになり，無党派層が必ずしも固定化したものではないことを示している。

その具体例として，この607人の中で，第1回調査と第2回調査の無党派層を見てみよう。第1回調査で無党派層だった224人のうち，第2回調査でも無党派層だったのは138人（62％）で，自民党支持に42人，民主党支持に39人，公明党支持に2人，共産党支持に3人が回っている。

また，これとは反対に，第1回調査で支持政党を持っていた人が，第2回調査では無党派層に転じたケースも少なくない。第2回調査では，第1回調査の自民党支持層から9人，民主党支持層の6人，公明党支持層の2人，自由党支持層の6人，共産党支持層の1人が無党派層に流入している（表4-8）（表4-9）。

続いて，比例選で投票する政党を見ると，第1回調査で，自民党に投票すると答えた165人のうち，第6回調査で実際に自民党に投票したと答えたの

表4-8　第1回調査の無党派層224人の第2回調査での支持政党

無党派層→無党派層	138人
無党派層→自民党支持	42人
無党派層→民主党支持	39人
無党派層→公明党支持	2人
無党派層→共産党支持	3人
計	224人

表4-9　第2回調査での無党派層162人の第1回調査での支持政党

無党派層　→無党派層	138人
自民党支持→無党派層	9人
民主党支持→無党派層	6人
公明党支持→無党派層	2人
自由党支持→無党派層	6人
共産党支持→無党派層	1人
計	162人

は127人（77％）。民主党に21人，公明党に9人，共産党に3人が投票した（5人は棄権）。また，投票日前の第1回から第5回調査まで，すべて自民党に投票すると回答した人は126人いたが，このうち実際に自民党に投票したのは115人（91％）だった。6人が民主党，4人が公明党に投票し，1人が棄権した。

一方，第1回調査で，民主党に投票すると答えた212人のうち，第6回調査で，実際に民主党に投票したと答えたのは179人（84％）。自民党に15人，公明党に3人，共産党に4人，社民党に3人が流れた（8人は棄権）。第1回から第5回調査まで，すべて民主党に投票すると答えた143人のうち，第6回調査で実際に民主党に投票したと答えたのは138人（97％）。自民党，共産党に各1人，棄権が3人だった。

2. 有権者の投票行動

1. 投票率

> 投票率低下の要因

　2003年衆院選の投票率は59.86％（小選挙区）で，前回の2000年衆院選に比べて，2.63ポイント低下し，過去2番目の低さとなった。投票率の増減は，選挙結果に少なからぬ影響を与えるが，一般的には，組織票に頼る政党は，投票率が上がると不利になると言われる。このため，議員の個人後援会や業界・団体の組織票に頼る自民党は投票率が上昇すると不利になり，無党派層が頼りの民主党には有利になると言われている。

　近年，国政・地方を問わず，投票率の低下が問題となっている。1998年6月には投票率の低下に歯止めをかけるため，投票の締め切り時間を午後8時まで2時間延長するとともに，不在者投票の要件を緩和するなどの改正公職選挙法が施行された。

　施行後初の全国規模の国政選挙となった1998年7月の参院選の投票率は，過去最低だった前回1995年参院選の44.52％（選挙区）から58.84％（同）へと急上昇した。2000年6月の衆院選でも，投票率がやや上昇（62.49％＝小選挙区）したが，2001年参院選では，前回（58.84％）を2.4ポイント下回る56.44％（選挙区）にとどまった。投票日が7月29日という夏休み期間中に設定された

ため，若い世代がレジャーなどに出掛けてしまったのが理由の一つ。さらに，小泉内閣の高支持率と自民党支持率の上昇により，自民党勝利が動かしがたいものになっていたことが，国民の投票意欲をそいでしまった可能性もあった。

では，2003年衆院選で投票率が低下した要因はどのような点にあったのだろうか。衆院選後の追跡調査（11月15, 16日実施）で，投票を棄権した人に，その理由を聞いてみた（複数回答）。棄権した理由で最も多かったのは，「投票したかったが都合がつかなかった」が41％で，これに「投票したい候補者や政党がなかった」21％，「自分が投票しなくても選挙結果に影響がないと思った」17％などの順だった。

これを，過去の国政選挙での追跡調査と比べてみると，「投票したかったが都合がつかなかった」は，現在と同じ選択肢となった1998年参院選の追跡調査以降，常にトップを占めており，今回も同じだった。投票時間の2時間延長など，より投票しやすい制度が整えられた後の1998年参院選後の追跡調査でも，投票に行かなかった理由で，「投票したかったが都合がつかなかった」は29％でトップだった。ただ，選択肢が違うために単純には比べられないが，1996年衆院選後の追跡調査で，「投票したかったが都合がつかなかった」が37％あったのと比べると，低下している（表4-10）。

「投票したかったが都合がつかなかった」は，2000年衆院選，2001年参院選に続き，2003年衆院選でも4割超に上っている。これは，国民が投票時間の延長や不在者投票の要件緩和が当たり前になってしまい，制度改正直後の

表4-10 投票に行かなかった理由（％）

	1998年参院選	2000年衆院選	2001年参院選	2003年衆院選
投票したかったが都合がつかなかったから	29.1	43.6	40.6	40.7
投票したい候補者や政党がなかったから	20.4	25.7	19.5	20.9
自分が投票しなくても選挙結果に影響がないと思ったから	15.1	14.9	18.2	17.0
政治にはもともと関心がないから	13.2	16.3	13.5	15.8
政党による違いがなくどこに投票しても同じだと思ったから	18.3	14.6	12.2	13.5
政治の現状にうんざりしたから	17.0	15.1	7.8	13.0
選挙の争点があいまいで関心がわかなかったから	8.9	12.9	11.1	9.7
その他	4.0	1.2	7.5	4.1
答えない	6.8	1.5	3.5	3.6

1998年参院選時のような効果を発揮しなくなったことを意味しているようだ。

2003年衆院選の追跡調査では，投票に行った人に，投票した時間を聞いている。「午前中」が53％，「正午から午後6時の間」31％，「午後6時以降」9％，「不在者投票をした」7％だった。

高年齢層ほど，早めの時間に投票を済ます傾向があり，「午前中」は70歳以上で72％を占めたが，20歳代では37％だった。また，投票時間延長分の「午後6時以降」は若年層ほど高く，20歳代の17％に対して，70歳以上では3％に過ぎなかった。こうした傾向は，2000年衆院選後の追跡調査と同じだった。なお，「不在者投票」は，公明党の支持層で2割弱で，自民党支持層の6％，民主党支持層の9％よりも多い。2000年衆院選の追跡調査を見ても，公明党支持層は，2003年とほぼ同じ2割近くが不在者投票をしている。

投票先の決定時期 最近，有権者が投票先を決める時期が，より投票日に近づいているのではないか，と言われている。本社の衆院選後の追跡調査で検証してみると，全体的には，わずかにそうした傾向がうかがえる程度だ。しかし，無党派層の決定時期が全体平均よりも遅いことは明らかになっている。

2003年衆院選の追跡調査で，投票する候補者や政党を決めた時期を見ると，「公示前から」が最も多く47％だった。以下，「公示日ごろ」7％，「選挙期間中の前半」15％，「選挙期間中の後半」17％，「投票日前日」7％，「投票日当日」7％となっている。選挙期間中の後半以降が，3割を占めている。これに対して，無党派層の場合は，「公示前から」30％，「公示日ごろ」5％，「選挙期間中の前半」15％，「選挙期間中の後半」22％，「投票日前日」12％，「投票日当日」17％。選挙期間中の後半以降に決めた人は半数に上っている。

これを，1993年衆院選から2003年衆院選までの計4回の衆院選後の追跡調査で比べてみよう。

過去の追跡調査を見ると，質問文や選択肢が変化しているため，常に選択肢に入っている「前日」と「当日」の合計を比べてみたい。すると，自民党が分裂・下野した1993年，1996年とも16％，2000年，2003年とも14％で大きな変動はない。質問文や選択肢が違い，単純には比較できないが，1980年衆院選（衆参同日選）での「前日」「当日」の合計は9％だったのと比べると，やや増加している。

表4-11 無党派層が投票する候補者や政党を決めた時期の推移（％）

	1993年衆院選	1996年衆院選	2000年衆院選	2003年衆院選
投票日前日	8.7	10.4	10.4	12.2
投票日当日	19.6	23.3	15.4	16.5
前日＋当日	28.3	33.7	25.8	28.7

※ 1993年は投票する「候補者」、1996年は投票する「政党」を決めた時期

「無党派層」を見ると、全体平均と比べた遅れは顕著だ。「前日」「当日」の合計は、1993年は28％だったが、1996年衆院選では34％と3割を超え、2000年衆院選では26％に減り、2003年衆院選では29％にアップしている。全体平均と同様に、1980年衆院選では、「前日」「当日」の合計は15％だったのと比べると、約20年でほぼ倍増している（表4-11）。

無党派層が、投票日のぎりぎりまで、投票に行くかも含めて、慎重に投票先を見極めている様子がうかがえる。

投票率の規定要因　2003年衆院選で、投票率が最も高かった小選挙区は、大分3区の75.44％で、最も低かったのは高知1区の49.81％だった。その差は25.63％もある。この差は、どのような要因で生じるのだろうか。ここでは、世論調査結果から少し離れて、2003年衆院選で各選挙区の投票率を決めた要因が何なのかを分析してみたい。

具体的には、2003年衆院選の各小選挙区の投票率を従属変数とし、小選挙区の特性や候補者の擁立状況などを独立変数とする重回帰分析を行った。独立変数としては、

▽各小選挙区の人口集中率　▽得票差（小選挙区の1位候補と2位候補との得票率の差）　▽1次産業従事者比率　▽2次産業従事者比率　▽3次産業従事者比率　▽選挙区の対決構図　▽自民党支持率　▽民主党支持率　▽無党派層の比率　▽雨量

「各選挙区の人口集中率」は、2000年国勢調査のデータをもとに、各選挙区の人口集中地区人口の比率（％）を算出した。都市部ほど、数値が高くなる。「得票率の差」は、小選挙区ごとに1位の候補の得票率から2位の候補の得票率を引いたものを使用した。数値は、接戦区ほど小さくなり、無風区ほど大きくなる。

「選挙区の対決構図」は、主要6政党の対決構図として「自民、民主、共産

＝205区」「自民，民主，共産，社民＝38区」「自民，共産，社民＝21区」「公明のいる選挙区＝10区」「保守新がいる選挙区＝11区」の5パターンに分け，それぞれ該当する選挙区にダミー変数の1を入れ，そのほかの選挙区は0とした。ダミー変数化していない「その他」の対決パターンの選挙区は15選挙区あり，「自民，共産のみ」などの構図だった。このほか，「現職同士が対決する選挙区」「元職のいる選挙区」にも同様にダミー変数の1を入れ，そのほかの選挙区を0とした。

「自民党支持率」「民主党支持率」「無党派層の比率」は，投票日1週間前の11月1，2の両日に読売新聞社が全300小選挙区で実施した選挙情勢調査（電話名簿方式）のデータを使用した。各選挙区のサンプル数は750人で，13万4162人から回答を得ている（回収率59.6％）。「雨量」は，11月9日の投票時間（午前7時から午後8時）の選挙区ごとの雨量の合計（ミリ）とした。原則として，選挙区内で最も人口が多い市区町村のデータを，気象庁のホームページから検索した。

これらのデータをもとに重回帰分析（ステップワイズ法。以下同じ）を行った結果，有意な変数は，「人口集中率」「得票差」「1次産業従事者比率（1次率）」「民主党支持率」の4つだった。

式は以下の通りとなる。

$$投票率 = 63.259 + (-0.102 \times 人口集中率) + (-0.081 \times 得票差) + (0.261 \times 1次率) + (0.171 \times 民主党支持率)$$

$$R^2 = 0.472 \quad n = 300$$

つまり，人口集中率が高くなり（＝都市部になる），得票差が大きくなる（＝無風区になる）ほど，投票率は下がる。一方，1次率が高くなり，民主党支持率が上がるほど，投票率は上昇することになる。例えば，人口集中率以外の条件が同じ選挙区があった場合，人口集中率が20％高い選挙区では投票率が2.04％ダウンする計算（＝20％×－0.102）になる。なお，民主党支持率が増えると，投票率がアップするという結果となったが，これはこの選挙での政権交代を目指した民主党の支持層が投票参加に積極的だったことを示しているようだ。ちなみに，読売新聞社が衆院選1週間後に行った追跡調査

（面接方式）でも，投票に「行った」と答えた人は，民主党支持層では90％で，自民党支持層の85％よりも多くなっている。

　さらに，投票率そのものの分析に加えて，投票率に有意な変数となっている「得票差」について，その規定要因を分析してみた。具体的には，「得票差」を従属変数とし，先に挙げた変数のうち，「投票率」以外の変数を独立変数とする重回帰分析を行った。これは，接戦となる要因を探ることになる。その結果，有意な変数は，「自民党支持率」「自・共・社」，「人口集中率」「候補者数」「自・民・共」「前職対決」「元職出馬」の7つだった。

　式は以下の通りとなる

　得票差＝22.605 ＋（－0.095×人口集中率）＋（－4.309×候補者数）＋
　　　　（－6.454×自・民・共）＋（－5.073×前職対決）＋
　　　　（－4.223×元職出馬）＋（7.690×自・共・社）＋
　　　　（0.492×自民党支持率）

$$R^2=0.361,\ n=300$$

　係数がマイナスの変数は，「人口集中率」「候補者数」「自・民・共」「前職対決」「元職出馬」の5つ。係数がプラスになっているのが，「自・共・社」「自民党支持率」の2つ。

　ダミー変数化した5つの変数について説明すると，例えば「自・民・共」の対決する選挙区では，その他の対決パターンの選挙区に比べて得票差が6.454％減ることになる。同様に，「前職対決」の選挙区では，そうでない選挙区に比べて得票差が5.073％減ることになる。つまり，得票差が少なくなる（＝接戦になる）要因としては，▽人口集中率が高くなる（＝都市部）　▽候補者数が増える　▽自民党と民主党が対決する　▽前職同士が対決する　▽元職が出馬する，という要因となる。逆に，得票差が大きくなる（＝無風区となる）要因としては，▽民主党が擁立を断念する（「自・共・社」の対決となる）　▽自民党支持率が高い，となる。

　これまでの分析結果を整理してみよう。最初に行った投票率の分析では，人口集中率が高い大都市部ほど，得票差が大きい選挙区ほど，投票率が低くなることが分かった。ただ，「得票差」を従属変数とする重回帰分析をさらに

行ってみると，大都市部の選挙区ほど，接戦となる可能性が高いことも明らかになった。大都市部の選挙区では，接戦区が増えることによって，投票率の低下から若干なりとも救われていることになる。つまり，これまでの分析結果から見ると，投票率が低くなることが予想される典型的な選挙区とは，大都市部の無風区，ということになる。

投票率が低下すると，組織化され，投票意欲が強い一部の人たちの意向が，選挙結果に過大に反映されることにもつながりかねない。投票率をアップさせるには，投票時間などの緩和など，投票の制度面からの見直しだけでなく，政党の側でも候補者を積極的に擁立することが必要だといえる。(この項の分析に関しては，平野浩・学習院大教授にご指導をいただいた)

2. 無党派層

無党派層の推移

最近の選挙では，国政，地方の選挙を問わず，有権者の約半数を占める無党派層の動向が勝敗のカギを握るケースが少なくない。例えば，2003年春の統一地方選挙の知事選挙では，有力な候補者が無党派層を意識して，あえて政党の推薦・支持を求めないケースが続出した。そこで，読売新聞社が福田内閣当時の1978年3月から毎月実施している全国世論調査（サンプル数3000人。面接方式）の結果をもとに，無党派層の推移を見ていきたい。なお，読売新聞社の政党支持率の調査では，「いま，あなたは，どの政党を支持していますか。1つだけあげてください」と質問し，対象者に政党名を1つだけ答えてもらっている。無党派層とは，この質問に対して，支持政党がないと答えた人のことを指している（回答そのものを拒否した人は除く）。

このため，ひとくくりに無党派層とはいっても，①本当に支持する政党を持たない人　②支持するとまではいかないが，何となく好感を抱く政党は持っている人　③本当は支持政党を持っているが，世論調査ではそのことを明らかにしない人——の3通りがあることが考えられる。

1980年代までは，無党派層はおおむね20％台から30％台にとどまっていた。無党派層が初めて4割を超えたのは，1989年3月（40.2％）だった。竹下内閣の最末期で，消費税の導入（同年4月）やリクルート事件などによる政治不信が強まっていた時期だった。無党派層は，海部内閣以降は再び20％台か

表4-12 自民党支持率と無党派層の年平均推移（1992〜2003年）（％）

	92年	93年	94年	95年	96年	97年	98年	99年	00年	01年	02年	03年
自民党	44.1	32.7	25.5	25.6	33.8	34.8	27.3	30.4	30.2	35.5	32.8	34.8
無党派層	32.3	35.1	42.1	48.7	45.4	47.0	49.5	48.9	44.2	44.7	50.8	46.4

ら30％台に低下した。しかし，細川内閣時には再び4割を突破し，1994年2月には45.2％を記録した。村山内閣時の1995年1月には50.2％と，初めて5割を超えた。それ以降は，ほとんどが40％台半ばから50％強を推移している。最高値は，村山内閣時の1995年5月の57.1％となっている。

各政党の，各年の支持率の平均値を算出して比べてみよう。毎月調査を開始した1978年は，自民党が38.8％で，無党派層は28.6％にとどまっていた。1980年代までは自民党が支持率の第一党を占め続けているが，無党派層も20％台の半ばから後半を維持している。例外は，リクルート事件，消費税導入，首相の女性スキャンダルなどによって政治不信が急速に高まった1989年は，自民党が36.5％だったのに対して，無党派層が32.4％に増え，その差が一気に縮小した。

無党派層が平均値で自民党を抜いて，「第一党」となるのは1993年で，無党派層の35.1％に対して，自民党が32.7％だった。この年は，宮沢内閣の不信任案が成立して，自民党が分裂し，社会党，日本新党，新生党などによる細川内閣が発足した年だった。自民党の分裂に伴う，新党の発足によって，行き場を失った有権者が，緊急避難的に無党派層へとなだれ込んだことが考えられる。その後，無党派層は，1994年には42.1％となり，初めて4割を突破したが，さらに1998年には49.5％に増えた。平均値が初めて50％を超えたのは2002年（50.8％）だった（表4-12）。

1993年以降に成立した一連の政治改革関連法では，選挙制度も選挙運動も「政党本位」の考え方に立っている。また，1995年からは政党助成法で定められた要件を満たした政党には，所属議員数や国政選挙での得票率に応じて，国から政党交付金が支給されている。2003年の総額は317億円にも達している。こうした政党中心の仕組みが整備される中で，無党派層が増大しているのは，皮肉な現象だが，現在の政党に対する国民の不信感の根深さを示すものともいえる。

2001年4月の小泉内閣の誕生は，無党派層にも変化をもたらした。小泉内

閣の支持率は発足当時に8割を超えたのに伴って、自民党の支持率は4割台に回復し、その分、無党派層が減少した。かつて政党支持を捨てて、無党派層に転じた人が、構造改革を訴えた小泉首相が率いる自民党に期待を寄せたためと見られる。とくに、2001年6月、8月、9月、10月の調査では、自民党支持率が無党派層を上回っている。自民党支持率が無党派層を上回ったのは、1993年7月調査以来のことだった。

しかし、2001年7月の参院選を経て、発足当初は8割を超えた小泉内閣への支持率が7割台後半へとゆるやかに低下するのと連動するように、自民党支持率も徐々に減少した。それに伴って無党派層が増加し、2001年11月調査には再び〝第一党〟となっている。2002年1月に田中真紀子外相が更迭され、内閣支持率が急落すると、自民党支持率も急減し、それに伴って無党派層が急増した。

この間、民主党を初めとする野党の支持率には、ほとんど変化がみられなかった。支持率の数値の変化は、自民党と無党派層の間で起こっている。これは、有権者が民主党を初めとする野党を自民党の「代替政党」とは十分に認知していなかったためでもある。

2003年11月に実施した衆院選後の追跡調査で、無党派層の数値に変化があった。無党派層は34.1％で、10月調査の42.9％から8.8ポイント減った。自民党は36.1％で、10月から2.9減らした。これに対して、民主党は結党以来、過去最高の20.9％を記録し、10月から11.7ポイントも増えており、無党派層が民主党支持へと転じたことがうかがえた。

| 無党派層とはどんな人か

2003年1月調査で見てみると、無党派層は都市規模が大きく、年齢が若いほど、その割合が大きくなっている。また、女性や給与所得者にも多い。20年前の1983年1月調査と、都市規模別、性別、年代別、職業別で比べてみると、どの項目を見ても増加している。無党派層の増加は、特定の年代や地域などに偏った現象ではないことが分かる。ただ、大都市部では増加率が少ないのに対して、男性、40歳代、70歳以上、小都市では増加率が多い（表4－13）。

無党派層は「政治無関心層」と同義語ではないことは、すでに良く知られている。田中愛治・早稲田大学教授（投票行動論）は、世論調査データなどをもとに、無党派層（全体の50％）を3つに分類している。第1は、もとも

表4-13 無党派層の属性別の比率（％）

		1983年1月	2003年1月
性別	男性	27.0	49.0
	女性	36.3	53.5
年代	20歳代	51.3	74.0
	30歳代	39.0	62.4
	40歳代	26.3	58.5
	50歳代	23.9	42.8
	60歳代	23.6	39.5
	70歳以上	18.5	38.9
職業	自営業	22.3	38.5
	給与･所得者	33.7	57.8
	無職者	36.7	48.9
都市規模	大都市	43.8	53.3
	中都市	33.3	54.1
	小都市	27.1	52.5
	町村	27.1	44.7

※ 大都市は政令指定都市と東京23区。中都市は人口10万人以上の市。小都市は人口10万未満の市。

と政治に無関心な「伝統的無党派層」（15％），第2は70年代から現れた政治的関心が高い「政党拒否層」（20％），第3は，1992年以降に政党支持を捨てた「脱政党層」（15％）となる。田中教授は，第2と第3のタイプの政治的関心の高い無党派層を併せて，「積極的無党派層」（合計35％）と呼んでいる。

　読売新聞社では，支持政党を持たない人に，その理由を継続的に聞いている（複数回答）。最初の1985年4月調査では，「どの政党を支持しても政治は変わりそうもない」44％でトップだった。「もともと政治には関心がない」（＝政治無関心層）が30％でこれに続き，以下は「党利党略しか考えていない」18％，「党内で抗争を繰り返している」16％などの順だった。

　この結果を，2002年6月調査と比べると，選択肢の順位などが変わっており，無党派層に質的な変化が生じていたことを示している。同調査でのトップは，「どの政党を支持しても政治は変わりそうもない」48％で変わらないが，2位には「どの政党も信頼できない」31％で，これに「党内で抗争を繰り返している」「党利党略しか考えていない」が26％で並んでいる。1985年4月調査で2位だった「もともと政治には関心がない」は14％（7位）にとどまっている。

85年4月の無党派層は21.3%なのに対して、2002年6月では52.3%と、30ポイント以上も増えている。しかし、政治への無関心を理由とする無党派層は、85年では全体の7%だったが、2002年でも7%で変化はない。これは、無党派層の増加が、政治的無関心層の増加によるものではなく、政党不信の高まりによるものであることを明確に示していると言える。

<u>無党派層の投票行動</u>　選挙の帰すうは、今や無党派層の投票行動によって決すると言っても過言ではない。自民党が1998年参院選後にまとめた「参議院選挙反省・前進会議」の検討結果で、無党派層への対応が「今後のわが党の命運を決めると言っても過言ではない」と強調したのは、むしろ遅すぎたといえよう。

無党派層が、重要視されるのは、先にも述べたように、無党派層が多いときには有権者の半数前後を占める存在だからにほかならない。支持政党を持つ人が、国政選挙で自らの支持政党に投票する割合は、極めて高い。ここで、読売新聞社が国政選挙の1週間後に、有権者の投票行動を聞くために行っている「追跡調査」の結果から無党派層と政党支持層の投票行動を見てみよう。

政党支持層は、選挙区選、比例選を問わず、その支持政党や、同党の候補者に8割から9割の割合で投票している。先述の通り、比例選での自民党支持層の投票行動を見ると、85%を超える歩留まりを保っている。支持政党を持つ人は、投票に際しては、その支持政党に対して極めて高い忠誠度を持っていることが、こうしたデータから裏付けられる。このため、世論調査で表れる政党支持率は、その政党の「基礎票」としてみることができる。その基礎票の上に、主に無党派層からの票をいかに上積みできるかが、勝敗の分かれ目となるのである。

2003年衆院選でも、各政党、候補者は、個人後援会、関連業界・団体、労働組合などの支持基盤を固めるかつての選挙戦略に加えて、無党派層の取り込みに躍起となった。では、この選挙で無党派層の投票行動は、どうだったのか。

追跡調査で見ると、すでに述べたように、無党派層は、選挙区選では自民党に38%、民主党に34%が投票している。一方、比例選では民主党に38%、自民党に33%が投票した。民主党は、比例選では自民党を上回り第一党に躍進したものの、選挙区選では自民党に及ばなかったのは、選挙区選では無党

派層の支持を十分に獲得できなかったことが一因だろう。

　ここで，過去の国政選挙での追跡調査で，無党派層がどの政党を志向していたのかを見てみよう。この結果を見ると，無党派層の投票先は分かれており，選挙時の政治情勢や選挙区情勢をよくみて，その時々の投票先を判断しているようだ。ただ，調査結果をよくみると，無党派層の投票を最も集めていた政党が，選挙でも好成績を収めているケースが多いことが分かる。

　無党派層は，1993年衆院選，1996年衆院選，2001年参院選は自民党，1995年参院選は新進党，1998年参院選，2000年衆院選は民主党を最も志向している。

　中選挙区での最後の選挙となった1993年衆院選では，自民党（24％）が最も多く，2位は社会党（13％）だった。この数値は，決して自民党が選挙戦では必ずしも不調ではなかったことを示している。選挙後，自民党は政権の座を明け渡すことになったが，改選議席（227人）から公認ベースでは4人減ったものの，第一党を維持している。1995年参院選は，自民党と新進党の対決となったが，比例選では新進党が自民党を抑えて，第一党を獲得した。無党派層の比例選の投票先を見ても，新進党（26％）が自民党（22％）を上回っている。

　小選挙区比例代表並立制で初めて行われた1996年の衆院選では，国民に人気が高かった橋本首相が率いる自民党が復調し，新進党は伸びなかった。調査データにもそれが表れている。自民党が都市部を中心に次々と落選した1998年参院選での無党派層の投票先を見ると，選挙区選，比例選とも民主党が自民党を抑えてトップとなった。躍進した共産党も，選挙区では自民党に迫る勢いを見せている。

　2000年の衆院選は，自民党は内閣支持率が低迷する森首相のもとで選挙戦を戦ったが，1998年に続いて選挙区選，比例選ともに無党派層では民主党がトップの座を占めた。これが，自民党不調と民主党躍進につながった。この状況が一変したのが，2001年参院選だった。同年4月に森内閣の退陣を受けて発足した小泉内閣は，「聖域なき構造改革」を掲げて，8割を超える国民の高い支持を獲得し，それに伴って自民党の支持率も4割を超える復調ぶりだった。こうした「小泉効果」に支えられ，自民党が無党派層のトップの座を民主党から奪還し，自民党が大勝している（表4-14，表4-15）。

表4-14 無党派層の主な投票先（選挙区）

	1993年衆院	95年参院	96年衆院	98年参院	2000年衆院	01年参院	03年衆院
自民党	24.4	22.5	32.6	18.3	26.3	46.7	37.7
民主党	―	―	11.5	24.3	29.9	17.5	33.6
公明党	6.0	―	―	6.5	3.8	6.4	3.8
共産党	8.5	8.5	7.6	13.2	10.4	4.2	5.1
社民党	13.0	10.4	6.2	5.9	6.8	6.8	5.3
新進党	―	24.9	24.7	―	―	―	―
日本新党	8.5	―	―	―	―	―	―
新生党	8.5	―	―	―	―	―	―
自由党	―	―	―	―	2.4	4.3	3.1
無所属	9.2	9.7	3.9	17.6	4.3	4.5	3.1

※ 社民党は，93年，95年は社会党。公明党は，98年は「公明」

表4-15 無党派層の主な投票政党（比例選）

	1995年参院	96年衆院	98年参院	2000年衆院	01年参院	03年衆院
自民党	21.8	26.7	16.4	20.5	40.1	32.6
民主党	―	14.9	31.8	32.2	17.9	38.4
公明党	―	―	10.1	9.1	9.0	8.7
共産党	6.2	9.8	14.2	9.4	4.2	4.6
社民党	12.6	9.8	6.9	7.3	8.3	6.1
新進党	25.8	23.6	―	―	―	―
自由党	―	―	5.3	5.3	6.1	―

※ 社民党は，95年は社会党。公明党は，98年は「公明」

選挙で，無党派層は何を基準に投票を決めているのだろうか。データを見ると，必ずしも野党第一党を志向している訳ではない。1996年衆院選，2001年参院選では，自民党を最も志向している。このため無党派層は一概に「非自民志向」だとも言い切れない。

無党派層を引きつけるキーワードは，「改革」にありそうだ。1995年参院選の新進党，1998年参院選，2000年衆院選の民主党は，自民党などの与党に対する改革勢力として存在感を国民に訴え，政権批判票の受け皿になったと見られる。

1996年衆院選では，自民党は橋本首相が行財政改革の実現を掲げた。2001年参院選では，小泉首相が「聖域なき構造改革」を訴えて，国民の支持を集めた。2001年参院選前に，読売新聞社が行った事前調査（6月30日，7月1

日実施）でも，自民党と民主党のどちらが改革を実現できると思うかを聞くと，全体では自民党59％に対して，民主党は11％に過ぎず，無党派層でも自民党（44％）が，民主党（12％）を大きく上回っていた。一方，2003年衆院選の事前調査（10月18，19日実施）で，「政治や経済の改革に熱心に取り組んでいると思う政党」を複数回答で聞いたところ，全体では自民党（30％）が民主党（22％）よりも多かったが，無党派層では民主党（18％）が自民党（15％）よりも多かった。

　明治大学の井田正道助教授は，「近年の無党派層は，自民か反自民かという判断基準ではなく，既得権益擁護か改革かという判断基準で投票を決定しているようである」（「第19回参議院議員選挙における東京都民の投票行動」明治大学「政經論叢」第71巻　第1・2号）と指摘している。

地方への広がり　「無党派現象」は，地方選挙でも広がっている。ここ数年，長野県知事選での田中康夫，千葉県知事選での堂本暁子といった，いわゆる「無党派知事」が相次いで誕生している。それに先立つ1995年統一地方選では，東京都で青島幸男，大阪府では横山ノックが，官僚出身の相乗り候補を破って，知事に当選した。また，2003年春の統一地方選では，知事選などで，現職や有力新人候補が政党の推薦，支持を受けないことを明言し，「無党派候補」を有権者にアピールするケースが目立った。

　こうした背景には，国民意識の変化がありそうだ。統一地方選を前にした2003年2月調査で，知事や市町村長は，選挙の際，政党の推薦や支持を受けている方がよいか，受けていない方がよいか，を聞くと，「受けていない方がよい」が48％で，「受けている方がよい」35％を上回っていた。無党派層では53％が「受けていない方がよい」と答えている。要因としては既成政党への不信感が大きいとみられるが，とくに地方の首長選で，国政で対立している政党同士が，いわゆる「相乗り」で候補者を立てることへの疑問も国民の間に根強い。

　地方選で，無党派層の投票を引きつける無党派候補には，共通項がうかがえる。政党色が弱く，地域にしがらみがなく，前任者の政策は継承せず，大胆で斬新な政策を打ち出していることである。単に政党の推薦を受けず，知名度があるというだけでは，無党派層の支持は集められない。田中愛治・早

大教授も,「無党派層は,政治指導者が無党派であることを望んだり,政党を否定したりしているのではなく,逆に政党がもっとしっかりし,新しいビジョンを出すことを望んでいる。政党の側が勘違いして,政党色を抜いて各党相乗りの無所属候補を担げば,無党派層が来てくれると思っているなら安易に過ぎる」(2003年1月21日,読売新聞朝刊)と指摘している。

「都市」対「地方」　2000年衆院選では,東京を初めとする大都市部の小選挙区で,自民党が次々と民主党に敗れる一方,地方では自民党が小選挙区の議席を独占する県もあるなど,地方の自民党,都市の民主党,という傾向が表れた。2003年衆院選ではどうだったのだろうか。

読売新聞社では,この選挙に際して,選挙区の都市規模別での自民党と民主党の議席率を見るための試みを行った。2000年国勢調査のデータに基づいて,300小選挙区の都市化度を示す基準として人口集中率(各小選挙区で,人口集中地区に住んでいる人の割合)を用い,高い順に100選挙区ずつ「都市部」「中間部」「農村部」と仮に分類し,それぞれの自民,民主両党の当選者数を調べてみた。

その結果,「都市部」の当選者は民主党が60人で,自民党の31人を上回っている。しかし,「中間部」では自民党が58人で,民主党35人よりも多い。「農村部」になると自民党が79人と圧倒的で,民主党は10人に過ぎない。農村部の自民党,都市部の民主党という構図がはっきりとしている。

さらに,都市規模の大小,年代,職業などの属性によって,投票先がどうなっているのかを,国政選挙の投票日1週間後に実施している追跡調査で見てみると,2000年衆院選までは,自民党は,小規模の都市,高齢層で,自営業者に強いことが分かる。これに対して民主党は,大都市,若年層,サラリーマンでの支持が高い傾向がある。

2000年衆院選で,自民党への町村部の投票率は45％に上ったが,大都市部(東京23区と政令指定都市)では28％にとどまっている。年代別で見ても,70歳以上で48％だったが,20歳代では22％に過ぎない。さらに,自営業者では47％だったが,給与所得者(サラリーマン)では29％にとどまった。同衆院選の東京の選挙区では,自民党の閣僚経験者などが,民主党候補に相次いで敗れた。大都市部の選挙区には,民主党支持の若者やサラリーマンが多いことが要因だと考えられる(表4-16)。

表 4-16　自民党投票者の社会的属性（比例選）

	1996年衆院選	1998年参院選	2000年衆院選	2001年参院選	2003年衆院選
大都市	42.7	16.6	27.5	48.4	41.0
中都市	39.1	25.6	29.6	48.5	40.5
小都市	42.9	28.0	34.1	55.3	47.6
町村	45.5	39.3	45.4	58.4	48.2
20歳代	28.5	16.3	22.3	54.3	43.0
30歳代	32.6	19.9	21.8	43.5	34.6
40歳代	39.9	22.4	26.5	46.4	33.6
50歳代	41.4	28.3	34.9	54.6	43.3
60歳代	50.3	37.3	46.7	55.9	49.7
70歳以上	59.2	40.5	47.6	57.1	56.4
自営業者	53.9	42.5	46.5	57.9	52.3
給与所得者	34.0	20.9	28.5	49.0	36.7
無職者	46.0	28.7	34.7	53.4	47.5

※　大都市は政令指定都市と東京23区。中都市は人口10万人以上の市。小都市は人口10万未満の市。

ところが，2001年参院選では，圧倒的な「小泉人気」のもと，都市規模，年代，職業別での自民党への投票率の格差が，それ以前と比べて大幅に減少した。さらに2003年衆院選では，2000年衆院選に比べて大都市と町村との差が縮小している。

3. この10年の政治意識

1. 内閣支持率

支持率のパターン

読売新聞社は，毎月の面接方式による全国世論調査を1978年3月に開始した。そのデータをもとに，それ以降の内閣支持率の動きを見てみよう。森内閣までの内閣支持率の動きを見ると，大きく3つのパターンに分けられる。

①支持率が優勢な「高人気型」（例・中曽根，細川，海部）
②政権後半で支持率が低下していく「じり貧型」（例・竹下，村山）
③発足当初を除き，不支持が優位な「不人気型」（例・宮沢，森）

もちろん，支持率の動きが，この3つのパターンですべて説明できるわけではなく，2つの型がくみ合わさっている内閣もある。一例をあげると，1996年1月に発足した橋本内閣は，発足当初は「高人気型」だったが，1997

表4-17 歴代内閣の最高支持率（大平内閣以降）

	内閣	年・月	支持率(%)
1	小泉	2001年5月	85.5
2	細川	1993年11月	73.5
3	海部	1990年8月	62.5
4	中曽根	1985年7月	59.2
5	橋本	1996年1月	56.9

表4-18 歴代内閣の最低の支持率（大平内閣以降）

	内閣	年・月	支持率(%)
1	竹下	1989年4月	8.0
2	森	2001年2月	8.6
3	宮沢	1993年6月	10.4
4	宇野	1989年6月	22.8
5	小渕	1998年11・12月	24.0

表4-19 歴代内閣の支持率の平均値（%）

内閣	支持率	不支持率	内閣	支持率	不支持率
大平	34.2	42.8	細川	67.2	20.9
鈴木	38.5	38.3	羽田	49.9	35.6
中曽根	47.5	34.1	村山	39.1	44.8
竹下	39.1	40.1	橋本	45.1	41.0
宇野	22.8	56.5	小渕	40.4	44.6
海部	50.2	33.5	森	24.9	62.2
宮沢	30.4	55.3	小泉	60.1	29.7

※ 宇野内閣の調査は1回だけ、羽田内閣は2回の平均、小泉内閣は2003年12月調査までの平均

年9月の内閣改造時に、ロッキード事件で有罪判決を受けた佐藤孝行を総務庁長官として入閣させたことが批判を浴びて支持率を急落させた後は、「じり貧型」になってしまった。小泉内閣は、2003年12月調査までの数値を見ると、不支持率が支持率を上回ったことは2回しかなく、「高人気型」に分類できる。なお、過去最高の内閣支持率は、2001年5月調査の小泉内閣の85.5%。過去最低は、1989年4月の竹下内閣の8.0%だった。

また、在任期間中の内閣支持率の平均値を見ると、高支持率のまま、突如として退陣した細川内閣の67.2%が最も高い。平均値が50%を超えているのは、海部、細川、小泉の3内閣だった（表4-17、表4-18、表4-19）。

小泉内閣の内閣支持率は、異例ずくめだった。2001年4月の内閣発足直後に行った緊急電話調査（名簿方式）では、内閣支持率は87.1%にも達した。翌5月の定例面接調査でも85.5%を記録し、面接調査での最高だった細川内閣の73.5%（1993年11月調査）を上回り、過去最高を記録した。

過去最高となった同5月調査で、小泉内閣支持率の構造を見ると、与党の

表 4-20 支持政党別の小泉内閣と細川内閣の支持率 (%)

小泉(2001年5月)	支持率	不支持率	細川(1993年11月)	支持率	不支持率
全体	85.5	5.7	全体	73.5	14.8
自民党支持層	95.5	1.0	自民党支持層	58.3	28.3
民主党支持層	87.3	7.8	社会党支持層	81.9	6.9
無党派層	80.3	7.7	日本新党支持層	97.9	—
			新生党支持層	92.3	4.4
			無党派層	66.9	16.3

　自民党，公明党の支持層は言うまでもなく，すべての政党支持層，無党派層で，内閣支持率が不支持率を大きく上回っている。野党の支持層でも，民主党支持層の87.3%など，圧倒的な支持を得ており，自民党の首相による内閣としては極めて稀だった。これを細川内閣と比べてみよう。細川内閣が最高の支持率を記録した1993年11年調査をみると，社会党支持層の81.9%，新生党支持層の92.3%，日本新党支持層の97.9%など連立政権を構成する政党の支持層から圧倒的な支持を得ていた。また，無党派層でも66.9%の支持を得ている。下野した自民党支持層でも，支持が58.3%で，不支持率の28.3%を上回っている。

　発足当時は，小泉内閣にも劣らないほどの国民的人気を誇った細川内閣だが，与党，野党を問わず，すべての政党支持層で，支持が優位となっている点で共通している（表4-20）。

　ただ，2003年12月調査をみると，小泉内閣の支持率46.5%だが，支持政党別に見ると，支持率が優位なのは，自民党，公明党の与党支持層だけだ。支持構造から見ると，小泉内閣は発足当時に野党支持層，無党派層にも支えられていたのとは様変わりし，過去の自民党内閣と同様の構造に戻りつつある。

小泉内閣の高支持率　ここで，小泉内閣の内閣支持率について，2003年12月調査までのデータをもとに，分析してみたい。小泉内閣は，発足当初は8割超の高支持率を維持してきたが，2002年1月末の田中真紀子外相の更迭を機に急落し，その後，不支持率が支持率を上回った時期もあったが，その後，道路公団改革で小泉首相が「抵抗勢力」との対決姿勢を強めると上昇傾向に転じた。同年9月は，日朝首脳会談に対する評価によって6割台に回復した。衆院選直前の2003年10月調査では，小泉内閣の支持率は59.6%で，選挙直後の11月調査では54.1%に低下したものの，それ

でも過半数を占めている。

　ただ，経済問題を見ると，小泉内閣は2001年4月の発足以降，はかばかしい成果を上げているとは言い難く，国民の評価も決して高くない。小泉内閣発足から2年が過ぎた2003年5月調査で，小泉内閣の景気対策への評価を聞いたところ，「大いに評価する」は2％に過ぎず，「多少は評価する」29％と合計しても，肯定的な評価は31％に過ぎない。これに対して，「あまり評価しない」44％，「全く評価しない」22％を合計すると，否定的な評価が66％となっている。加えて，同じ5月調査で，小泉首相が経済政策を，景気対策重視へと「政策転換する方がよい」と答えた人も70％に達している。それでもなお，小泉内閣の支持率は歴代内閣と比べても高い水準の支持率を維持していた。

　小泉内閣の高支持率の理由については，様々な分析がされてきたが，決定的なものはない。これまでに指摘された要因をいくつかあげてみると，以下のようになる。

　①小泉内閣の支持率と経済問題との関連が薄い
　②小泉首相の実績よりも改革姿勢の方を国民は評価している
　③小泉首相の後継者が見あたらない
　④野党の力量不足

　まず，①②に関しては，2003年10月調査から，ある程度うかがい知ることが出来る。10月調査で，1年前と比べた暮らし向きの変化を聞いたところ，「非常に楽になった」は1％，「少しは楽になった」が3％，「変わらない」が56％，「少し苦しくなった」が30％，「非常に苦しくなった」が10％だった。内閣支持率との関連を見ると，生活が苦しくなるほど，内閣支持率は低くなっている。「非常に苦しくなった」人の内閣支持率は41.7％だが，「非常に楽になった」「少しは楽になった」と答えた人では，約8割が内閣を支持していると答えた。「変わらない」人の内閣支持率は65.8％だった。

　この結果を見ると，暮らし向きの変化が，内閣支持率に影響しているのは明らかだ。しかし，ここでカギとなるのは，1年前に比べて，暮らし向きが「変わらない」人が過半数を占め，圧倒的に多いことだ。「変わらない」と「非常に楽になった」「多少は楽になった」の3つを合計すると，暮らし向きが悪化していない人が60％になっている。

「経済政策に不満だ」「景気が悪い」とはいっても、6割の国民は、この1年間での生活の悪化を実感していないようである。株価が上下しても、庶民の懐にすぐに響く訳ではないし、デフレによる物価下落は主婦らには好感されている。国民が「不況慣れ」してしまったこともあるのかもしれない。経済政策に不満はあるが、「痛み」を感じていない人たちは、「改革姿勢」を強調している小泉首相を、もう少し応援してみようという気持ちがあるのではないかと思われる。

また、③④の要因も少なくないと思われる。2003年5月調査で、今の国会議員の中で首相に最もふさわしいと思う人を挙げてもらったところ、小泉首相（25%）がトップで、2位の安倍晋三（12%）、3位の菅直人（8%）を大きく引き離している。「いない」が31%だった。いずれにせよ、どれが決定的な要因だとは言い切れない。

2. 政党への意識

政党感情温度

政党に対する好意度をはかる指標としては、世論調査の対象者に、支持している政党を1つだけ答えてもらう「政党支持率」に加えて、「感情温度」を聞くという調査方法がある。

読売新聞社でも、この政党感情温度調査を2000年7月調査で初めて実施し、その後、2001年3月、2003年3月と、計3回実施した。最初の2回は森内閣時に行い、2003年3月調査は小泉内閣時に行った。

調査の質問文は、「次の政党について、あなたの好き嫌いの度合いを順にお聞きします。非常に好きな場合を100度、非常に嫌いな場合を0度、好きでも嫌いでもない場合を50度として、あなたの気持ちに最も近い数字を、10度刻みでお答え下さい」というもので、それぞれの政党について、「50度」「30度」などと答えてもらった。過去3回の調査の、各党の感情温度の平均値を示すと、以下の表の通りとなる（表4-21）。

各党の平均温度を見ると、「好きでも嫌いでもない」という50度を超えたことがあるのは、自民党だけ。しかし、その数値は51度（2000年7月）と52度（2003年3月）であり、かろうじて50度を超えるにとどまっている。そのほかの政党は、いずれも50度を下回っており、国民が政党に対して、冷ややかな気持ちを抱いていることが分かる。

表4−21　主要政党の感情温度の推移（平均値。単位・度）

	自民党	民主党	公明党	自由党	共産党	社民党	保守新党
2000年7月	50.5(30.5)	49.2(13.8)	31.2(3.8)	40.3(3.0)	30.1(3.6)	39.2(3.9)	34.5(0.2)
2001年3月	46.7(27.8)	47.2(9.7)	32.3(2.9)	40.1(2.3)	30.9(2.6)	38.2(3.0)	36.4(0.3)
2003年3月	51.5(33.5)	44.2(5.6)	34.1(4.0)	37.5(1.7)	29.1(1.9)	31.4(1.2)	32.5(0.1)

※　カッコ内は政党支持率(%)の数値。保守新党は、2003年3月以外は「保守党」

　自民党については、支持率が低迷していた森内閣末期の2001年3月調査では、前回に比べて4度減らしている。その後、小泉内閣時の2003年3月では、52度へと5度増えた。民主党は2001年3月調査では47度で、自民党をわずかに上回ったが、2003年3月では44度へと減らし、自民党を下回っている。

　表の中で、各党の温度の横に併記した政党支持率の数値（％）と比較すると、政党感情温度との違いが目に付く。自民党と民主党の数値を比較してみよう。2001年3月調査では、民主党が自民党を上回りトップだったが、同月調査での政党支持率は、自民党が27.8％なのに対して、民主党は9.7％にとどまっている。また、2003年3月調査では、自民党の政党支持率は33.5％で、民主党の5.6％と大きな差を付けている。しかし、感情温度では自民党52度、民主党44度と、政党支持率ほどの大差は見られない。

　政党支持率と感情温度とのズレは、有権者の政党支持に一定の幅があることを示している。通常の政党支持率調査の場合は、支持する政党を1つだけ回答してもらう。しかし、自民党支持層が、必ずしも民主党のことを全く嫌っているのではないということだ。例えば、2003年3月調査での自民党支持層を見ると、民主党への温度は40度だった。内訳を見ると、民主党を50度とした人が40％、60度が7％、70度が4％、80度が2％あった。

　また、2003年衆院選では、比例選で民主党が自民党を上回り第一党になったが、これも感情温度の数値を見ると一定の説明がつくように思われる。森内閣のもとで行われた2000年衆院選でも、比例選での自民党の得票率は28.3％だったが、民主党はこれに匹敵する25.2％を獲得した。その翌月に行った2000年7月調査での政党支持率は、自民党30.5％が民主党13.8％に15ポイントを超える差を付けているが、感情温度では、自民党51度と民主党49度が拮抗していた。

各政党支持層の相性　感情温度調査では，政党支持層ごとの好き嫌いの感情が分かる。たとえば，2003年3月調査で，自民党，公明党，保守新党の3与党の支持層間の関係を見てみよう（保守新党支持層の分析は，サンプル数が極端に少ないため省略した）。

　自民，公明両党の支持層とも，当然ながら自らの支持する政党への温度が最も高い。特に，公明党支持層では公明党の温度が83度にも達している。自民党に対しては44度，保守新党は28度だが，公明党以外では自民党が最多だ。これに対して，自民党支持層の公明党への温度は32度で，野党の民主党40度より低い。保守新党への温度は31度。自民・公明両党支持層の関係は，公明党支持層のやや「片思い」の状況だと言えそうだ。

　野党に目を転じて，2003年3月調査で，同年9月に合併した民主党と自由党の支持層の関係を見てみよう。民主支持層をみると，自由党への温度は39度で，自民党37度，社民党33度，保守新党29度，共産党28度を上回っている。一方，自由党支持層はサンプル数が少ないため，具体的な温度までは記述しないが，自由党を除いた感情温度は，高い順に自民党，民主党の順で，ともに40度台にとなっている。民主，自由両党の合流は，支持層レベルで見た場合，野党同士なら最も妥当な組み合わせだった，と言えそうだ（表4－22）。

　さらに，政党感情温度調査では，支持政党を持たない無党派層が，どの政党に最も好意を抱いているのかがわかる。過去3回の調査で無党派層の感情温度を見ると，50度を超えた政党は1つもなく，政党に対して冷めた感情を抱いている。感情温度の順位を見ると，3回とも民主党がトップで自民党が

表4－22　政党支持層別の感情温度（平均値。単位・度。2003年3月）

	自民党	民主党	公明党	自由党	共産党	社民党	保守新党
自民党支持層	66.4	40.1	32.4	34.2	21.9	25.9	30.8
公明党支持層	44.4	31.7	82.5	31.5	13.9	19.2	28.4
民主党支持層	37.2	67.8	31.6	39.4	27.5	32.6	28.8

表4－23　無党派層の感情温度（平均値。単位・度）

	自民党	民主党	公明党	自由党	共産党	社民党	保守新党
2000年7月	44.7	48.8	31.3	41.3	33.5	41.5	36.6
2001年3月	40.7	46.4	31.4	39.7	33.4	39.8	36.8
2003年3月	45.2	45.6	32.7	39.1	33.1	35.1	34.4

2位となっている。ただ，小泉内閣時の2003年3月調査では，民主党は46度でトップとなっているものの，自民党45度と並んでいる（表4－23）。

| 好きな政党，嫌いな政党 | 読売新聞社では，有権者の政党支持の構造を探る一つの方法として，ほぼ半年に1回，支持政党を聞いた後に，「支持政党のほかに，支持してもよい政党，好きな政党」（以下，「好きな政党」）と，「支持したくない政党，嫌いな政党」（以下，「嫌いな政党」）を聞いている。その数値の推移を見ると，自民党と民主党では，支持層の構造が異なっていることが分かる。

民主党が発足した1996年11月以降の計16回の調査での数値の推移を見ると，自民党を「好きな政党」に挙げた比率が2桁になったことは一度もなく，最高でも2001年6月の9.2%だった。これに対して，民主党の場合は，政党支持率は，国政選挙の直後に急上昇することはあるが，普段は10%前後だ。しかし，「好きな政党」の数値は，2000年11月を除いて，政党支持率の数値を上回っている。森内閣時の2000年11月は，同党が躍進した衆院選の勢いが残っており，民主党の支持率は16回の中では最高の14.0%に達しており，「好き」の12.8%を上回るという状況だった。民主党に好感を持つ層の一部が「支持」に移行したものとみられる。

つまり，自民党の支持構造は30%前後の「支持層」の周囲に，数%の「好感層」が取り巻いている形となっている。これとは対照的に，民主党の場合は「支持層」は10%前後だが，その周囲を支持層より多い「好感層」が取り巻いている状況だ。民主党は，世論調査に表れる政党支持率を上回る「潜在力」を持っているわけだ。

ただ，民主党は2002年秋に鳩山由紀夫代表が代表に3選されたあと，幹事長など役員人事に対する不満が高まって党内が混乱，鳩山代表は辞任した。民主党を「好きな政党」にあげる人は，1998年11月調査以降，常に10%台前半を保っていたが，この混乱の真っ最中の2002年11月調査では7.2%へと下落した。逆に，民主党を「嫌いな政党」としてあげる人は，常に政党支持率を下回ってきたのに，2002年11月調査では初めて「嫌い」（9.1%）が，支持率（5.5%）を上回った（表4－24）。

では，他党の数値の推移はどうなっているだろうか。

「嫌いな政党」の数値を，1988年9月以降の計31回の調査で見ると，常に共

表4-24 自民・民主両党の政党支持率と「好きな政党」「嫌いな政党」の推移(%)

	自民党			民主党		
	支持率	好き	嫌い	支持率	好き	嫌い
1996年11月	38.2	6.5	11.6	5.9	13.6	3.3
1997年4月	34.6	5.7	13.0	3.9	9.6	3.8
1997年11月	34.1	4.4	13.3	3.3	9.7	2.3
1998年5月	30.4	4.1	13.3	6.5	9.7	3.7
1998年11月	27.1	4.4	16.4	11.2	13.1	2.6
1999年5月	28.6	6.6	11.4	7.2	11.6	3.0
1999年10月	34.6	6.8	8.3	8.5	13.7	2.8
2000年5月	34.2	7.4	11.2	9.6	11.4	5.1
2000年11月	29.1	5.5	15.6	14.0	12.8	3.9
2001年4月	27.2	7.5	17.2	8.9	11.6	2.4
2001年6月	43.0	9.2	—	7.0	14.3	—
2001年12月	39.9	8.8	6.3	7.1	10.7	5.1
2002年4月	30.5	5.4	14.5	6.8	11.6	4.7
2002年11月	33.9	6.7	9.8	5.5	7.2	9.1
2003年5月	32.9	6.0	10.2	6.2	10.4	4.8
2003年10月	39.0	6.5	8.2	9.2	15.4	5.5

※ 2001年6月は「嫌いな政党」は実施せず

産党がトップを占めている。ただ,トップとは言え,1996年4月調査以降は,共産党の数値が30%前後に低下しており,それ以前では40%前後あったのと比べると,拒否感が低下している。これは,1996年衆院選,1998年参院選で共産党が議席を増やしたことに見られるように,55年体制崩壊後,政党が離合集散する中で,共産党の野党としての存在感が増していたことが影響しているようだ。

一方,新進党解党後,1998年11月に再結成した公明党は,その後の1998年11月,1999年5月,1999年10月調査で「嫌いな政党」の数値が,トップの共産党と数ポイントしか差がなかった。ところが,小渕内閣で与党入りした約半年後の2000年5月調査では,前回に比べて6.1ポイント減の23.9%に低下した。2001年4月以降は10%台後半で推移している。公明党に,「与党効果」があったことは間違いないようだ(表4-25)。

政党間の意識の変化 好きな政党,嫌いな政党の調査データをもとに,自民党支持層と公明党支持層の,相手の政党に対する好感度の変化を比べてみよう。

表4-25 公明,共産両党の「嫌いな政党」の数値の推移(%)

	公明党	共産党		公明党	共産党
1998年11月	23.4	25.6	2001年12月	19.9	27.0
1999年5月	25.7	28.6	2002年4月	19.1	25.5
1999年10月	30.0	32.8	2002年11月	18.1	27.0
2000年5月	23.9	32.7	2003年5月	17.9	28.9
2000年11月	24.8	31.5	2003年10月	18.2	28.9
2001年4月	17.7	27.6			

1998年11月に再結党した公明党は,1999年5月に当時の自民,自由両党による連立政権(小渕内閣)への閣外協力を目指す方針を示した。7月の臨時党大会で連立政権入りを決定し,10月には正式に自自公連立政権が発足した。

その間の好きな政党,嫌いな政党の調査データからは,こうした政治情勢の変化に対応して,自民党と公明党の支持層も,相手の党に対する好感度を変化させていることが分かる。

公明党支持層は母数が少ないため,分析に制約があるが,政権入り前の1998年11月調査で自民党を「嫌いな政党」に挙げたのは約半数(48%)に上っていた。ところが,神崎代表が閣外協力を表明したのと同時期の1999年5月調査では20%弱(17%)に急落した。政権入りした後に実施した1999年10月では10%強(12%)に低下した。それ以降は10%前後で推移している。

また,自民党を「好きな政党」にあげたのは,1998年11月調査では一桁(3%)に過ぎなかったが,1999年10月調査では2割近く(19%)にアップした。小泉内閣時の2001年12月調査では4割(41%)を超えている。公明党支持層は,政権入りによって,自民党に対する好感度を高めたことが分かる。

一方,自民党支持層は,公明党に対する好感度をあまり変化させていない。自民党支持層で,公明党を「嫌いな政党」にあげたのは,1998年11月調査では23%だったが,政権入り後の1999年10月調査ではかえって28%に増えた。ただ,2001年4月調査以降は,15%前後に低下している。

「好きな政党」に公明党をあげる比率も,1998年11月調査には4%だったが,公明党が政権入りした後の1999年10月調査では2%に減った。その後,5%前後で推移しており,大きな変化は見られない(表4-26)。

表 4-26　自民, 公明支持層の相手の党に対する好悪度の推移 (%)

自民党支持層	1998年 11月	1999年 5月	10月	2000年 5月	11月	2001年 4月	6月	12月	2002年 4月	11月	2003年 5月	10月
公明党「好き」	4.1	3.8	2.1	4.0	4.4	5.0	5.8	3.7	5.6	3.6	5.9	6.9
公明党「嫌い」	22.7	22.9	28.0	23.9	22.7	17.3	―	16.2	15.8	15.0	13.3	17.3
公明党支持層	11月	5月	10月	5月	11月	4月	6月	12月	4月	11月	5月	10月
自民党「好き」	2.8	5.1	19.0	22.5	19.7	16.9	34.4	41.2	13.5	26.8	13.4	14.3
自民党「嫌い」	47.9	16.7	12.1	15.5	10.6	10.8	―	5.9	13.5	5.4	13.4	11.1

3. 政治不信

不信の高まり　この10年の国民の政治に対する不信感は高い水準で推移した。読売新聞社の世論調査からは, 政治に対する国民の強い不信感が, 様々な数値となって表れている。

　読売新聞社では, 1979年5月に「今の国の政治に満足していますか」という質問を初めて実施し, 1989年3月調査以降は, 隔月で実施している。この推移を見ると,「不満派」(「非常に不満だ」「やや不満だ」の合計) が,「満足派」(「非常に満足」「多少は満足」の合計) を常に上回っている。1985年をみると,「不満派」は多数だとはいえ50%前後にとどまっており,「満足派」との差は小さかった。例えば, 同年6月調査では「満足派」(48%) と「不満派」(48%) が並んでいた。しかし, 1989年4月の消費税導入直前の3月調査では,「不満派」は80%へと急増し, 初めて8割を超えた。1996年以降を見ると,「不満派」が高い数値となる傾向が定着し, ほとんどの調査で7割台, 8割台に達している。

　とくに, 森内閣末期の2001年2月調査には,「不満派」が過去最高の90%に達した。森内閣の支持率は, 政権発足間もない時期に, いわゆる「神の国」発言をきっかけに急落したまま, 低空飛行を続けていた。不満派が最高となったのは, 森内閣への強い不満の表れというだけではなく, 景気低迷など複数の要因が重なったものと見られる。ちなみに, 森内閣の2001年2月の支持率は, わずかに8.6%で, 本社が毎月調査を始めた1978年3月以降では, 竹下内閣 (1989年4月) の8.0%に次いで, 過去2番目の低さだった。

| 政治への信頼度 |

　政治への信頼度を聞いた，そのほかの調査数値も，軒並み低調だ。今の日本の政党や政治家を信頼しているか，との質問は，初回の1999年12月以降，これまでに3回実施している。初回の1999年12月，「信頼している」(「大いに」「多少は」の合計)は26％，「信頼していない」(「あまり」「全く」の合計)は72％に達した。小泉内閣が8割を超える支持率だった2001年5月調査では，「信頼している」が35％に上昇したが，「信頼していない」も63％に上っている。「小泉効果」も，日本の政治に対する信頼を取り戻すところまでは至らなかったのである。

　約1年後の2002年6月には，政治スキャンダルが続発し，小泉内閣の不支持率(46.6％)が，支持率(42.2％)を上回っていた時期でもあり，再び「信頼している」が17％へと半減し，「信頼していない」は3回の調査の中では最高の82％に増えている(表4-27)。

　1994年6月には，自民，社会，さきがけの3党連立による村山内閣が発足した。55年体制下でのライバルだった自民，社会両党が手を組んだうえ，社会党の村山富市委員長を首相とする奇策を使ったことは，国民に衝撃を与えた。1999年1月には，自民党を批判して離党したはずの小沢一郎が党首を務める自由党が，小渕内閣のもとで自民党との連立政権を組んだ(自自連立政権)。さらに，公明党も与党に加わり，1999年10月には小渕内閣で「自自公連立政権」が誕生した。公明党は，直前に行われた1998年夏の参院選では，野党陣営の一員として自民党批判をしていた。自民，公明，保守の3党連立による小泉内閣時の2002年末には，野党第一党の民主党の幹部らが離党して「保守新党」を結成し，与党に加わった。政党政治家のこうした節操がない行動が国民の政党・政治家不信を増幅させてきたことは言うまでもない。

表4-27　今の日本の政党や政治家を信頼しているか(％)

	1999年12月	2001年5月	2002年6月
大いに信頼している	1.5	3.0	1.5
多少は信頼している	24.4	31.7	15.0
あまり信頼していない	47.7	49.6	48.5
全く信頼していない	24.1	13.3	33.4
答えない	2.4	2.4	1.6

| 「一票」の有効性感覚 | 政治・政治家に対する強い不信感は、国民が選挙で投じる1票の有効性への疑問とつながっている。今や国民は、「投票しても何も変わらない」という無力感すら抱いているのではないかとも思える。

2001年5月調査で、選挙の際に国民が投じた一票が現実の政治に反映していると思うかについて聞いたところ、「反映している」は29％にとどまり、「反映していない」は63％に上っている。小泉内閣の支持率が8割近い高率を記録していた時期でも、このような低い数字が出ている。小泉内閣の支持率が、不支持率を下回っていた2002年6月調査になると、「反映していない」が80％に増えている。ちなみに、佐藤内閣の下で衆院選1カ月前の1969年11月調査にも、同じ質問を行っているが、「反映している」は32％、「反映していない」が52％だった。「反映していない」の数値は、2002年調査の結果が1969年を大きく上回っている。大多数の国民が、政治に民意が反映していないとの強い不満を抱いていることは確かである（表4－28）。

表4－28　選挙の一票が現実の政治に反映しているか（％）

	1969年11月	2001年5月	2002年6月
反映している	31.8	29.4	15.1
反映していない	52.3	63.0	80.2
答えない	16.0	7.6	4.7

投票の有効性感覚が低下すると、「負の連鎖」を生む可能性が高い。政治（家）への不満の高まり → 投票の有効性感覚の低下 → 投票率の低下（＝投票意欲の低下）→ 業界・団体など組織票の比重の増加 → 投票の有効性感覚のさらなる低下……といった具合である。ちなみに、本社が2002年12月に、全国の5000人の青少年（12歳から19歳までの男女）を対象に行った郵送で行ったアンケート調査（回収率・58.8％）では、今の日本の政治家を「信頼できない」との答え（「どちらかといえば」を含む）は90％にも達している。日本の将来を担う青少年にまで、政治家不信が深く浸透していることを、政治家は重く受け止めるべきだろう。

| メディアと政治 |

　小泉内閣の発足後，ワイドショーや情報番組で，政治の話題がこれまで以上に積極的に取り上げられるようになった。発足当時の小泉内閣には，小泉首相，田中真紀子外相という2枚看板がそろい，その言動がワイドショーに格好の素材を提供し，「ワイドショー内閣」とも呼ばれた。

　近年のインターネットの普及によって，有権者は政党や候補者が自ら発信する情報に比較的容易に接することができるようになったが，依然として，新聞，テレビなどの既存のメディアが果たしている役割は大きい。とくに，近年，テレビ報道の影響力が増している。

　そこで，2002年12月に，「メディアと政治」をテーマとする調査を行った。政治の動きに関する情報を得るメディアを聞いた質問（複数回答）では，「テレビのニュース番組」86％が最も多く，「一般の新聞」70％，「テレビのワイドショーや情報番組」30％を上回っている。国の政策や政治課題について判断するうえで，とくに役立っているメディア（複数回答）でも，「テレビのニュース番組」71％が，「一般の新聞」58％を上回っている（表4-29）。

　この結果を見ると，国民にとって，テレビは政治情報を入手する機能としてだけでなく，政策や政治課題を判断するうえでも最も大きな役割を果たしているようだ。ワイドショーは，入手先で30％，判断材料で21％となっている。男女別で見ると，女性の38％が入手先にあげており，男性（20％）の倍近くになっている。判断材料としても，女性では25％（男性は15％）と高く

表4-29　政治とメディアの関係（％。回答はいくつでも）

	政治の動きについての情報を主に得ているメディア	国の政策や政治課題について判断する上で役立つメディア
一般の新聞	69.6	58.3
スポーツ新聞，夕刊紙	5.5	2.5
週刊誌，月刊誌	6.3	3.6
テレビのニュース番組	85.5	70.6
テレビのワイドショーや情報番組	30.0	20.5
ラジオ	10.2	5.6
インターネット	5.9	3.6
その他	0.1	0.3
とくにない	1.9	4.9
答えない	0.4	1.1

なっている。

　また，この数年で急速に普及したインターネットは，情報の入手先で6％，判断材料で4％があげるにとどまった。しかし，若い世代ほど数値が高くなっており，20歳代では入手先で13％，判断材料で9％，30歳代では，入手先で11％，判断材料で6％となっている。インターネットは今後，ますます普及し，近い将来にはインターネットのホームページを使った選挙運動が解禁されることも予想される。このため，各政党，候補者の選挙戦略の中でも，インターネットの重要性は増していくことになりそうだが，インターネットの情報は，玉石混交の状態にある。ネット利用にあたっては，情報の真偽などについて十分な吟味が求められよう。

　政治への影響力が大きくなっているテレビだが，有権者はテレビの「限界」にも気が付いているようだ。テレビの政治ニュースについての質問で，「政治家の表情を直接映しているので，政治家の真の姿が見られる」は18％にとどまり，「映像の使い方によって印象が変わるので，政治家の真の姿が見られるとは限らない」63％を下回っている。

　森首相までの歴代首相は，予算成立など政治的な節目に記者会見し，日常は「総理番」と呼ばれる記者の歩きながらの取材に応じていた。小泉首相は，この慣習を変更し，平日の昼頃と夕方の2回だけ，立ち止まって記者の質問に応じることにし，とくに，夕方にはテレビカメラを入れた。質問は硬軟両様にわたり，小泉首相の映像は毎日テレビで流れている。2002年12月調査で，「小泉首相は，毎日のようにテレビでさまざまな問題についてコメントしています。あなたは，これを見て，首相の政策や政治課題についての考え方がわかりますか」と質問すると，「わかる」は18％にとどまり，「わからない」が50％，「どちらとも言えない」が30％だった。小泉首相のこうした映像は，首相のイメージ戦略としてかなりの効果をあげたとしても，政策に関する国民への説明責任を果たすものとは言えないのである。

第5章　国政選挙の概要

1. 1996年衆院選

1. 選挙結果

> 求められた
> 「政治の安定」

　中選挙区制から小選挙区比例代表並立制に変わって初めての96年衆院選は、55年体制が崩壊した93年以降、大きく揺れ動いた連立政治のあり方そのものを問う選挙となった。そして有権者は、政党間で繰り返される「理念なき離合集散」に対する不信の裏返しとして、ひとまずは「より安定した政治」を選択した。政権を担う自民党が大きく議席を伸ばす一方、野党第1党の新進党が後退、「新顔」の民主党は現状維持となり、自民党と連立を組んでいた社民、さきがけ両党は惨敗した。自民党以外で勢力を伸ばしたのは、連立時代に入って1度も政権参加の経験のない共産党だけだった。投票率が初めて6割を切り、過去最低を記録したことは、「より安定した政治」の中核に自民党を据えたことが有権者の消極的選択だったことを物語っている（表5-1、表5-2）。

> 自民党
> は復調

　自民党は、全国300の小選挙区のうち、半数を大きく上回る169選挙区で議席を獲得した。定数200の比例でも70議席を確保し、単独過半数には届かなかったものの、計239議席と公示前勢力（211）から躍進した。

　小選挙区では、山梨（小選挙区数3）、新潟（同6）、富山（同3）、岐阜（同5）、島根（同3）、岡山（同5）、山口（同4）、香川（同3）、愛媛（同

表5-1 1996年衆院選での各党得票等

		自民	新進	民主	共産	社民
小選挙区	候補者数	288	235	143	299	43
	当選者数	169	96	17	2	4
	得票数	21,836,096	15,812,325	6,001,666	7,096,765	1,240,649
	得票率	38.63	27.97	10.62	12.55	2.19
比例	候補者数	327	133	159	53	48
	(重複立候補)	(260)	(7)	(141)	(31)	(43)
	当選者数	70	60	35	24	11
	得票数	18,205,955	15,580,053	8,949,190	7,268,743	3,517,240
	得票率	32.76	28.04	16.10	13.08	6.38
合計	候補者数	355	361	161	321	48
	当選者数	239	156	52	26	15
	議席率	47.8	31.2	10.4	5.2	3.0
公示前勢力		211	160	52	15	30

		さきがけ	民改連	諸派	無所属	計	投票率
小選挙区	候補者数	13	2	153	85	1,261	59.65
	当選者数	2	1	0	9	300	
	得票数	727,644	149,357	1,155,107	2,508,810	56,528,421	
	得票率	1.29	0.26	2.04	4.44	100	
比例	候補者数	11	1	76		808	59.62
	(重複立候補)	(9)	(1)	(74)		(566)	
	当選者数	0	0	0		200	
	得票数	582,093	18,844	1,417,077		55,569,195	
	得票率	1.05	0.03	2.55		100	
合計	候補者数	15	2	155	85	1,503	
	当選者数	2	1	0	9	500	
	議席率	0.4	0.2	0.0	1.8	100	
公示前勢力		9	2	4	10	493	欠員18

* 自由連合,新社会は諸派に

4),宮崎(同3),鹿児島(同5)の11県で議席を独占した。中選挙区制当時に自民党が都道府県の議席を独占したのは,1986年衆院選の青森県(2選挙区,7議席)の1例だけだった。保守地盤の厚い地域での今回の圧勝は,得票差がわずかであっても,各選挙区の2位以下は落選(比例での復活当選を除く)となる小選挙区制の特性を生かしたものと言える。

一方で,滋賀,沖縄では全議席を失い,結党以来初の議席空白県が生まれた。また,党三役現職の総務会長・塩川正十郎(大阪13区)のほか,元労相

表5-2 ブロック別の各党の議席

			自民	新進	民主	共産	社民	さきがけ	民改連
北海道ブロック	小選挙区	13	6	2	5	0	—	—	—
	比例	9	3	2	3	1	—	—	—
東北ブロック	小選挙区	26	15	9	1	0	0	—	—
	比例	16	6	6	2	1	1	—	—
北関東ブロック	小選挙区	31	20	8	0	0	0	0	—
	比例	21	8	6	4	2	1	0	—
南関東ブロック	小選挙区	32	21	9	2	0	0	—	—
	比例	23	7	7	5	3	1	—	—
東京ブロック	小選挙区	25	14	6	4	0	0	0	—
	比例	19	5	5	5	3	1	—	—
北陸信越ブロック	小選挙区	20	14	5	1	0	0	0	—
	比例	13	5	4	2	1	1	0	—
東海ブロック	小選挙区	34	15	16	2	0	0	—	—
	比例	23	8	8	3	3	1	—	—
近畿ブロック	小選挙区	47	13	28	0	1	1	1	1
	比例	33	10	10	5	6	2	0	0
中国ブロック	小選挙区	21	19	1	0	0	0	—	—
	比例	13	6	3	2	1	1	—	—
四国ブロック	小選挙区	13	10	1	1	1	0	—	—
	比例	7	3	2	1	1	0	—	—
九州ブロック	小選挙区	38	22	11	1	0	3	1	—
	比例	23	9	7	3	2	2	0	—

・近藤鉄雄（山形2区），元環境庁長官・志賀節（岩手3区），元郵政相・原田憲（大阪9区）らベテラン勢の落選も目立った。旧民社党から自民党に移った大内啓伍（東京4区），塚本三郎（愛知4区）の両元民社党委員長がいずれも苦杯をなめたことも目を引いた。

　全国11ブロックの比例では，自民党は中国ブロックで13議席中6議席，四国ブロックで7議席中3議席を獲得する強さを見せ，北関東（21議席中8），北陸信越（13議席中5），九州（23議席中9）の各ブロックでも他党を上回る議席を得た。ただ，他党を下回る議席しか取れなかったブロックはなかったものの，全19議席の東京ブロックは新進党，民主党と同数の5議席で並び，東北（16議席中6），南関東（23議席中7），東海（23議席中8），近畿（33議席中10）の4ブロックは新進党と同数，北海道ブロック（9議席中3）は民主党と同数にとどまった。

比例では，小選挙区候補288人のうち260人を重複立候補とすることで票の掘り起こしを目指したが，総得票（約1821万票）は小選挙区総得票（約2184万票）の83％にとどまった。得票率で見ると，小選挙区の39％に対し，比例は33％と6ポイントも差がつき，小選挙区では自民党候補に投票するものの，比例は自民党以外に投票する有権者が相当数いたことが明確になった。少なからぬ有権者が政党の選択で「バランス」を考慮したことや，自民党が個人後援会を基盤とした「議員政党」の性格を強く持っていることが影響したものと見られる。

新進党後退，執行部に痛手　小沢一郎党首の陣頭指揮で「新進党単独政権」を目指した新進党は，公示前勢力（160）を割り込む156議席にとどまり，執行部の求心力を大きく低下させた。

小選挙区では，小沢党首の地元・岩手県で4小選挙区のうち3，羽田孜・元首相の地元・長野県で5小選挙区のうち3を制したほか，大阪（19小選挙区中15），愛知（15小選挙区中10），三重（5小選挙区中3），和歌山（3小選挙区中2），熊本（5小選挙区中3），沖縄（3小選挙区中2）の各府県で6割以上の議席を占める強さを見せた。さらに，埼玉（14小選挙区中7），兵庫（12小選挙区中7）両県でも自民党を上回る議席を獲得した。しかし，茨城，栃木，山梨，新潟，富山，岐阜，鳥取，島根，岡山，山口，香川，愛媛，高知，宮崎，鹿児島の15県では，いずれも1以上の小選挙区に候補を立てながら議席を全く得られず，全体では96議席にとどまった。小選挙区で落選しても比例で復活当選が可能になる重複立候補をほとんど認めなかったこともあり，副党首の米沢隆（宮崎1区），元農相の田名部匡省（青森3区）ら有力者が落選したことも，党にとって打撃となった。また，旧公明党出身の元建設相・森本晃司（奈良3区），元郵政相・日笠勝之（岡山1区）らの敗退は，トップ得票が必要な小選挙区で，旧公明党系候補が創価学会票以外の票を掘り起こす難しさを印象づけた。

比例では，東北（獲得議席6），南関東（同7），東海（同8），近畿（同10）の各ブロックで自民党と肩を並べ，東京（同5）でも自民，民主両党と並ぶ議席を勝ち取った。しかし，自民党を上回る議席を得たブロックはなく，北海道（同2）では自民党ばかりでなく民主党にも後れをとった。総得票は約1558万票とトップの自民党に約263万票差をつけられ，獲得議席も10少な

い60にとどまった。

民主党,「新党効果」は不発　選挙直前の9月28日に結党したばかりの民主党は,鳩山由紀夫,菅直人がともに代表を務める2人代表制などで清新さをアピールしたが,「風」を起こすまでにはいたらず,公示前勢力から横ばいの52議席にとどまった。結党から時間を置かずに国政選に臨んだことが,無党派層を引きつけるプラス効果よりも,党のPR不足というマイナス効果につながった面もあると見られ,目標の「75議席」には遠く及ばなかった。基本的には2大政党制の実現を目指す小選挙区比例代表並立制が,「第3極」政党にとっては議席を伸ばしにくい制度であったことも影響したものと見られる。

小選挙区では,300選挙区のうち半数弱の143選挙区に候補を立てたものの,当選したのは17人だった。副代表・岡崎トミ子(宮城1区)のほか,前社民党幹事長・佐藤観樹(愛知9区),前官房副長官・渡辺嘉蔵(岐阜1区)ら社民党離党組の有力議員が相次いで落選したことは,単なる「看板の掛け替え」では幅広い有権者を引きつけられないことを示したものと言えそうだ。

比例では,旧社会党勢力が固い地盤を持ち,鳩山氏の地元でもある北海道ブロックで,自民党を上回る得票(獲得議席は3で同数)を集め,東京ブロックでも自民,新進両党と互角の戦いを見せた。ただ,自民党と新進党の争いに割り込めたのはこの2ブロックだけで,議席を取れなかった空白ブロックこそなかったものの,民主党の集票力は地域的な偏りが大きいことを裏付けた。

共産党は「第4党」に　300小選挙区のうち,沖縄2区を除く299選挙区に候補を擁立し,比例票掘り起こしにつなげることを目指した共産党は,公示前勢力(15)から7割増の26議席を獲得。議席を減らした社民党を抜き,第4党に躍進した。

小選挙区を勝ち抜いたのは寺前巌(京都3区),山原健二郎(高知1区)の前議員2人だけだったが,比例では11ブロックすべてで議席を得た。特に,近畿ブロックでは民主党を上回る票を集めて6議席をもぎ取り,新進,自民両党に次ぐ第3勢力の座を確保した。1993年の「55年体制」崩壊後,共産党を除く主要政党がいずれも与党を経験しており,政界再編に冷めた目を向ける有権者の「オール与党化」批判が,共産党への追い風になったものと見ら

れる。

社民，さきがけ両党は存亡の危機に　民主党結党に加わった勢力の離党で社民，さきがけ両党とも選挙直前に分裂し，支持基盤が大きく崩れた。特に社民党は，最大の基盤と頼んできた自治労などの労組が民主党支持に切り替えたことで，苦戦を余儀なくされた。公示前勢力は社民党が30（分裂前は64），さきがけが9（同23）だったが，揺らいだ体制を立て直せないまま選挙に臨み，それぞれ15，2に激減した。民主党が，自社さ連立の中核だった前首相・村山富市，元蔵相・武村正義らの参加を拒む「排除の論理」を貫いたことで，社民，さきがけ両党が連立の功罪の「罪」の部分を引き受けるイメージとなったことも，響いたようだ。

小選挙区43人，比例単独5人しか候補を立てられなかった社民党は，小選挙区では党首の土井たか子（兵庫7区），前首相の村山（大分1区），横光克彦（同4区），元国土庁長官の上原康助（沖縄3区）の4人が当選しただけだった。それでも，比例では，四国ブロックと候補を立てなかった北海道ブロックを除く9ブロックで，議席を死守した。

さきがけを取り巻く状況はさらに厳しく，小選挙区への候補擁立は13人，比例は北関東，北陸信越，近畿，中国，九州の5ブロック（比例単独候補2人）にしか名簿を提出しなかった。代表の井出正一（長野3区），経企庁長官・田中秀征（長野1区），政調会長・渡海紀三朗（兵庫10区），総務会長・三原朝彦（福岡9区）ら党幹部が相次いで落選し，比例での議席獲得はゼロだった。

その他の勢力　公示前にはそれぞれ2議席を有していた民主改革連合，自由連合，新社会党はいずれも苦戦し，小選挙区で民主改革連合の土肥隆一（兵庫3区）が議席を得たにとどまった。新社会は比例11ブロックすべて，自由連合も東北，北関東，東京，南関東，東海，近畿，九州の7ブロックに名簿を提出したが，議席を獲得できるだけの票は積み上げられず，小党に不利とされる新制度の特質を反映した結果となった。

戦後最低の投票率　新制度で行われた96年衆院選の投票率は小選挙区が59.65％，比例が59.62％で，過去最低だった前回93年衆院選の67.26％からさらに大きく下落し，衆院選で初めて6割を切った。95年7月の参院選も，国政選挙としては初めて5割を割り込む44.52％

に落ち込んでおり，有権者の間で政治・選挙離れが進行していることをうかがわせた。

小選挙区の投票率を都道府県別で見ると，最低は埼玉の53.44％で，千葉（54.53％），大阪（54.81％）も55％を割り込んだ。前回衆院選では28あった7割超の県は，島根（75.68％），山形（70.91％），長野（70.20％）の3県だけとなった。

また，無効投票率は小選挙区で2.97％，比例で4.58％となり，過去最高だった80年衆院選の2.17％を大きく記録更新した。無効投票のいずれも半数（小選挙区49.89％，比例49.24％）は白紙投票だった。2枚の投票用紙に個人名と政党名を書き分ける新制度にとまどった有権者が少なくなかったことに加え，政党不信からあえて白票を投じた有権者もいたためと見られる。

<u>制度改正</u>　小選挙区比例代表並立制の導入という大きな制度改正に隠れがちだが，96年衆院選では「選挙運動期間の短縮」「連座制の強化」という見直しも行われた。

選挙運動期間の短縮は，中選挙区制から小選挙区制に変わったことで選挙区域が狭くなったことなどを理由に，これまで14日間だった運動期間を12日間にしたものだ。

連座制は，候補者と一定の関係を持つ者が悪質な選挙違反をした場合，候補者本人がかかわっていなくとも当選が無効になる制度だ。この改正では，当選無効に加え，同一選挙区・同一選挙からの立候補が5年間禁止されることになった。連座制の対象者についても，これまでの「総括責任者」「出納責任者」「候補者の親族」だけでなく，「秘書」「組織的選挙運動管理者」なども含まれることになった。

2. 傾向分析

<u>無党派層</u>　「支持政党なし」層，いわゆる無党派層の動きは，選挙結果にどんな影響を与えたのだろうか。96年衆院選の投票者に対し，読売新聞社と日本テレビ系列各局が共同で実施した出口調査などによると，無党派層の相当部分は棄権に回り，実際に投票した場合，その票は自民，新進，民主など各党に分散した傾向がうかがえる。

選挙前の96年9月に読売新聞が行った世論調査では，無党派層は全体の

45.1％に達していた。これに対し、投票日当日の出口調査によると、実際に投票所に足を運んだ人の中で無党派層が占める割合は、東京19区26.5％、埼玉8区19.8％、大阪13区19.1％、北海道7区15.5％、山口2区14.2％などとかなり少なかった。調査手法に違いがあるため、単純に比較は出来ないが、無党派層の多くが投票にいかなかったことがこうした数字から読み取れる。

また、読売新聞が選挙後の96年10月末に行った追跡調査によると、小選挙区では無党派層の32.6％が自民党、24.7％が新進党、11.5％が民主党、7.6％が共産党、6.2％が社民党にそれぞれ投票していた。こうした無党派層の投票動向には、なんらかの「風」が吹いた様子はうかがえない。政党が離合集散を繰り返す政治状況に対する「しらけ」がまん延する中で、無党派の票もそれぞれ各党の党勢に応じて分散するしかなかったようだ。

異党派投票 　1人の有権者が小選挙区と比例にそれぞれ1票、計2票を投じる新制度の導入で、一部有権者の投票行動には「ねじれ」が生じることになった。選挙区、比例の2票を投じる参院選でも見られる異党派投票（クロス投票）と呼ばれるもので、衆院新制度の場合は、小選挙区で投票した候補の所属政党と、比例で投票した政党が異なるケースを指す。有権者のバランス感覚を示すものとも言えるが、小選挙区は人柄重視、比例は政党重視などといった選択は、衆院新制度が目指す「政党本位の政治」とは相反するものでもある。

96年衆院選で議席を獲得した政党のうち、比例11ブロックすべてに名簿を提出した自民、新進、民主、共産各党について、小選挙区と比例の得票率を比べてみると、自民、民主、社民の3党では異党派投票が目立つことが読みとれる。自民党は、小選挙区での得票率38.6％に対し、比例の得票率は32.8％と約6ポイント下回っており、小選挙区候補が掘り起こした支持者が自民党以外に投票した例が少なくなかったようだ。個人後援会を主な基盤とする自民党の性格を反映したものとも言える。

民主、社民両党は逆に、小選挙区の得票率（民主10.6％、社民2.2％）よりも、比例の得票率（民主16.1％、社民6.4％）の方が大幅に高かった。両党が候補者を立てた小選挙区が限られていたこともあって、小選挙区で他党の候補者を選んだ有権者が、2大政党以外の勢力である両党に比例票を投じることで「バランス感覚」を示そうとしたようだ。

新進，共産両党も比例の方が小選挙区よりも得票率が高かったが，その差はごくわずかで，組織票に強みを持つ両党の特徴が表れた格好となった。

死票　　　1議席をめぐってトップ争いを展開する小選挙区制では，複数の候補者が当選する中選挙区制に比べ，議席に結びつかない「死票」が大幅に増える。96年衆院選の小選挙区での当落に限って見ると，落選者が獲得した票の総計は約3090万票で，死票の割合は有効投票総数の54.7％に及んだ。中選挙区制だった1993年衆院選での死票の割合は25.7％で，新制度に変わって倍増したことになる。

　これを裏から見れば，小選挙区では，第1党が効率的に議席を獲得したことになる。小選挙区制が「民意を集約する選挙制度」とされる由縁を実証した格好だ。得票率38.6％の自民党は169小選挙区を制し，議席率56.3％と約18ポイントも「果実」をかさ上げした。第2党の新進党も28.0％の得票率で96

表5-3　高得票の落選者，低得票の当選者

	高得票の落選者				低得票の当選者		
	得票	氏名	党	選挙区	得票	氏名	党	選挙区
1	103,307	筒井信隆	無	新潟6	33,523	山原健二郎	共	高知1
2	101,074	野田実	自	和歌山3	43,060	奥田幹生	自	京都2
3	94,700	佐藤孝行	自	北海道8	46,389	飯島忠義	自	神奈川4
4	94,496	中島衛	進	長野5	47,057	仙谷由人	民	徳島1
5	93,347	石原健太郎	無	福島1	48,214	笹木竜三	進	福井1
6	91,989	吉岡賢治	改	兵庫5	48,648	赤松広隆	民	愛知5
7	90,798	矢田富郎	無	石川3	48,650	大口善徳	進	静岡1
8	90,099	森田裕介	進	愛知8	50,712	並木正芳	進	埼玉8
9	89,359	川崎二郎	自	三重1	51,360	桜井郁三	自	神奈川12
10	89,044	近藤基彦	無	新潟2	52,064	石井一	進	兵庫1
11	88,661	増子輝彦	進	福島2	52,111	中尾栄一	自	山梨1
12	88,391	佐藤公治	進	広島6	52,473	辻一彦	民	福井3
13	88,214	玄葉光一郎	民	福島3	52,478	吉田幸弘	進	愛知3
14	87,643	斎藤文昭	自	福島4	52,787	小林興起	自	東京10
15	85,794	中村時広	進	愛媛1	52,975	白保台一	進	沖縄15
16	85,766	浦野烋興	自	愛知11	53,623	石垣一夫	進	大阪10
17	85,390	寺田創	進	秋田3	53,968	藤村修	進	大阪74
18	84,625	二田孝治	自	秋田1	54,275	石崎岳	自	北海道3
19	84,448	徳田虎雄	合	鹿児島2	54,550	安住淳	民	宮城5
20	84,375	初村謙一郎	進	長崎2	55,360	松本純	自	神奈川1

議席を勝ち取り，議席率（32%）が得票率を上回った。他の主要政党は，得票率10.6%の民主党が議席率では5.7%となるなど，いずれも得票率が議席率を下回った。

候補者個人についてみると，小選挙区で10万票以上を得ながら落選したケースもあった。新潟6区の筒井信隆（無所属）は10万3307票を集めたが，高鳥修（自民党）の10万7578票にはわずかに及ばず，涙を飲んだ。逆に，最も少ない得票で小選挙区を勝ち抜いたのは高知1区の山原健二郎（共産党）で，筒井の3分の1の3万3523票だった（表5-3）。

復活当選　新制度では，小選挙区選で落選しても，重複して立候補した比例選で救われる道を残す「復活当選」の仕組みが導入された。この制度によって敗者復活に成功したのは84人に上り，比例での当選者のうち42%を占めた。

比例名簿にはあらかじめ順位がつけられ，上位から順次当選が決まるが，複数の候補者と「同一順位」となっている場合は，小選挙区でどこまで当選者に肉薄したかを示す「惜敗率」（当該落選者の得票／当選者の得票）が当落を左右することになる。ただ，比例選得票数をもとにドント式で各党に配分される議席数が多いか少ないか，重複立候補した名簿上位者が小選挙区で自力勝利を勝ち取るかどうかなど，多くの要素が複雑に絡むため，政党によって，高い惜敗率でも復活当選できないケースや，その逆のケースが相次いだ。

最も高い惜敗率を記録したのは自民党の川崎二郎（三重1区）で99.506%。奈良4区の田野瀬良太郎（自民党），埼玉2区の新藤義孝（同）もそれぞれ99.206%，99.200%と99%を超す高率だった。この3人と，98.435%で4番目だった佐藤謙一郎（神奈川1区，民主党）の上位陣はいずれも比例で復活当選した。しかし，5番手の清水清一朗（東京20区，自民党）は98.241%と高い惜敗率だったものの，比例名簿順位が15位（比例東京ブロックでの自民党への議席配分は5）と低かったため，復活はならなかった（表5-4）。

一方，例えば東京22区で5番手の1万3904票（惜敗率19.946%）にとどまり，有効投票総数の10分の1に達しなかったために小選挙区選の供託金（300万円）を没収された社民党の保坂展人は，比例名簿1位だったことから復活当選した。同小選挙区では，得票2位の候補も復活当選したが，3番手，4番手の2候補は議席を得られなかった。保坂のように，小選挙区での上位候

表5-4 惜敗率の上位5人

順位	氏名	選挙区	党	惜敗率
1	川崎二郎	三重1	自	99.506
2	田野瀬良太郎	奈良4	自	99.206
3	新藤義孝	埼玉2	自	99.200
4	佐藤謙一郎	神奈川1	民	98.435
5	清水清一朗	東京20	自	98.241

補を追い越す形で復活当選したのは23人に上った。また，保坂を含め，小選挙区で法定得票数（有効得票総数の6分の1＝これを下回った場合は当選人の資格を得られない得票数）を得られなかったにもかかわらず，比例で復活当選した候補が8人いた。小選挙区で有権者から「当選の資格なし」というレッテルを貼られながら，議員バッジを手にしたことへの批判は強く，その後の制度見直し（小選挙区で供託金没収ラインを下回った場合は復活当選を認めない）につながった。

当選者像　　当選者の平均年齢は54.8歳で，前回93年衆院選の53.9歳を上回った。選挙制度の刷新に伴い，候補者総数は前回の955人から1503人へと大幅に増え，特に新人（前回453人→今回969人）の増加が目立ったが，世代交代には結びつかなかった。

自民，新進，民主3党の当選者を比べてみると，戦後生まれが最も多かったのは民主党で，52％と半数以上を占めた。新進党も44％と戦後世代の進出が目立ったが，自民党は28％にとどまり，民主，新進両党ではゼロだった明治生まれが2人いた。こうした年齢構成を反映し，平均年齢は自民党56.8歳，新進党52.2歳，民主党50.5歳となった。世襲議員の割合は，自民党が42.3％と最も高く，新進党は20.5％，民主党は21.2％といずれも自民党の約半分だった（表5-5）。

当選者の経歴別内訳で最も多かったのは都道府県議（124人）で，中央官僚（80人），国会議員秘書（72人）がこれに続いた。新人だけに絞ってみると，やはり都道府県議（37人），中央官僚（14人）の順で多かった。初当選した中央官僚出身者の省庁別内訳では，自治省が最も多く3人，次いで外務省が2人だった。8人と最多だった大蔵省出身新人候補は，1人が当選を果たしただけだった。

表5－5　自民，新進，民主各党の当選者像（％）

		自民	新進	民主
年代	明治	1	0	0
	大正	14	4	2
	戦前	57	52	46
	戦後	28	44	52
経歴	中央官僚	22	15	4
	首長	2	4	6
	地方議員	32	24	19
	議員秘書	20	10	10
	弁護士	2	6	15
	労組	0	6	17
	その他	22	35	29
性別	男	98	95	94
	女	2	5	6
新旧	前	74	71	58
	元	6	6	10
	新	21	23	33

　女性の候補者は，衆院選で最多の153人（小選挙区127人，比例単独26人）で，このうち23人が当選した。

3. 選挙戦の構図

　1993年に自民党1党支配の構図が崩れて以来，最初の「政権選択の機会」となった96年衆院選では，「選挙後の政権はどんな枠組みとなるか」が大きな関心事となった。しかし，共産党が「他党と政権協議を行うことは全く考えていない」（委員長・不破哲三）と言明した以外，各党が示した「政権像」にはあいまいさが残った。

　自民党は，総裁（首相）の橋本竜太郎が新進党との連携にも含みを残す一方，幹事長の加藤紘一は自社さ連立継続の必要性を強調し，食い違いを印象づけた。新進党党首の小沢一郎は「過半数を獲得して単独政権を作ることが必要で，それ以外は想定していない」と原則論に終始し，社民党党首の土井たか子は「今から与党か野党かを言うわけにはいかない」と明言を避けた。選挙直前に旗揚げしたものの，与党か野党かのスタンスを明確にせず，「ゆ党」ともやゆされた民主党は「基本的には野党であるべきだ」（代表・鳩山由

紀夫）としながらも，結論は選挙後に先送りした。

政策課題で大きな争点となったのは「行政改革」と「消費税」だった。総論としての行政改革推進については，各党とも前向きな姿勢を示したため，具体化の「手法」「手順」の独創性をどう有権者に印象づけるかが訴えのポイントとなった。

自民党の橋本は，中央省庁を半分程度に統合・再編するため，首相直属の審議機関を設置して1年で改革案をまとめる方針を打ち出した。硬直した縦割り行政では，日本が直面する複雑な課題の解決は困難との判断によるもので，首相官邸の指揮能力強化にも意欲を示した。

すでに20省庁を15省庁に再編する法案を提出していた新進党は，審議機関を設けるという橋本の構想を「もう議論の時期は過ぎた」（幹事長・西岡武夫）などと批判，「政治家の選択と決断，実行のみが残っている」（小沢）として直ちに再編に着手する必要性を強調した。また，行革の具体的成果として，10年計画で国家公務員の4分の1を削減することを公約に掲げ，与党との違いをアピールした。

民主党は，予算編成権を首相のリーダーシップのもとに置くことや，国会に行政のチェック機関を設ける構想などを主張したが，予算編成権の問題についてはさきがけも同じ案を提示しているなど，個性を鮮明にするには今ひとつ力不足だったようだ。

1997年4月に予定される消費税率引き上げ（3％から5％へ）をめぐっては，与野党の対立が明確になった。

自民党は，将来の福祉財源確保や財政状況の悪化回避を理由に挙げ，予定通りの引き上げに理解を呼びかけた。消費税率の引き上げを決めたのが自社さ政権の村山内閣当時だったことから，さきがけも引き上げの必要性を訴え，社さ両党離党組が中核を占めた民主党も「引き上げはやむを得ない」との立場を守った。ただ，社民党は「国民から厳しい声が出ていることを受け止め，納税者の理解と納得を得られることを税率アップの前提条件にする」（幹事長・伊藤茂）とやや腰の引けた対応を見せた。

一方，新進党は，消費税率を3％に据え置くだけでなく，所得税・住民税半減などで18兆円の減税を実施するとの選挙公約を発表した。同党はもともと，「消費税は10％へ段階的に引き上げる」との公約を掲げていたため，「選

挙をにらんでのバラマキ公約」との批判も浴びた。選挙後には，この政策が有権者に「無責任」と判断されたことが，新進党後退の大きな要因との見方も広がった。

消費税そのものに反対していた共産党は，「引き上げは許さない」との主張を貫いた。

2. 1998年参院選

1. 選挙結果

> 橋本首相退陣

98年参院選では，自民党が大都市部で軒並み議席を失い，44議席にとどまる惨敗を喫した。橋本内閣の経済失政に有権者の厳しい批判が集中した結果と見られ，橋本首相は投票翌日の7月13日，退陣を表明した。一方，民主党は自民党への批判・不満層を吸収して，27議席に大幅増となった。また，共産党も過去最多の15議席を獲得，非改選を含め23議席となり，第3党に躍進した。92年，95年と史上最低を更新してきた投票率は，95年の44.52％（選挙区選）を大幅に上回る58.84％（同）を記録，持ち直した。また，選挙区選では，無所属候補の当選者が20人にのぼった。55年体制以降では，89年の10人を上回る過去最高。このうち非自民系の無所属が17人を占めた（表5-6）。

> 自民党惨敗

自民党が獲得した44議席は，過去最低の89年の36議席は上回ったものの，過去2番目に少なかった前回95年の46議席を下回った。当初目標としていた単独過半数回復に必要な69議席に遠く及ばず，党執行部が勝敗ラインとしてきた改選議席の60議席も大きく下回った。

選挙区選の獲得議席は30議席と，89年の21議席に次ぐワースト2で，16選挙区が空白区となった。特に大都市部で振るわず，東京では公認候補が共倒れして，65年以来33年ぶりに議席を獲得できなかった。また，埼玉，神奈川，愛知，大阪の3人区すべてで，1人も当選できなかった。このうち，埼玉，神奈川，愛知の3県では，公認候補の共倒れとなり，単独過半数を狙った強気の候補者擁立が裏目に出た。2人区では，群馬，鹿児島で改選議席を独占，千葉，岡山，広島などで1議席を確保したものの，単独擁立だった京都で55

表5-6　1998年参院選の各党得票等

		自民	民主	公明	共産	自由	社民	さきがけ
選挙区	候補者数	57	23	2	45	9	20	—
	当選者数	30	15	2	7	1	1	—
	非改選数	42	13	6	3	2	4	1
	計	72	28	8	10	3	5	1
	得票数	17,033,851	9,063,939	1,843,479	8,758,759	980,249	2,403,649	—
	得票率	30.5%	16.2%	3.3%	15.7%	1.8%	4.3%	0%
比例	候補者数	30	25	18	25	12	17	3
	当選者数	14	12	7	8	5	4	0
	非改選数	16	7	7	5	4	4	2
	計	30	19	14	13	9	8	2
	得票数	14,128,719	12,209,685	7,748,301	8,195,078	5,207,813	4,370,763	784,591
	得票率	25.2%	21.7%	13.8%	14.6%	9.3%	7.8%	1.4%
合計	候補者数	87	48	20	70	21	37	3
	当選者数	44	27	9	15	6	5	0
	非改選数	58	20	13	8	6	8	3
	計	102	47	22	23	12	13	3
	議席率	40.5%	18.7%	8.7%	9.1%	4.8%	5.2%	1.2%
	公示前	118	38	24	14	11	20	3

		二院ク	新社会	諸派	無所属	改革ク	計	投票率
選挙区	候補者数	—	12	88	60	—	316	
	当選者数	—	0	0	20	—	76	
	非改選数	0	0	0	2	3	76	
	計	0	0	0	22	3	152	
	得票数	—	577,458	2,390,096	12,884,581	—	55,936,064	
	得票率	0%	1.0%	4.3%	23.0%	0%	100%	58.84%
比例	候補者数	3	3	22	—	—	158	
	当選者数	0	0	0	—	—	50	
	非改選数	1	0	0	4	0	50	
	計	1	0	0	4	0	100	
	得票数	579,714	925,659	1,986,700	—	—	56,137,023	
	得票率	1.0%	1.6%	3.5%	0%	0%	100%	58.83%
合計	候補者数	3	15	110	60	—	474	
	当選者数	0	0	0	20	—	126	
	非改選数	1	0	0	6	3	126	
	計	1	0	0	26	3	252	
	議席率	0.4%	0%	0%	10.3%	1.2%	100%	
	公示前	2	3	0	14	3	250	欠員2

年の結党以来，初めて議席を獲得できず，兵庫も議席を失った。

また，全国に24ある1人区でも，公認候補を立てた22選挙区のうち，青森，石川，山梨，和歌山，山口，徳島，沖縄の7選挙区で，非自民系の無所属候補らに敗れた。特に和歌山では，結党以来続いてきた議席を確保できなかった。

こうした選挙区選での低迷が，比例選にもストレートに反映し，消費税批判やリクルート事件などで社会党（当時）に大敗した89年と，新進党（同）に敗れた95年の15議席をさらに下回る過去最低の14議席に終わった。得票率でも過去最低の25.2％（得票数は約1413万票）に落ち込んだ。都道府県別で見ると，鹿児島県の37.2％をはじめ36県で得票率トップとなったものの，東京都，大阪府，愛知県など11都道府県で民主党などに1位をさらわれた。特に大阪府では，民主党，公明，共産党についで4位の17.9％で，全国最低を記録した。都道府県別の得票率では，前回95年は28県でトップ，92年選挙は全ての都道府県で1位を記録していた。

民主党伸長　新進党出身者らを加えて，再出発後初の本格的国政選挙に臨んだ民主党は，選挙区選で改選8議席の倍近い15議席を獲得した。3人区以上の選挙区では，神奈川と愛知で2議席を獲得，東京，埼玉でも1議席を確保した。2人区では，栃木，岐阜，兵庫，岡山，熊本などで当選を果たした。比例選でも約1221万票（得票率21.8％）を獲得，改選議席10を上回る12議席まで伸ばして自民党に迫った。都道府県別で比例選の得票率をみると，北海道，宮城，埼玉，東京，神奈川，長野，愛知，大阪，兵庫の9都道府県で自民党を上回った。当初，旧新進党勢力の合流で足並みの乱れが懸念されていたが，結果は自民党への批判票の受け皿となり，こうした不安を払拭した。

共産党は過去最多　共産党は神奈川，愛知で結党以来，初めて当選を果たした。東京，大阪，埼玉などでも議席を確保，選挙区選で改選2議席を大きく上回る7議席に伸ばした。比例選でも，改選4議席の倍の8議席を獲得。得票数の約820万票，得票率14.6％は過去最高だった。京都府で，自民党を上回り得票率トップとなったのをはじめ，大阪府でも自民党を上回った。96年の衆院選から続いてきた躍進ムードが続いた。

公明は選挙区選で公認候補者を東京と大阪に絞る守りの選挙となった。東

京では浜四津敏子代表が当選し，大阪とともに，公明党発足以来続く系列候補の2議席を維持した。比例選では約775万票を集めて目標の7議席を確保して最小限度の目減りにとどめた。

　社民党は選挙区選で，新潟で現職候補が1議席を維持したのみにとどまった。比例選でも4議席に減らし，旧社会党時代も含め，最低を更新した。

　本格的国政選挙に初挑戦した自由党は，和歌山で自民党公認候補に競り勝ったほか，比例選でも5議席を獲得，予想を上回る健闘を示し，改選議席を1議席上回った。

　与党の一角を占めてきた新党さきがけは比例選だけの出馬だったが，得票が伸びず議席獲得はならなかった。また，比例選が導入された83年の参院選以来，数議席を獲得してきた二院クラブなどの「ミニ政党」は今回初めて比例選で1議席も獲得することができなかった。ミニ政党で，最も多くの得票を集めたのが，新社会党の92万票だった。投票率が高くなり当選ラインが上がったこともミニ政党に不利に働いた。

> 投票率
> 上昇

　選挙結果とともに注目を集めた投票率は，選挙区選は58.84%，比例選は58.83%だった。4%を超える過去最悪の失業率に象徴される深刻な不況下，減税などの景気対策が選挙の争点となり，選挙への関心を高めさせたものと見られた。読売新聞社が参院選後に行った追跡調査でも，投票率上昇の原因は，「自民党に不満を持つ人が増えた」からとの回答が49%と最も多く，自民党の経済失政が投票率アップにつながったとの見方を裏付けた。また，同調査では，「投票時間の延長で投票しやすくなった」が22%にのぼった。午後8時までとなった投票時間の2時間延長と不在者投票の要件緩和により，不在者投票が過去最多を記録するとともに，投票率のアップにも貢献した。

2. 傾向分析

> 無党派層
> の動向

　選挙結果を大きく左右したのは，支持政党なし，いわゆる無党派層の投票動向だった。読売新聞社と日本テレビ系列各局による全国20万人の出口調査によると，無党派層の票獲得に強みを発揮したのは民主党と共産党で，両党を合わせると50%近くに上った。調査によると，無党派層は回答者全体の18%を占めた。自民党支持の

39％を下回ったものの，第2勢力として選挙結果を大きく左右した。

　無党派層に比例選の投票を聞いたところ，民主党が31％と最も多く，次いで共産党18％，自民党10％，自由党9％，公明，社民党各8％の順だった。自民党は1996年の衆院選後の追跡調査では，無党派層の27％の支持を得ていたが，この参院選で大きく支持を減らしたことがわかる。民主党は，政党支持率で自民党の半分以下の14％という地力の差を無党派層の票でカバーした。共産党も95年参院選後の追跡調査で無党派層の支持が6％，96年衆院選では10％にとどまっていたが，さらに支持を広げた。

| 異党派投票 |

　選挙区選と比例選の得票の比較から，選挙区選で自民党候補に投票したものの，比例選で他党の名前を書いた有権者が多数に上った。自民党の選挙区選の得票は約1703万票，これに対し比例選は1413万票で，その差は約290万票。選挙区選に対する比例選の得票は83％だった。自民党は比例選が導入された83年以降，95年まで過去5回のうち，4回は比例票が選挙区の票を下回っており，98年も同様の傾向となった。

　選挙区選で自民，民主両党の候補に投票した人が，比例選でどの政党に投票したのかを調べてみると，2票の行き先が違う「異党派投票」が少なくない。自民党は47選挙区のうち45選挙区，57人の公認候補を擁立，民主党は20選挙区に23人を擁立した。この計80人の候補者に投票した人たちが，比例選ではどこに投票したかを出口調査で見ると，自民党の場合，70％が「自民党」に投票したものの，「民主党」に12％，自由党に6％，公明に5％，票が流れた。一方，民主党については，比例選も「民主党」に投票した人は61％にとどまった。自民党よりも歩留まりが低く，公明と社民党にそれぞれ11％の票が流れていた。

| くら替え候補 |

　98年参院選では，96年の衆院選の落選者を中心に前・元の衆院議員28人が，参院選にくら替え出馬し，当落が注目された。28人の内訳は選挙区に18人，比例に10人。当選者は選挙区13人，比例5人の計18人だった。

　特に選挙区選で衆院議員時代の知名度を生かした，くら替え候補の健闘が目立ち，栃木では簗瀬進（民主）が当選。また，埼玉でも浜田卓二郎（無所属）が衆院議員時の支持に公明票を上積みして国政に返り咲いた。民主党が

表5−7 鞍替え候補の当落

当落	氏名	選挙区/比例	96年衆院選時の選挙区	当落	氏名	選挙区/比例	96年衆院選時の選挙区
○	田名部匡省	青森(無)	青森3(進)	○	柳田稔	広島(無)	広島7(進)
×	中村力	岩手(無)	岩手1(無)	○	松岡満寿男	山口(無)	山口2(進)
○	簗瀬進	栃木(民)	栃木1(民)	×	加藤繁秋	香川(社)	香川1(社)
○	浜田卓二郎	埼玉(無)	埼玉1(進)	○	弘友和夫	福岡(無)	福岡10(進)
×	上田哲	東京(無)	東京4(無)	×	中島章夫	比例(民)	神奈川4(民)
○	奥石東	山梨(無)	山梨1(民)	○	日笠勝之	比例(公)	岡山1(進)
○	田中直紀	新潟(無)	福島5(自)	○	森本晃司	比例(公)	奈良3(進)
×	星野行男	新潟(無)	新潟5(進)	×	千葉国男	比例(公)	宮城2(進)
○	若林正俊	長野(自)	長野1(自)	○	月原茂皓	比例(由)	香川3(進)
○	松田岩夫	岐阜(無)	岐阜1(進)	○	渡辺秀央	比例(由)	新潟4(無)
○	山下八洲夫	岐阜(民)	岐阜5(無)	○	岩佐恵美	比例(共)	東京21(共)
×	浦野烋興	愛知(自)	愛知11(自)	×	井出正一	比例(さ)	長野3(さ)
○	佐藤泰介	愛知(民)	愛知1(民)	×	宇佐見登	比例(さ)	東京3(さ)
○	江田五月	岡山(民)	――	×	徳田虎雄	比例(諸)	鹿児島2(諸)

○は当選，×は落選，( )は所属政党。進＝新進，さ＝さきがけ

候補者調整に失敗し2人のくら替え候補が出馬した岐阜では，社民党出身の山下八洲夫（民主）が旧社会党支持労組を中心とした連合の組織票に無党派層の支持を加えて当選した。一方，新進党出身の松田岩夫（無所属）も保守層や公明党支持層に浸透して当選した。このほか，青森で田名部匡省（無所属），長野で若林正俊（自民），岡山で江田五月（民主），山口で松岡満寿男（無所属），福岡で弘友和夫（無所属）らが当選した。一方，比例選では，公明，共産両党が安定した組織票に支えられ，名簿順位の上位に登載された公明の森本晃司や共産党の岩佐恵美が返り咲いた（表5−7）。

当選者像　当選者を出身別でみると，最も多いのが，市長や県議などの地方政界出身者で選挙区32人，比例1人の計33人に上り，32人だった95年選挙に続いてトップを維持した。中央省庁のキャリア官僚出身者は選挙区10人，比例12人の計22人に上った。これを党派別にみると，自民党が最も多く13人（選挙区6人，比例7人），次いで自由党の4人。自民党にとって中央官僚は候補者の重要な供給源となっている。また，労組出身者は選挙区9人，比例8人の17人。党派別内訳は民主党がトップで11人（選挙区5人，比例6人），次いで共産党と社民党が各2人の順だっ

た。民主党は当選者の41％を占めた。民主党は平均60％前後を維持してきた旧社会党の労組候補の占める割合と比べると低くなっているが、比例選で労組出身候補を当選圏と見られる10番以内に6人も並べるなど、労組依存体質の強さを示した。

女性候補の当選者は選挙区10人、比例10人の計20人で、89年、95年に次いで3番目に多い結果となった。党派別内訳は共産党が最も多く7人（選挙区5人、比例2人）だった。次いで、民主党4人、社民党3人、自民党と公明が各2人の順だった。また、候補者全体では、選挙区72人、比例38人の計110人で、全体に占める割合は過去最高の23％だった。女性候補者について、過去を振り返ると、女性候補者の割合は戦後、しばらく一ケタ台を推移していた。初めて10％を上回ったのは、77年の選挙で、36人の女性が立候補した。86年の選挙以降、女性候補の割合は常に10％を上回っており、女性進出が定着してきた。

選挙区選で親などから地盤や看板などを引き継いだ世襲議員は、13人だった。党派別では、最も多いのが自民党の7人、次いで無所属の5人だった。前回95年参院選の15人と比べるとやや減少した。候補者は19人で候補者全体の当選率を大きく上回った。

3. 選挙戦の構図

<u>不況と経済対策</u>　深刻な経済危機の中で行われた98年参院選は、各党とも独自の経済対策を掲げて論戦を展開した。特に焦点となったのは、減税などを柱とした景気対策に軸足を置くのか、膨れ上がった借金に歯止めをかけることを優先し、財政改革の推進に重点を置くのかだった。自民党は当初、橋本首相が打ち出した財政構造改革や金融改革など6大改革の推進を重視する立場上、減税などに歯切れが悪かった。橋本は、選挙戦のさなか、「恒久的な税制改革」に言及し、恒久減税を実施する方針を明らかにしたと思えば、「恒久減税という言葉は使っていない」とそれを引っ込めたり、再び認めたりと揺れ続けた。この政策の一貫性の欠如が国民に経済運営に対する不信感を植え付け、自民党の敗北につながった。自民党は複数擁立した東京、愛知、神奈川、埼玉で共倒れを喫し、過剰公認も災いした。

これに対し、野党側は不況対策を重視し、早い段階から減税などを公約に

掲げ，攻勢をかけた。民主党は所得税などを中心に6兆円規模の恒久減税，共産党と自由党は消費税の3％への減税を訴えた。

野党選挙協力　公認候補を他党（参院選の候補者がいる主要7党に限定）が推薦・支持したのは，14選挙区17人，無所属候補を複数の政党が共同で推薦・支持したのは24選挙区26人だった。パターン別にみると，民主党と公明が参加している選挙協力は15選挙区15人のうち14人が当選し，成功率の高さが際立った。民主党支援の労組や公明の支持母体である創価学会などの組織票が当選に大きく貢献したものと見られる。これに対し，公明が参加していない民主党と社民党の協力は，12選挙区12人のうち，いずれも無所属の岩本壮太（石川），輿石東（山梨），高橋紀世子（徳島）3人の当選にとどまった。

新進党崩壊後，どの政党にも所属せずに98年の参院選に挑んだ旧新進党系候補は8選挙区8人。このうち，田名部匡省（青森），浜田卓二郎（埼玉），松田岩夫（岐阜），弘友和夫（福岡）ら6選挙区6人が当選した。

注目選挙区　98年参院選で注目を集めた選挙区の戦いを総括しておこう。
東京では，民主党新人の小川敏夫，共産党新人の井上美代，無所属の俳優中村敦夫は，無党派層の支持を受けて，票の底上げを果たし，初当選に結びつけた。また，厚い組織票を持つ公明代表の浜四津敏子も安定した戦いぶりで，前身の公明党が65年に獲得して以来守り続けている議席を確保した。対照的に86年の衆参同日選以来の複数議席獲得を目指した自民党は，現職の小野清子に加え，元都議の塚原宏司を擁立，票の掘り起こしを狙ったが，思惑が外れ，65年以来の共倒れとなった。

愛知でも，自民党と民主党が共に複数を擁立し，これに無所属の現職，共産党と社民党の新人がからむ戦いとなった。自民党は現職の大木浩環境庁長官が尾張，元衆院議員の浦野烋興が三河という地域割で選挙戦を展開したが，結果的に票が分散，共倒れとなった。一方，民主党は，新人の木俣佳丈が主に全トヨタ労連など旧同盟系労組，元衆院議員の佐藤泰介が日教組など旧総評系労組の支援を受けた。組織票に加えて無党派層の支持を受け，2議席を獲得した。共産党の新人，八田広子は消費税引き下げなどを訴え，手薄な組織票を無党派層の支持で補い党として初の議席につなげた。

徳島では，自民党の現職松浦孝治と三木武夫元首相の長女で民主党，社民

党などが推薦する高橋紀世子の事実上の一騎打ち。追い風を受けた高橋が無党派層の大きな支持のほか，元首相の知名度をいかし自民党支持層にも食い込んで松浦に競り勝った。3選を目指した松浦は橋本首相が2度応援に訪れるなど党本部もてこ入れし，防戦に努めたが，都市部の劣勢を跳ね返すことができなかった。

福岡では，旧社会党勢力が戦後以来の議席を維持できるかが注目された。自民党現職の吉村剛太郎と旧公明党出身で元衆院議員の弘友和夫が固い組織力を生かして，当選を果たした。民主，社民などの推薦を受けた前社民党県議の藤田一枝は，土井社民党党首などの応援を受けて，追い上げたが及ばなかった。旧社会党勢力が議席を失ったのは初めてのことだった。

3. 2000年衆院選

1. 選挙結果

> 自公保連立
> 「条件付き容認」

20世紀最後となったこの衆院選は，自民，公明，保守3党による「自公保」連立政権存続を認めるかどうかが大きな争点となった。軽率な「神の国」発言などで首相としての「資質」が問われた森首相を支える与党に，引き続き政権運営を委ねるのか。それとも，民主党を軸とする野党に，新たな連立政権の樹立を求めるのか。選挙直前の世論調査では，森内閣の支持率は2割に満たず，自公保連立の解消を望む意見は存続論の倍を占めた。選挙本番での有権者の「政権選択」は，劇的な与野党政権交代までは望まず，現状の政権枠組みの存続を許すことで目前の政策課題の着実な実行を促すものとはなったが，世論調査結果に現れた森政権への強い不満を反映した厳しい審判となった。

与党3党に対する有権者の「条件付き信任」は，その獲得議席に端的に現れた。与党は全常任委員会での委員長独占が可能で，委員数でも過半数を占める「絶対安定多数」(269＝総定数は480)を確保した。しかし，公示前勢力(335＝同500)を大幅に割り込み，各党それぞれの議席もそろって大きく後退した(表5-8，表5-9)。

表5-8　2000年衆院選の各党得票等

		自民	民主	公明	自由	共産	社民	保守
小選挙区	候補者数	271	242	18	61	300	71	16
	当選者数	177	80	7	4	0	4	7
	得票数	24,945,806	16,811,782	1,231,753	2,053,736	7,352,843	2,315,234	1,230,464
	得票率	40.97	27.61	2.02	3.37	12.08	3.80	2.02
比例	候補者数	326	259	63	72	66	76	3
	（重複立候補）	(260)	(239)	(7)	(58)	(34)	(71)	—
	当選者数	56	47	24	18	20	15	0
	得票数	16,943,425	15,067,990	7,762,032	6,589,490	6,719,016	5,603,680	247,334
	得票率	28.31	25.18	12.97	11.01	11.23	9.36	0.41
合計	候補者数	337	262	74	75	332	76	19
	当選者数	233	127	31	22	20	19	7
	議席率	48.5	26.5	6.5	4.6	4.2	4.0	1.5
**		270	95	42	0	26	14	18

		無所属の会	自由連合	諸派	無所属	計	投票率
小選挙区	候補者数	9	123	9	79	1,199	62.49
	当選者数	5	1	0	15	300	
	得票数	652,138	1,071,012	250,681	2,967,069	60,882,470	
	得票率	1.07	1.76	0.41	4.87	100	
比例	候補者数	2	33	4	—	904	62.45
	（重複立候補）	—	(30)	—	—	(699)	
	当選者数	0	0	0	—	180	
	得票数	131,345	660,724	99,565	—	59,844,601	
	得票率	0.25	1.10	0.17	—	100	
合計	候補者数	11	126	13	79	1,404	
	当選者数	5	1	0	15	480	
	議席率	1.0	0.2	0.0	3.1	100	
**		4	1	5	4	498	欠員2

＊　改革クラブは諸派に　　＊＊　公示前勢力

自民党は都市部で苦戦

　与党第1党の自民党は単独過半数に届かず，直後に野党に転落した1993年の223議席に次ぐ低成績の233議席にとどまった。小選挙区では，特に都市部で苦戦が目立ち，現職閣僚の通産相・深谷隆司（東京2区），農相・玉沢徳一郎（岩手1区）は比例での復活当選もかなわず苦杯をなめた。他にも，元総務庁長官・佐藤孝行（北海道8区），元防衛庁長官・愛知和男（宮城1区），元経企庁長官・船田元（栃木1区），元蔵相・松永光（埼玉1区），前金融担当相・越智通雄（東京6区），

表5-9 ブロック別の獲得議席

			与党			野党			
		計	自民	公明	保守	民主	自由	共産	社民
北海道ブロック	小選挙区	13	7	0	0	6	0	0	0
	比例	8	2	1	0	3	0	1	1
東北ブロック	小選挙区	26	15	0	0	6	3	0	0
	比例	14	5	1	0	3	3	1	1
北関東ブロック	小選挙区	31	20	0	0	8	0	0	0
	比例	20	7	3	0	5	2	2	1
南関東ブロック	小選挙区	32	18	0	0	12	1	0	0
	比例	21	6	3	0	6	2	2	2
東京ブロック	小選挙区	25	8	0	1	13	0	0	0
	比例	17	4	2	0	6	2	2	1
北陸信越ブロック	小選挙区	20	16	0	0	3	0	0	0
	比例	11	4	1	0	3	1	1	1
東海ブロック	小選挙区	34	16	0	1	15	0	0	0
	比例	21	7	2	0	7	2	2	1
近畿ブロック	小選挙区	47	23	6	4	10	0	0	2
	比例	30	7	5	0	7	3	5	3
中国ブロック	小選挙区	21	18	0	0	1	0	0	0
	比例	11	4	2	0	2	1	1	1
四国ブロック	小選挙区	13	11	0	0	0	0	0	0
	比例	6	3	1	0	1	0	1	0
九州ブロック	小選挙区	38	25	1	1	5	0	0	2
	比例	21	7	3	0	4	2	2	3

元自治相・白川勝彦(新潟6区),元通産相・佐藤信二(山口2区)ら多くの有力議員が落選した。不人気な政権のもとでは「政権与党の有力者」が持つ政治力も,特に都市部の有権者にとってはプラス評価の対象にならないことを示したものと言えそうだ。

他方,厚い保守地盤を誇る地方ではなお自力の強さを見せつけ,秋田(小選挙区数3),群馬(同5),富山(同3),石川(同3),福井(同3),岐阜(同5),奈良(同4),鳥取(同2),島根(同3),岡山(同5),愛媛(同4),高知(同3),佐賀(同3),宮崎(同3)の14県で議席を独占,前回96年選挙では滋賀,沖縄の2県あった自民空白県の解消にも成功した。

定数20減となった比例は,北海道(獲得議席は8議席中2),東京(同17議席中4)の両ブロックで民主党に第1党を譲り,南関東(同21議席中6),東

海（同21議席中7），近畿（30議席中7）では民主党と第1党を分け合った。他党を上回る議席を得たのは東北（同14議席中5），北陸信越（同11議席中4），北関東（同20議席中7），中国（同11議席中4），四国（同6議席中3），九州（同21議席中7）の6ブロックで，小選挙区と同様に地方での地盤の底堅さを印象づけた。しかし，11ブロックの合計得票は約1694万票で，96年の前回に比べて126万票余り減らした。獲得議席数も前回選挙の70（公示前勢力は73）から大きく減らして56に終わった。

<u>公明党，比例得票は過去最高</u>　公明党は，自民党と連立を組んで初の衆院選となったが，自民党との選挙協力が十分な効果を発揮したとは言えず，獲得議席は31と公示前の42を大きく割り込んだ。比例では過去最高の約776万票を出し，特に近畿ブロック（5議席獲得）などで強さを見せたものの，小選挙区では苦戦が目立ち，候補を立てた18選挙区のうち議席を得たのは7選挙区にとどまった。この結果，公明党が小選挙区選出議員を持つ府県は大阪（3区，5区，6区，16区），兵庫（2区，8区），沖縄（1区）だけとなり，残る44都道府県は「空白」自治体となった。

この苦しい戦いによって国会対策委員長・草川昭三（愛知6区）ら前議員が相次いで落選したことで，小渕前政権当時に自公連立へとかじを切った党執行部は，「厳しい結果であり，真剣に受け止めたい」（党代表・神崎武法）と敗北感をあらわにした。新制度になって初めての前回衆院選でも，旧新進党のもとで戦った公明系候補は，小選挙区での支持層拡大に苦労した。創価学会票という極めて強固な組織票も，多様な支持層から幅広く票を集めることが求められる小選挙区制においては十分な力を発揮できないことを改めて印象づけた。

<u>知名度不足響いた保守党</u>　小沢一郎党首率いる自由党の連立離脱に伴い，袂を分かった与党残留組が2000年4月3日に旗揚げしたばかりの保守党は，党の知名度不足もたたって比例（東京，東海，近畿の3ブロックで名簿提出）では1議席もとれず，公示前（18議席）の半分にも満たない7議席にとどまった。特に党幹部である幹事長代理・中西啓介（和歌山1区），国対委員長・岡島正之（千葉3区）の落選は，その後の党運営にも暗い影を落とした。

> 森首相
> は続投

こうした与党3党の議席激減に、与党間選挙協力の調整に当たった自民党幹事長の野中広務は、6月25日夜の開票作業のさなか、「特に公明党に大変迷惑をかけた。私は万死に値する」と述べ、辞任をにおわせた。しかし、最終的には、与党の勝敗ラインと目された「3党で254議席（全常任委員長の独占が可能で、採決で可否同数となっても委員長決裁で可決可能な安定多数）」、野中が自ら責任ラインに掲げた「自民党単独で229議席」をいずれも上回ったことから、与党執行部はいずれも留任し、森首相の続投も大きな混乱なしに決まった。

> 民主躍進、
> 共産後退

政権奪取への好機と位置づけて選挙戦に臨んだ民主党は、公示前勢力の95議席から大幅に躍進し、127議席を獲得した。反自民票の「受け皿」として認知され、将来の与野党政権交代に向けて一定の足がかりを築くことに成功した。自由、社民両党も公示前より議席を上積みする善戦を見せた。ただ、共産党は後退し、野党第2党の座を自由党に明け渡した。

> 民主党、東京など
> で自民党を圧倒

小選挙区で民主党の強さが目立ったのは主に都市部で、自民党の集票構造との違いが鮮明になった。政党支持なし層、いわゆる無党派層の取り込みに強みを発揮し、特に東京では、25の小選挙区のうち半数を超す13を制して自民党の獲得議席を上回った。1区で海江田万里が元通産相の与謝野馨を下したほか、5区で元文相・小杉隆、7区で元北海道沖縄開発庁長官・粕谷茂の自民党閣僚経験者をいずれも新人が破るなど、勢いを見せつけた。宮城、愛知の両県でもそれぞれ6区中4区、15区中9区で議席を得て、自民党を上回った。ただ、小選挙区での当選率（比例での復活当選を除く）を見ると、242選挙区に候補を立てて当選は80、当選率33％で、自民党の当選率65％（271候補中177）に大きな差をつけられた。また、北海道9区に出馬した党代表の鳩山由紀夫が、自民党新人の岩倉博文に追い上げられ、13万1500票対12万8975票で逃げ切る危うい戦いを演じたことも注目を集めた。

比例では、北海道ブロックで8議席中3議席、東京ブロックで17議席中6議席を獲得し、単独第1党の座を勝ち取った。前回96年衆院選で、野党第1党だった新進党が自民党を上回る議席を得た比例ブロックはなく、民主党は2000年衆院選で、「自民党の対抗勢力」としての存在感を示したと言える。さ

らに，南関東（獲得議席6），東海（同7），近畿（同7）の3ブロックでも自民党と同数の議席を得て，躍進ぶりを印象づけた。11ブロックの合計得票は約1507万票と自民党に肉薄し，獲得議席は計47議席となった。

「小沢人気」生かした自由党

自由党は，党首・小沢一郎の地元・岩手県で4小選挙区中3選挙区を制し，小沢の存在感の大きさを印象づけた。小選挙区では，他に神奈川14区で幹事長の藤井裕久が議席を守るにとどまったが，比例では特に保守層に根強い「小沢人気」の底堅さを反映して約659万票を積み上げ，18議席獲得と健闘した。この結果，小選挙区と合わせて22議席（公示前18議席）の勢力に伸長し，党分裂で与野党に別れた保守党（7議席＝公示前18議席）と大きく明暗を分けた。

社民党，女性・市民派が健闘

前回96年衆院選で議席を半減させ，2000年衆院選に「党の生き残り」をかけて臨んだ社民党は，公示前勢力から5議席積み上げて19議席を獲得した。小選挙区では，大阪10区で辻元清美が公明，民主の前議員との接戦を制したほか，沖縄3区で新人の東門美津子が沖縄初の女性国会議員の座を勝ち取るなど，当選者4人中3人を女性が占めた。約560万票で15議席を得た比例選でも，南関東ブロックで全国最年少の原陽子（25）を当選させるなど，7議席は女性となった。土井たか子党首という「一枚看板」頼みの社民党が，「女性・市民派」政党の色合いを強めることにつながった。

共産党は小選挙区全敗

共産党は，300の小選挙区すべてに候補を立てたものの1議席も取れず，比例選でも約672万票（前回比約55万票減），20議席（同4議席減）にとどまり，公示前の26議席には届かなかった。他党との政権協議をいっさい拒んだ前回96年衆院選とはスタンスを変え，野党勢力の結集による政権交代に向けて「現実路線」を掲げた戦略が裏目に出た格好となった。

その他の勢力

主要7政党以外を見ると，無所属の会が小選挙区で1議席増やして5議席とし，自由連合も小選挙区で1議席を維持した。与党の立場を取っていた改革クラブは，自民党との候補者調整が不調に終わったことなどが響いて4候補全員が落選。政党要件を欠くこととなり，解党を余儀なくされた。

|戦後2番目の低投票率| 衆院選としては初めての投票時間2時間延長と比例選の在外投票で注目された投票率は，小選挙区62.49%（男62.02%，女62.94%），比例で62.45%（男61.98%，女62.90%）となった。史上最低だった前回96年衆院選（小選挙区59.65%，比例59.62%）は上回ったものの，前回に次いで低かった93年衆院選（中選挙区制）の67.26%には遠く届かず，過去2番目の低投票率にとどまった。

|制度改正| 2000年衆院選では，前述した「投票時間の2時間延長」のほかにも，主な変更点が4つあった。「比例定数の20削減」「比例選への在外投票導入」「不在者投票の緩和」「洋上投票の導入」がそれだ。

「比例定数の20削減」は，2000年2月の公職選挙法改正で，200だった比例定数を1割減らしたもので，小選挙区定数300と合わせて総定数は480（改正前500）となった。

「在外投票」制度は，外国に住んでいる日本国民にも選挙権の行使を認めるため，98年5月の公職選挙法改正によって創設されたもので，対象は「当分の間」比例のみに限るとされた。このため，小選挙区と比例の投票率には差が生じることになった。今回の選挙で実際に投票したのは，在外公館での投票が9850人，郵便投票が6324人，帰国しての投票が839人だった。

「不在者投票の緩和」は，「投票時間の2時間延長」とともに97年の公職選挙法改正で手直しされたもので，不在者投票の理由を厳格には問わなくしたほか，投票時間も延長した。また，「洋上投票」は遠洋を航行する船の船員のため，ファクスでの不在者投票を認める制度。これらにより，今回，実際に不在者投票をした有権者は小選挙区選で537万1231人（投票者総数の8.56%），比例選で537万6547人（同8.57%）となり，前回衆院選（小選挙区，比例選とも同4.93%）に比べて利用率が大幅に高まった。

2. 傾向分析

|「1区現象」| 2000年衆院選の特徴としては，野党第1党の民主党が大都市部の小選挙区で健闘したことを象徴する「1区現象」という言葉が生まれたことが注目される。

各都道府県の小選挙区のうち，県庁所在地などにあたる1区での勝敗を見

表5-10 小選挙区1区の当選者

	当選者	公示前		当選者	公示前		当選者	公示前		当選者	公示前
北海道	民主	民	東京	民主	自	滋賀	民主	民	香川	無所属	自
青森	自民	自	神奈川	民主	自	京都	自民	自	愛媛	自民	自
岩手	自由	由	新潟	自民	自	大阪	自民	自	高知	自民	共
宮城	民主	自	富山	自民	自	兵庫	民主	民	福岡	民主	民
秋田	自民	民	石川	自民	民	奈良	自民	自	佐賀	自民	民
山形	民主	民	福井	自民	無	和歌山	無所属	保	長崎	民主	自
福島	自民	自	山梨	民主	自	鳥取	自民	自	熊本	民主	自
茨城	自民	自	長野	自民	自	島根	自民	自	大分	民主	社
栃木	民主	自	岐阜	自民	自	岡山	自民	自	宮崎	自民	自
群馬	自民	自	静岡	無所属	公	広島	自民	自	鹿児島	自民	自
埼玉	民主	自	愛知	民主	民	山口	自民	自	沖縄	公明	公
千葉	自民	自	三重	自民	由	徳島	民主	民			

ると，自民党が26府県を制し，民主党は16都道県で勝利した。また，無所属が3県で，公明，自由両党が各1県で議席を獲得した。与野党攻防の決算では自公保に軍配が上がったものの，選挙前と対比すると，自民党は東京，神奈川など8選挙区で民主党に，1選挙区で無所属に議席を奪われ，大物閣僚経験者の相次ぐ落選につながった。民主党は秋田，石川，佐賀の3県で自民党に議席を明け渡すにとどまった（表5-10）。

1区に限らず見てみると，全国300小選挙区のうち，民主党が他党から議席を奪取したのは43選挙区で，その多くが都市部に集中した。特に，25選挙区のうち民主党が過半数の13選挙区を制した東京都では，他党から奪った選挙区が7を占めた。また，埼玉県では5選挙区，千葉県で4選挙区，神奈川県でも3選挙区で民主党が議席を奪取し，大都市圏での強さを強く印象づけた。政権与党に対抗する中核勢力と目された民主党が，都市部に多いとされる無党派層の受け皿となったためと見られる。

| 無党派層は民主へ | 民主党が無党派層の取り込みに強みを発揮したことは，読売新聞社と日本テレビ系列各社が投票直後の有権者を対象に実施した全国29万人の出口調査でも浮かび上がった。

調査結果によると，回答者にふだんの支持政党をたずねたところ，「支持政党なし」と答えたいわゆる無党派層は19％で，自民党支持の34％に次ぐ第2勢力だった。比例ブロック別で，無党派層が最も多かったのは東京の24％で，

南関東,近畿,東海の各ブロックも2割を超えた。逆に東北,九州は16％と少なかった。

こうした無党派層が比例選で投票した政党は,民主党が38％と4割近くを占め,次いで共産党14％,自民党13％,社民党11％,自由党11％,公明党7％だった。比例ブロック別に見ると,民主党に投票した無党派層の割合が高かったのは東海の45％,東京と南関東のそれぞれ40％の順だった。これに対し,自民党は北陸信越で18％,東北で17％の支持を得たが,東京,近畿ではそれぞれ10％の支持しか集められなかった。

異党派投票　また,同じ出口調査から,1人の有権者が小選挙区で投票した候補の所属政党と,比例で投票した政党が異なる異党派投票（クロス投票）の実状を探ったところ,小選挙区で自民党候補に投票した人の38％が比例では自民党以外の政党に票を投じていたことが明らかになった。投票先の内訳を具体的に見ると,公明党（38％）が最も多く,次いで民主党（26％）,自由党（18％）の順だった。ここからは,自民党と公明党との選挙協力が有権者の投票行動に影響を与えたことが読みとれる。

一方,小選挙区で民主党候補に投票した人のうち,比例で他党に投票したのは35％で,その内訳は社民党（28％）,自由党（25％）,自民党（20％）,公明党（13％）,共産党（12％）と比較的分散する傾向が見受けられた。

死票　どんなに接戦を演じようとも最多得票者1人しか当選できず,「死票」の多さが指摘される小選挙区制の特性を反映し,2000年衆院選も小選挙区で10万票以上を獲得しながら落選するケースが多数見られた。小選挙区で当選を決められなかった候補のうち,最も多くの票を集めたのは,北海道9区で民主党代表の鳩山由紀夫と競り合った自民党新人の岩倉博文（比例で復活当選）で,得票は12万8975票。2位は滋賀2区で自民党新人に議席を奪われた元さきがけ代表・武村正義（無所属）で11万5322票,3位は新潟6区の元自治相・白川勝彦（自民党）で11万4404票だった（表5-11）。

逆に,最も少ない得票で小選挙区を勝ち抜いたのは高知1区の福井照（自民党）で,4万765票。民主,公明,共産各党候補と計4人で競り合ったことから,票が分散した。2番目に少なかった大阪17区の岡下信子（自民党）も

表 5-11 高得票の落選者, 低得票の当選者

	高得票の落選者					低得票の当選者			
	得票数	氏名	党	選挙区		得票数	氏名	党	選挙区
1	128,975	岩倉博文	自	北海道9	1	40,765	福井照	自	高知1
2	115,322	武村正義	無	滋賀2	2	41,781	岡下信子	自	大阪17
3	114,404	白川勝彦	自	新潟6	3	52,077	前原誠司	民	京都2
4	111,551	佐藤孝行	自	北海道8	4	52,816	木下厚	民	埼玉8
5	104,392	島聡	民	愛知13	5	54,237	江崎洋一郎	民	神奈川12
6	101,313	佐藤敬夫	民	秋田1	6	54,298	柿沢弘治	無	東京15
7	100,392	奥田建	民	石川1	7	55,839	辻元清美	社	大阪10
8	100,220	桜井新	自	新潟2	8	57,760	牧義夫	民	愛知4
9	98,629	河本三郎	自	兵庫12	9	58,358	上川陽子	無	静岡1
10	97,355	佐藤信二	自	山口2	10	58,776	黄川田徹	由	岩手3
11	95,533	塩谷立	自	静岡8	11	58,781	小沢鋭仁	民	山梨1
12	95,102	小林多門	自	東京24	12	59,588	大石正光	民	宮城6
13	94,094	衛藤晟一	自	大分1	13	60,945	仙谷由人	民	徳島1
14	93,434	大出彰	民	神奈川2	14	61,016	小此木八郎	自	神奈川3
15	93,304	鈴井慎一	自	静岡9	15	61,707	松宮勲	自	福井1
16	92,321	草川昭三	公	愛知6	16	62,431	石井一	民	兵庫1
17	91,411	船田元	自	栃木1	17	62,812	金子恭之	無	熊本5
18	91,162	園田修光	自	鹿児島2	18	63,290	中山正暉	自	大阪4
19	91,081	穂積良行	自	福島3	19	63,455	藤村修	民	大阪7
20	90,861	古賀一成	民	福岡6	20	64,150	北側一雄	公	大阪16

4万1781票と5万票を下回った。また，小選挙区では敗退したものの，比例で復活当選を果たした候補者のうち，小選挙区での得票が最も少なかったのは東京15区の東祥三（自由党）で，2万2800票にとどまった。東を含め，2万票台でも復活当選を果たした候補は7人にのぼり，党派別の内訳は自由党4，社民党2，共産党1だった。

当選者像

次に，2000年衆院選で議席を勝ち取った「当選者像」を多角的に探ってみよう。当選者の最年長は奈良3区の奥野誠亮（自民党）で86歳，最年少は比例南関東ブロックで議席を得た原陽子（社民党）の25歳で，平均年齢は54.2歳だった。最も多いのは50歳代の189人で，全体の39.4％を占めた。20歳代はわずか5人で，1％にとどまった。党派別で平均年齢がもっとも若いのは民主党（49.5歳）で，公明党（51.8歳），社民党（51.9歳），自由党（53.3歳）も全体平均を下回った。逆に，全

表5-12 党派別当選者の平均年齢

党	自民	民主	公明	自由	共産	社民	保守	全体平均
平均年齢	57.3	49.5	51.8	53.3	56.1	51.9	59.1	54.2

体平均より高かったのは，保守党（59.1歳），自民党（57.3歳），共産党（56.1歳）の3党だった（表5-12）。

　初当選を飾った新人は106人，当選者全体に占める割合は22.1％で，前回96年衆院選（23.0％）とほぼ同程度の「新陳代謝」がなされたことになる。当選回数別の割合では，いわゆる中堅議員層にあたる「3回から5回」が最も多く，36.0％（前回27.0％）と全体の3分の1強を占めた。後退が目立ったのは「8回以上」で，自民党ベテラン議員の落選が相次いだことなどから，前回の17.8％から12.7％に落ち込んだ。

　当選者の経歴を見ると，都道府県議が105人と前回衆院選（124人）に続いて最も多く，次いで国会議員秘書が前回比10人増の82人だった。中央官僚は1人減の79人で，このうち7割にあたる53人を自民党が占めた。一般企業の会社員も24人いた。新人だけに限って見ると，国会議員秘書25人，中央官僚13人の順で多かった。

　また，父など親族の地盤を引き継いだ「世襲」候補は，177人のうち126人（71.2％）が当選し，強みを見せつけた。特に，強固な個人後援会組織を譲り受けたケースが多い自民党では，前首相の小渕恵三，元首相の竹下登ら有力者の「弔い選挙」が目立ったこともあり，80.2％にあたる89人が議席を得た。民主党は75.8％にあたる25人，自由党は50.0％の5人が当選した。

　2000年衆院選には戦後最多の202人の女性候補が立候補し，17.3％にあたる35人が当選を果たした。当選者数は前回衆院選（23人）の5割増となり，戦後第1回の1946年衆院選（39人）に次ぐ多さだったが，当選率は逆に戦後2番目の低さにとどまった。当選者を党派別に見ると，「市民派」の女性を積極的に擁立した社民党が10人と最も多く，自民党（8人），民主党（6人），共産党（4人），公明党（3人）も複数を当選させた。

「一国一城」化　　小選挙区比例代表並立制で2度目の2000年選挙では，「小選挙区選は現職に有利」という通説が実証されるかどうかという点も注目を集めた。前回96年衆院選と同じ小選挙区から

立候補した前議員は260人で，うち197人が当選（比例選での復活当選は除く）し，当選率は75.8％とかなりの高率を示した。さらに，前首相・小渕恵三ら前議員から地盤を受け継いだ世襲の当選者6人と，「コスタリカ方式」（地盤が重なる2候補が小選挙区と比例に交互に出馬する選挙協力方式）により小選挙区での当選を果たした10人を前議員扱いとすると，計213人が地元小選挙区の「一国一城」化を進めることに成功したことになる。

逆に，複数の候補が当選する中選挙区当時は一定の効果が認められた次点バネ（前回選挙で次点となった候補は次の選挙で当選しやすくなる意）を検証してみると，次点バネを効かせての当選率は32％（前回27％）にとどまり，中選挙区当時の5～6割に遠く及ばなかった。小選挙区制のもとでは，次点バネが効果を発揮しにくくなったことがうかがえる。

派閥

全体では大幅な議席減となった自民党も，派閥単位で見ると「勝ち組」と「負け組」がくっきりと分かれた。公示前より議席を拡大したのは最大派閥の旧小渕派（57→58）だけで，衆参合計で94人の大所帯となった。第2派閥だった加藤派は9議席減の42議席にとどまり，参院と合わせても59人に後退。4議席減の39議席と目減りの少なかった森派（衆参合計61人）が，代わりに党内第2勢力に躍り出た。議席減が最も多かったのは42議席から31議席に落ち込んだ江藤・亀井派（同52人）で，山崎派も9議席減の18議席しか獲得できずに衆参22人と激減。山崎派は，自前の勢力だけで党総裁選出馬に必要な推薦人30人を集めることが不可能になった。また，18議席あった旧河本派，17議席だった河野グループはそれぞれ6議席ずつ減らし，衆参13人，同11人の小勢力に転落した。旧小渕派の「独り勝ち」となった背景には，同派が公明党・創価学会との太いパイプを持つことや，与党間選挙協力をしきった幹事長ポストを握っていたこと

表5-13　自民党派閥別の勢力

	衆院	参院	計	衆参の増減		衆院	参院	計	衆参の増減
旧小渕	58	36	94	＋1	山崎	18	4	22	－8
森	39	22	61	－3	旧河本	12	1	13	－6
加藤	42	17	59	－9	河野グループ	11	0	11	－6
江藤・亀井	31	21	52	－11	無派閥	22	5	27	

※　衆院は無所属当選者を除く。参院は補選当選者を含む

があるとの見方が強く,他派閥・グループからは不満の声も漏れた(表5-13)。

旧新進党議員　前回96年衆院選を当時の野党第1党・新進党(97年末に解党)の旗の下で戦った議員たちは,2000年衆院選でどんな戦績を残したのか。旧新進党の元・前議員で今回衆院選に出馬したのは138人にのぼり,うち100人(72.5％)が議席を勝ち取った。

現党派の内訳で見ると,民主党37人(うち当選30人),公明党36人(同28人),自民党24人(同20人),自由党16人(同11人),保守党16人(7人),改革クラブ4人(全員落選),その他5人(うち当選4人)。大政党への移籍組は当選率が高く,苦戦した小政党移籍組と明暗を分けた。また,各党に分散した旧新進党議員が「同士打ち」を演じたのは東京13区,愛知1区,大阪4区など計7小選挙区で,このうち与野党対決となった6選挙区の勝敗は与党3勝,野党2勝(1選挙区は双方が落選)だった。

3. 選挙戦の構図

各党の訴え　「政権選択」をめぐる攻防では,野党側が主に森喜朗の「首相の資質」を問う戦術を打ち出したのに対し,与党側は,民主党中心の連立政権には共産党が参加する可能性が高いことを強調し,共産主義に抵抗感を持つ有権者の野党離れを誘う戦術で対抗した。

民主党代表の鳩山由紀夫が「森内閣を追認するか,鳩山が代表の民主党政権を樹立するかの二者択一の戦いだ」(6月22日・北海道苫小牧市での演説)と訴え,森が「共産党に振り回されるような政党に,日本を任せていいのか」(6月19日・兵庫県尼崎市での街頭演説)と声を張り上げたのがその典型例だ。

与党陣営の一角・公明党の代表・神崎武法も「衆院で90台,参院で50台しか持っていない民主党の政権構想はないに等しい」(6月15日・大分県中津市での演説)と指摘し,民主党の掲げる政策が必ずしも野党陣営の一致した政策とは言えないとあげつらった。これに対し,民主党政調会長の菅直人は「民主党の政策の実現に賛同してくれる人であれば,現在の所属グループや政党を問わない」と説明し,(1)民主党の掲げる政策を実現させるための連立政権樹立を呼びかける(2)自民党元幹事長の加藤紘一ら,民主党の主張に近い政策の実現を目指す勢力の連立参加も歓迎する——との構想を示した。

ただ、自民党の分裂を誘おうというこの構想は、当の加藤が「自民党を離れることはない。加藤派は保守本流だ」と明言したことで頓挫した。

具体的な政策課題で争点となったのは、「景気対策と財政再建のバランスをどう取るか」という問題だった。与党側は積極財政路線を掲げ、「予算の前倒し執行」「公共事業等予備費の早急かつ効果的な執行」による景気浮揚を公約に掲げた。これに対し、野党側は旧来型の公共事業には批判的で、むしろ経済の構造改革と財政健全化に力点を置く姿勢を強調した。

経済政策では、民主党が打ち出した「所得税の課税最低限引き下げ」も注目を集めた。有権者に負担を強いる増税策を、それも野党側が選挙公約として打ち出すのは異例なためだ。民主党が投じた「一石」に対しては、自民党の加藤ら与党の一部から評価する声があがる一方、他の野党はそろって否定的な反応を示すねじれ現象も起きた。

| 選挙協力 | 一部の小選挙区では、与野党がそれぞれ候補者一本化を図る選挙協力が行われたが、双方とも十分な成果を上げたとは言えなかった（表5-14）。

自民、公明両党が候補者の一本化調整を行った協力区は17で、このうち14選挙区では自民党が候補者擁立を見送って公明党候補が出馬した。自民党としては、候補者調整で公明党に「花を持たせる」ことで、もともと公明党が候補を立てる予定のない他の選挙区では公明党・創価学会からの支援の獲得が円滑に進むと踏んだようだ。直近の国政選挙である98年参院比例選で、当時の「公明」が集めた票は約775万に上り、全国300の小選挙区でならせば1選挙区あたり約2万6000票となる。公明党による得票の「底上げ」への期待は大きく、自民党の小選挙区候補271人のうち、6割近い161人が公明党の推薦を取り付け、113人が当選した。

ただ、自公協力の17選挙区のうち、調整の成果が実って議席を得たのは7選挙区にとどまった。自民党は3選挙区すべてで敗退し、公明党が候補を立てた14選挙区も議席を獲得できたのは半分に過ぎなかった。候補者調整に反発した自民系候補が無所属で出馬した選挙区が5つあり、このうち3選挙区で公明党候補が敗れたことなどが、選挙協力の成果が上がらなかった要因と見られる。

また、自民、保守両党の候補者調整は15選挙区で行われ、自民党が4選挙

表5-14　与党の選挙協力の結果

自・公の協力区				自・保の協力区			
選挙区	氏名	政党	当落	選挙区	氏名	政党	当落
埼玉3	今井宏	自民	×	東京14	西川太一郎	保守	○
埼玉6	若松謙維	公明	×	愛知3	片岡武司	自民	×
東京4	遠藤乙彦	公明	×	愛知4	三沢淳	保守	×
東京20	大野由利子	公明	×	愛知7	鈴木淳司	自民	×
東京24	小林多門	自民	×	愛知9	海部俊樹	保守	○
神奈川6	上田勇	公明	×	大阪7	井上一成	保守	×
愛知1	平田米男	公明	×	大阪9	西田猛	保守	○
愛知6	草川昭三	公明	×	大阪13	塩川正十郎	自民	○
大阪3	田端正広	公明	○	大阪14	谷畑孝	自民	○
大阪5	谷口隆義	公明	○	大阪19	松浪健四郎	保守	○
大阪6	福島豊	公明	○	兵庫4	井上喜一	保守	○
大阪10	石垣一夫	公明	×	兵庫6	小池百合子	保守	○
大阪16	北側一雄	公明	○	和歌山1	中西啓介	保守	×
兵庫2	赤羽一嘉	公明	○	和歌山3	二階俊博	保守	○
兵庫8	冬柴鉄三	公明	○	熊本2	野田毅	保守	○
徳島1	岡本芳郎	自民	×	○は当選，×は落選			
沖縄1	白保台一	公明	○				

区，保守党が11選挙区で候補を擁立した。小政党は比例代表での議席獲得がそれほど期待できないため，2000年衆院選は自民党が保守党に小選挙区を譲るケースが目立った。調整の成果は，自民党が2小選挙区，保守党が7選挙区で議席を獲得し，自・公協力よりは好成績だった。

　野党間の選挙協力は，民主，社民両党間の20小選挙区，民主，自由両党間の10選挙区で成立したが，自由党と社民党との基本政策の隔たりが影響し，3党の統一候補を擁立するには至らなかった。

4.　2001年参院選

1.　選挙結果

| 自民党 |
| 大勝 |

　小泉内閣発足後初の国政選挙となった2001年参院選で，自民党は選挙区選，比例選とも着実に議席を伸ばし，改選議席数の61を上回る64議席を獲得した。小泉首相の「超人気」を背景とした勝利で，首相の唱える「聖域なき構造改革」が国民の信任をえた

表5-15 2001年参院選の各党得票等

		自民	民主	公明	共産	自由	社民	保守	無の会	二院ク	自連	諸派	無所属	さきがけ	計	投票率
選挙区	候補者数	49	35	5	47	14	14	—	—	—	45	36	47	—	164	
	当選者数	44	18	5	1	2	0	—	—	—	0	0	3	—	70	
	非改選数	33	21	3	7	0	1	1	4	1	0	0	4	1	66	
	計	77	39	8	8	2	1	1	4	1	0	0	7	1	136	
	得票数	22,299,825	10,066,552	3,468,664	5,362,958	3,011,787	1,874,299	—	—	—	1,243,790	1,351,695	5,658,911	—	54,338,483	
	得票率	41.0%	18.5%	6.4%	9.9%	5.5%	3.4%	0%	0%	0%	2.3%	2.5%	10.4%	0%	85%	56.44%
比例	候補者数	27	28	17	25	17	10	5	1	10	47	17	—	—	129	
	当選者数	20	8	8	4	4	3	1	0	0	0	0	—	—	48	
	非改選数	14	12	7	8	2	4	3	0	0	0	0	0	0	50	
	計	34	20	15	12	6	7	4	0	0	0	0	0	0	98	
	得票数	21,114,727	8,990,524	8,187,804	4,329,210	4,227,148	3,628,635	1,275,002	157,204	669,872	780,389	1,380,976	—	—	54,741,495	
	得票率	38.6%	16.4%	15.0%	7.9%	7.7%	6.6%	2.3%	0.3%	1.2%	1.4%	2.5%	0%	0%	95%	56.42%
合計	候補者数	76	63	22	72	31	24	5	1	10	92	53	47	—	293	
	当選者数	64	26	13	5	6	3	1	0	0	0	0	3	—	118	
	非改選数	47	33	10	15	2	5	4	4	1	0	0	4	1	116	
	計	111	59	23	20	8	8	5	4	1	0	0	7	1	234	
	議席率	47.4%	25.2%	9.8%	8.5%	3.4%	3.4%	2.1%	1.7%	0.4%	0%	0%	3.0%	0.4%	100%	
	公示前数	108	56	23	23	5	12	7	4	1	1	0	11	1	234	欠員2

形になった。公明党も現状維持の13議席を確保し，保守党1を含めて与党3党の合計は78議席で，過半数を大きく上回り，非改選を合わせて計138（総定数247）となった。民主党は26議席で改選22を上回り，「小泉旋風」の逆風の中で踏みとどまった。自由党は改選議席を倍増させ，共産，社民は後退した。

この選挙は，2000年10月の公職選挙法改正により，改選定数は選挙区が3減の73，比例選が2減の48で，計121になった。また，比例選に非拘束名簿式が導入され，比例選候補者の個人運動が可能になった。投票率は選挙区56.44％（前回58.84％），比例代表56.42％（同58.83％）で，前回98年参院選を下回った（表5-15，表5-16，表5-17）。

小泉旋風　　自民が獲得した64議席の内訳は，選挙区44，比例20。過去2回（1995, 98年）連続して40台だった不調を脱し，92年の68議席以来の60台を回復した。

選挙区を定数別でみると，1人区は全27選挙区のうち，岩手，三重を除く25選挙区で公認候補が当選，98年の15選挙区から大幅に増やし，自民大勝の原動力となった。このうち，沖縄では自民党公認候補としては15年ぶり，青

表5-16　参院選での各党獲得議席

	2001年参院選			1998年参院選			1995年参院選		
	選挙区	比例	計	選挙区	比例	計	選挙区	比例	計
自　民	44	20	64	30	14	44	31	15	46
民　主	18	8	26	15	12	27	—	—	—
公　明	5	8	13	2	7	9	—	—	—
自　由	2	4	6	1	5	6	—	—	—
共　産	1	4	5	7	8	15	3	5	8
社　民	0	3	3	1	4	5	7	9	16
保　守	—	1	1	—	—	—	—	—	—
無の会	—	0	0	—	—	—	—	—	—
二院ク	—	0	0	—	0	0	—	1	1
自連合	0	0	0	—	—	—	—	—	—
さきがけ	—	—	—	0	0	0	1	2	3
新進党	—	—	—	—	—	—	22	18	40
民改連	—	—	—	—	—	—	2	—	2
諸　派	0	0	0	0	0	0	1	0	1
無所属	3	—	3	20	—	20	9	0	9
合　計	73	48	121	76	50	126	76	50	126

※　追加公認は含まず。95年の社民は社会党。無の会は無所属の会，自連合は自由連合

表5－17 参院選の投票率

投票日		選挙当日有権者数	投票者数	投票率（％）		
				男	女	計
第1回 (1947年4月20日)	地方区	(40,164,180)	(24,546,534)	68.60	54.24	61.12
	全国区	40,958,588	24,955,390	68.44	54.03	60.93
第2回 (1950年6月4日)	地方区	43,461,371	31,376,512	78.16	66.74	72.19
	全国区		31,375,935	78.16	66.74	72.19
第3回 (1953年4月24日)	地方区	47,036,554	29,718,919	67.85	58.92	63.18
	全国区		29,717,423	67.84	58.92	63.18
第4回 (1956年7月8日)	地方区	50,177,888	31,165,167	66.89	57.73	62.11
	全国区		31,162,209	66.88	57.73	62.10
第5回 (1959年6月2日)	地方区	53,516,473	31,439,753	62.57	55.24	58.75
	全国区		31,436,664	62.56	55.24	58.74
第6回 (1962年7月1日)	地方区	56,137,295	38,295,222	70.08	66.51	68.22
	全国区		38,290,912	70.07	66.51	68.21
第7回 (1965年7月4日)	地方区	59,544,407	39,904,705	67.97	66.14	67.02
	全国区		39,900,935	67.97	66.13	67.01
第8回 (1968年7月7日)	地方区	65,886,145	45,421,063	68.90	68.98	68.94
	全国区		45,417,653	68.89	68.97	68.93
第9回 (1971年6月27日)	地方区	71,177,667	42,164,015	59.14	59.33	59.24
	全国区		42,160,743	59.13	59.33	59.23
第10回 (1974年7月7日)	地方区	75,356,068	55,163,900	72.74	73.64	73.20
	全国区		55,157,535	72.73	73.63	73.20
第11回 (1977年7月10日)	地方区	78,321,715	53,642,596	67.66	69.27	68.49
	全国区		53,634,788	67.65	69.26	68.48
第12回 (1980年6月22日)	地方区	80,925,034	60,319,142	73.69	75.33	74.54
	全国区		60,299,145	73.67	75.30	74.51
第13回 (1983年6月26日)	選挙区	83,682,416	47,700,359	56.89	57.11	57.00
	比例		47,696,332	56.88	57.10	57.00
第14回 (1986年7月6日)	選挙区	86,426,845	61,673,370	70.17	72.47	71.36
	比例		61,643,272	70.14	72.44	71.32
第15回 (1989年7月23日)	選挙区	89,891,358	58,446,365	64.36	65.63	65.02
	比例		58,434,062	64.35	65.62	65.01
第16回 (1992年7月26日)	選挙区	93,254,025	47,297,079	50.57	50.86	50.72
	比例		47,283,772	50.56	50.84	50.70
第17回 (1995年7月23日)	選挙区	96,759,025	43,074,723	44.67	44.37	44.52
	比例		43,060,121	44.66	44.36	44.50
第18回 (1998年7月12日)	選挙区	99,048,700	58,280,396	58.38	59.28	58.84
	比例		58,268,960	58.36	59.27	58.83
第19回 (2001年7月29日)	選挙区	101,236,029	57,138,887	55.98	56.88	56.44
	比例	101,309,680	57,158,119	55.95	56.86	56.42

※ 第1回の参院選地方区は無投票選挙区を除く有権者数

森でも9年ぶりの当選を決めた。この選挙で減員区となった岡山，熊本，鹿児島の3選挙区も全勝した。また，前回98年参院選で議席を相次いで失った東京，大阪，愛知など大都市部の3人区・4人区の5選挙区でも，候補者を1人に絞ったことや「小泉効果」もあって，5人全員がトップ当選を果たした。ただ，2人区で複数公認した群馬，静岡両選挙区は1人の当選にとどまった。

比例も選挙区の好調さにひきずられるように，大きく伸ばし，衆参同日選となった1986年以来の2000万票の大台を突破し，20議席獲得につなげた。得票率を都道府県別で見ると，岩手，沖縄両県を除く，45都道府県でトップとなった。特に，石川県は51.3％を記録，他の政党も含めて，全都道府県で唯一，過半数を上回った。2000年衆院選で伸び悩んだ東京都区部や大阪，横浜市などの政令指定都市では，自民の比例得票率は33.8％で，2000年衆院選（20.9％）より13ポイント近くアップして，民主の16.4％の倍を記録した（表5-18，表5-19）。

公明は比例得票最高　公明党は選挙区の公認候補を東京，大阪などの大都市部に絞り，擁立した5人の前議員全員が当選した。さらに比例選でも，地域割りした8人の重点候補が全員当選，現有議席を確保し，堅固な組織力を見せつけた。比例選で獲得した約819万票は過去最高だった。保守党は選挙区に候補を擁立せず，比例選だけに候補を擁立した。組織基盤の弱さから，議席獲得が危ぶまれたが，扇千景党首（当時）の個人人気で票を上乗せし，扇党首の当選につなげた。

民主伸び悩み　民主党は選挙区18，比例8の26議席を獲得した。改選議席（22）は上回ったものの，98年の27を下回り，前回獲得議席を上回るという目標は果たせなかった。選挙区をさらに見ると，1人区では，擁立した公認候補14人全員が落選，自民党と比べて地方での地力不足を印象付けた。対照的に2人区以上では，東京，愛知などの大都市部の公認を1人にしぼったことが功を奏し，3，4人区は5人全員が当選。また2人区でも，新潟と広島以外の13選挙区で当選を果たした。比例選では，前回98年に続いて1000万票台の大台を目指したが，地方だけでなく大都市部でも思うように票が伸びず，約899万票にとどまり8人の当選で終わり，改選議席9を維持できなかった。98年では東京，大阪，愛知など9都道府県で自

表5-18 参院選での獲得得票の推移

選挙区	2001年参院選		1998参院選		1995年参院選	
	得票数	得票率(%)	得票数	得票率(%)	得票数	得票率(%)
自 民	22,299,825	41.04	17,033,851	30.45	10,557,547	25.40
民 主	10,066,552	18.53	9,063,939	16.20	—	—
公 明	3,468,664	6.38	1,843,479	3.30	—	—
自 由	3,011,787	5.54	980,249	1.75	—	—
共 産	5,362,958	9.87	8,758,759	15.66	4,314,830	10.38
社 民	1,874,299	3.45	2,403,649	4.30	4,926,003	11.85
保 守	—	—	—	—	—	—
無の会	—	—	—	—	—	—
二院ク	—	—	—	—	—	—
自連合	1,243,790	2.29	—	—	—	—
さきがけ	—	—	—	—	1,059,353	2.55
新進党	—	—	—	—	11,003,681	26.47
民改連	—	—	—	—	1,854,175	4.46
諸 派	1,351,695	2.49	2,967,554	5.31	1,737,382	4.18
無所属	5,658,911	10.41	12,884,581	23.03	6,120,099	14.72
合 計	54,338,483	100	55,936,061	100	41,573,071	100
比例	2001年参院選		1998年参院選		1995年参院選	
	得票数	得票率(%)	得票数	得票率(%)	得票数	得票率(%)
自 民	21,114,727	38.57	14,128,719	25.17	11,096,972	27.29
民 主	8,990,524	16.42	12,209,685	21.75	—	—
公 明	8,187,804	14.96	7,748,301	13.80	—	—
自 由	4,227,148	7.72	5,207,813	9.28	—	—
共 産	4,329,210	7.91	8,195,078	14.60	3,873,955	9.53
社 民	3,628,635	6.63	4,370,763	7.79	6,882,919	16.92
保 守	1,275,002	2.33	—	—	—	—
無の会	157,204	0.29	—	—	—	—
二院ク	669,872	1.22	579,714	1.03	1,282,596	3.15
自連合	780,389	1.43	—	—	—	—
さきがけ	—	—	784,591	1.40	1,455,886	3.58
新進党	—	—	—	—	12,506,322	30.75
民改連	—	—	—	—	—	—
諸 派	1,380,976	2.52	2,912,359	5.19	3,569,610	8.78
合 計	54,741,495	100	56,137,023	100	40,668,260	100

※ 95年の社民は社会党。無の会は無所属の会,自連合は自由連合

表5－19　参院選の自民党の当選者

選挙年	選挙区（地方区）			比例選（全国区）			全体		
	候補者	当選者	当選率	候補者	当選者	当選率	候補者	当選者	当選率
1956年	64	42	65.6	54	19	35.2	118	61	51.7
1958年	65	49	75.4	36	22	61.1	101	71	70.3
1962年	61	48	78.7	39	21	53.8	100	69	69.0
1965年	59	46	78.0	36	25	69.4	95	71	74.7
1968年	59	48	81.4	34	21	61.8	93	69	74.2
1971年	60	42	70.0	34	21	61.8	94	63	67.0
1974年	60	43	71.7	35	19	54.3	95	62	65.3
1977年	55	45	81.8	22	18	81.8	77	63	81.8
1980年	54	48	88.9	23	21	91.3	77	69	89.6
1983年	60	49	81.7	30	19	63.3	90	68	75.6
1986年	58	50	86.2	25	22	88.0	83	72	86.7
1989年	53	21	39.6	25	15	60.0	78	36	46.2
1992年	55	49	89.1	27	19	70.4	82	68	82.9
1995年	37	31	83.8	29	15	51.7	66	46	69.7
1998年	57	30	52.6	30	14	46.7	87	44	50.6
2001年	49	44	89.8	27	20	74.1	76	64	84.2

※　71年の選挙区について自治省統計は沖縄選挙区を外している。このため，地方区候補59，当選41，地方区当選率69.5，全体当選率66.7となっている。80年の安井謙（東京），89年の土屋義彦（埼玉）は，現職議長で党籍を離脱していたため，外してある。

民党を上回り1位となったが，今回はすべての都道府県で自民党に敗れた。自由党は小沢党首の地元である岩手に加え，新潟でも議席を初めて獲得。比例4議席と合わせて改選議席3議席の倍増となる6議席に伸ばした。

> 共産，社民後退

共産，社民両党は苦戦をしいられた。共産党は選挙区1，比例4の計5議席にとどまり，前回獲得の15議席から激減，改選議席（8）も確保できなかった。選挙区では4人区の東京で前議員が当選したものの，3人区の埼玉，大阪では，民主党候補との接戦に敗れた。選挙区で1議席にとどまったのは，89年以来12年ぶり。比例選は得票数432万票に終わり，8議席を獲得した98年の819万票の半分近くに激減した。

社民党は比例の3議席のみにとどまり，98年の5議席をさらに下回り，過去最低を更新した。選挙区では，野党協力により議席死守を目指した大分で，自民党に競り負け，前議員が落選した。選挙区の議席ゼロは旧社会党の時期

を含めて初めて。党勢衰退に歯止めがかからなかった。無所属の会，自由連合，二院クラブと諸派は98年に続いて1議席も確保できなかった。比例選でタレント候補を多数擁立して注目された自由連合は，無党派層から幅広く集票する戦略が成功しなかった。

2. 傾向分析

<u>無党派層の動向</u>　読売新聞社などが投票日に実施した出口調査の結果によると，「支持政党なし」のいわゆる無党派層の比例の投票動向は，自民が最も多く29％，続いて，民主21％，共産と自由がともに9％の順だった。自民は98年参院選，2000年衆院選の各出口調査では，無党派層が投票した割合は10％，13％にとどまっていた。「小泉人気」により無党派層の支持が大幅に増加したことが，自民大勝の大きな要因となったようだ。これに対し，民主党は98年の31％，2000年の38％を大きく下回り，自民に無党派第1党の座を奪われた。また，共産党も98年参院選では，民主に次ぐ18％と無党派の高い支持を集めたのに対し，今回は半減し，後退の大きな原因となった。

<u>異党派投票</u>　選挙区選で投票した候補の所属政党と比例選で投票した政党が違うクロス（異党派）投票についてみると，選挙区選で自民党の候補に投票したが，比例選では他党に投票した人は20％だった。2000年の衆院選では自民党のクロス投票は38％だったのに比べて大きく減少した。他党への投票先をみると公明党が33％で，自民，公明両党の選挙協力の結果が数字に表れている。一方，選挙区選で民主党に投票した人のうち，比例選で他党にクロス投票したのは35％で，2000年衆院選と同率だった。他党の投票先の内訳は，自民が34％と1位で，2位の社民の20％を引き離し，与党へのねじれ現象を示している。

<u>小泉内閣支持層</u>　出口調査によると，小泉内閣を支持すると答えた人は61％，支持しないは14％。小泉内閣支持層の選挙区選の投票先は，自民48％，民主14％，公明9％の順だった。また，比例選でも，自民が49％，民主が12％，公明11％で，5割近い人が自民党に投票したことがわかった。小泉内閣支持層の政党支持との兼ね合いは，自民党支持が52％と過半数を占めたものの，支持政党なしが15％，民主党支持が11％に上

っており，小泉人気が民主党や無党派層の投票行動に影響を与えたことがうかがわれる。

非拘束名簿式導入　比例代表選に政党名だけでなく，候補者名でも投票できる非拘束名簿方式が導入された。この影響で，各党が競って，知名度のあるタレントを擁立する動きが強まった。読売新聞社の調べによると，比例選のタレント候補は37人で，98年の17人を大きく上回った。

しかし，結果は比例代表の得票のうち，候補者の個人名を書いた票は36％で，政党名だけを書いた票の64％を大きく下回った。これは，新制度導入から日が浅く，「個人名投票」が十分周知されなかったことや，以前の全国区選挙に比べ，ポスターや政見放送などの運動が抑制されたことなどが原因と見られる。個人名の最多得票は，自民の舛添要一の158万票だった。また，主要政党別で，個人名得票の割合が最も多かったのは公明の77％，最も少なかったのが共産の6％だった。制度が複雑となったことで，無効票が大幅に増えて，投票総数に対する無効票の割合は4.21％（前回3.65％）だった。また，200人を超えた候補者別に票を分ける作業となったため，開票作業が大幅に遅れ，比例代表の全国確定は翌日の7月30日の夕方にずれこんだ。

組織の弱体化　自民党の比例27候補のうち，主としてタレント的な知名度に頼って選挙戦に臨んだのは，政治学者の舛添要一，プロレスラーの大仁田厚，元予備校講師の佐藤忠志の3人のみで，他の24人は組織の支援を受けた。24候補の個人名得票数は合計412万票で，80年参院選で，自民党候補23人の総得票数2377万票の2割に満たない結果となった。制度の違いもあり単純に比較できないが，支援団体の衰退をうかがうことができる。組織支援を受けた候補の中で，最も個人名票が多かったのは，郵政団体の支援を受けた高祖憲治の47万票。次いで，旧軍の恩給団体の支援を受けた小野清子の29万票，建設団体の支援を受けた岩井国臣の27万票。80年参院選では，郵政団体の支援を受けた候補が100万票を超えたほか，旧軍恩給団体の支援候補や建設団体の支援を受けた候補も90万票を超えており，ここでも団体の組織力の弱体化を示している。

労組の組織内候補の個人名票も低迷し，80年参院選の全国区得票を大きく下回った。民主党の比例候補28人のうち，労組系候補9人の個人名得票数は

合計169万票で，党が目標とした候補1人70万票，合計630万票の27％にとどまった。労組系の中で，個人名得票が最も多かったのが電力総連の支援を受けた藤原正司氏の25万票。次いで，自動車総連の支援を受けた池口修次氏の23万票で，旧同盟系労組の運動ぶりが目立っている。

公明党の戦術　比例選個人票の得票順位で目を引いたのが，公明党の上位独占。1位こそ自民党の舛添要一だったが，2位の山本香苗を筆頭に9位まで公明党の重点候補8人がズラリと並んだ。公明党は全国を8つに地区割りし，旧全国区の時と同様に個人名での得票を呼びかける戦術で臨んだ。8候補の得票は最低でも，65万票を超え，全員当選を果たした。同党の比例票に占める個人名投票の割合は全政党の中で最も高い77％にのぼり，新制度の特徴をフルに活かした選挙戦術の巧みさと，創価学会など支援組織内への戦術の高い浸透が際立った。

タレント伸び悩み　37人と乱立したタレント候補は，注目を集めた割には得票が思うように伸びなかった。タレント候補で100万票を超えたのは自民党の舛添要一1人にとどまった。テレビ出演の機会が多く，特に知名度が高いと見られた社民党の田嶋陽子は50万票，民主党の大橋巨泉は41万票にとどまった。タレント候補37人中，当選者は8人。自民党が5人を占めた。政党別では最も多い19人を擁立した自由連合は作家の野坂昭如をはじめ全員が落選した。

一方，中央省庁出身の自民比例候補は7勝3敗。自民党の中央省庁出身候補は10人で，同党の比例候補の約4割を占めた。全候補者のうち省庁出身者の占める割合は98年参院選と同じで，人材供給源として中央省庁への依存度の高さを示した。

当選者像　参院選にくら替え出馬した衆院議員経験者は20人。選挙区に6人，比例に14人が出馬した。当選者は選挙区2人，比例4人の計6人にとどまった。党派別では，自民党1人，民主党1人，公明党2人，自由党2人。比例選で当選した自民党の桜井新，自由党の西岡武夫，広野允士の3人は，出身県で票をまとめ当選圏入りした。女性当選者は18人で，過去最高だった98年の22人より4人少なかった。当選者全体に占める女性の割合は14.9％だった。当選者の内訳は選挙区選7人，比例選11人。党派別では，自民党8人，民主党3人，公明，共産両党が各2人，

表5-20 女性候補者の推移

選挙年	選挙区（地方区）			比例選（全国区）			全体		
	候補者	当選者	当選率	候補者	当選者	当選率	候補者	当選者	当選率
1947年	6	2	33.3	13	8	61.5	19	10	52.6
1950年	9	2	22.2	15	3	20.0	24	5	20.8
1953年	11	4	36.4	17	6	35.3	28	10	35.7
1956年	7	2	28.6	10	3	30.0	17	5	29.4
1958年	8	3	37.5	10	5	50.0	18	8	44.4
1962年	6	2	33.3	9	6	66.7	15	8	53.3
1965年	5	2	40.0	8	7	87.5	13	9	69.2
1968年	3	1	33.3	8	4	50.0	11	5	45.5
1971年	6	3	50.0	9	5	55.6	15	8	53.3
1974年	9	3	33.3	9	5	55.6	18	8	44.4
1977年	18	2	11.1	18	6	33.3	36	8	22.2
1980年	10	3	30.0	8	6	75.0	18	9	50.0
1983年	25	2	8.0	30	8	26.7	55	10	18.2
1986年	29	5	17.2	53	5	9.4	82	10	12.2
1989年	49	10	20.4	97	12	12.4	146	22	15.1
1992年	58	7	12.1	65	6	9.2	123	13	10.6
1995年	78	8	10.3	46	13	28.3	124	21	16.9
1998年	72	10	13.9	38	10	26.3	110	20	18.2
2001年	79	7	8.9	58	11	19.0	137	18	13.1

自由，社民，保守の3党が各1人（表5-20）。

新人の当選者数は51人で，当選者全体の4割を超えたが，98年の66人，95年の76人を大きく下回った。当選者の平均年齢は54.5歳で，98年参院選の56.4歳から2歳若返った。最年少は自民党の有村治子（比例），公明党の山本香苗（同）の30歳。最年長は自民党の佐藤泰三（埼玉選挙区）の77歳。

当選者の経歴で最も多かったのは都道府県議で25人，全体の20.7％を占めた。2位は中央官僚の22人（18.2％）。都道府県議で最も多かったのは自民党で20人，次いで民主党の4人。中央官僚も自民党が15人で最多だった。

3. 選挙戦の構図

| 構造改 革論戦 | 最大の争点とみられたのは，小泉首相が掲げる構造改革路線の是非だった。自民党は「経済・財政・社会保障・行政など各般にわたる構造改革を強力に推進する」と，総論では推

進姿勢を示したものの，党内の慎重論を意識して，特殊法人の改革など具体論では明確な方向性を打ち出すことを避けた。これに対し，野党は民主，自由両党が構造改革に積極姿勢を示し，特殊法人の独立行政法人化・民営化や廃止，道路特定財源の一般化など具体的政策を主張。一方，共産，社民両党などは，「改革を進めれば，失業率がさらに増大する」などと，改革に伴う痛みを強調した。しかし，具体論では各党の議論がかみ合わず，論戦は十分盛り上らなかった。

選挙協力 民主党など2党以上の野党が推薦・支持するなどして選挙協力した選挙区は27選挙区に上ったが，4勝23敗の低調な結果に終わった。民主，自由，社民，無所属の会の野党4党が無所属候補や他党公認候補を推薦・支持する形で実施した選挙協力の内訳は，1人区24選挙区，2人区3選挙区。このうち，1人区で当選したのは，岩手の自由党候補（民主推薦）と，三重の無所属候補（民主・自由・社民・無所属の会推薦）の2人にとどまった。2人区でも栃木，岐阜の2選挙区は民主党候補が当選したものの，広島で民主党候補が無所属候補などに競り負けて落選した。98年選挙では，民主党と当時野党だった公明を中心に35選挙区43人で行われ，22選挙区の22人が当選したが，今回の選挙では状況が一変した（表5-21）。

一方，自民党が選挙区選に擁立した候補に，公明党が推薦する方法で選挙協力が行われた。公明党が推薦・支持したのは，自民党系の無所属候補も含めて1人区，2人区合わせて31選挙区，35候補だった。このうち，8割を超える29選挙区，29候補が当選した。野党の選挙協力に比べ，高い成功率を示した。

公明党の推薦によって自民党候補が大きく押し上げられたのかどうか，読売新聞社などが実施した出口調査によると，公明が推薦した自民党候補35人に対して，公明党支持層の53％（平均）が1票を投じた。公明党が推薦しなかった1，2人区の自民党公認候補12人の平均42％を10ポイント余り上回った。公明党の比例獲得票について，選挙協力が実現した1，2人区でみると，最も少ない富山で3万9千票，最も多い兵庫では42万票を獲得しており，これら公明票の多くが選挙区選では自民党候補らに流入しているとみられる。公明党支持者の票の上積みによる押し上げも，民主党などとの接戦を制した

表5-21 野党の選挙協力区

選挙区	氏名	党派	当落	推薦・支持政党
青森	森内勇	無所属	×	自由・無所属の会
岩手	平野達男	自由	○	民主
秋田	高松和夫	民主	×	自由
山形	木村莞爾	無所属	×	民主・社民・自由
栃木	谷博之	民主	○	自由
富山	草嶋安治	無所属	×	民主・社民・自由
石川	森岡智恵子	無所属	×	民主・社民・自由・無所属の会
福井	小沢喜久子	民主	×	自由・社民
岐阜	平田健二	民主	○	自由
三重	高橋千秋	無所属	○	民主・社民・自由・無所属の会
滋賀	法雲俊邑	民主	×	自由・無所属の会・社民
奈良	前田武志	民主	×	自由
和歌山	木村文則	民主	×	社民
岡山	石田美栄	民主	×	自由
広島	菅川健二	民主	×	自由
山口	岩本晋	民主	×	社民・自由
徳島	木村清志	民主	×	社民・自由・無所属の会
香川	名倉美登里	無所属	×	民主・社民・自由・無所属の会
愛媛	島川崇	無所属	×	民主・社民・自由・無所属の会
高知	中村久美	民主	×	社民・自由
佐賀	藤野靖裕	民主	×	社民
長崎	光野有次	無所属	×	民主・社民
熊本	香山真理子	民主	×	社民・自由
大分	梶原敬義	社民	×	民主・自由・無所属の会
宮崎	東治男	無所属	×	民主・社民・自由・無所属の会
鹿児島	二牟礼正博	無所属	×	民主・社民
沖縄	照屋寛徳	無所属	×	民主・社民・自由

○当選 ×落選

原動力の一因となったことがうかがえる（表5-22）。

> 注目の選挙区

岩手では，自由党の元農水官僚の平野達男と自民党の元衆院議員の玉沢徳一郎との事実上の一騎打ち。自由党の小沢党首のおひざ元で「小沢王国」と言われる同県で，自由党が議席を維持できるかが注目された。接戦の結果，平野が玉沢をかわし，初当選を果たした。

東京では，前回98年選挙で共倒れとなった自民党の議席獲得が焦点となっ

表5-22 自・公の選挙協力

選挙区	候補者	党派	当落	選挙区	候補者	党派	当落
岩手	玉沢徳一郎	自民	×	京都	西田吉宏	自民	○
宮城	亀谷博昭	自民	×	兵庫	鴻池祥肇	自民	○
宮城	愛知治郎	無所属	○	奈良	荒井正吾	自民	○
秋田	金田勝年	自民	○	和歌山	世耕弘成	自民	○
山形	阿部正俊	自民	○	鳥取	常田享詳	自民	○
栃木	国井正幸	自民	○	島根	景山俊太郎	自民	○
栃木	増渕賢一	無所属	×	岡山	片山虎之助	自民	○
群馬	古川真由美	自民	×	広島	溝手顕正	自民	○
群馬	山本一太	自民	○	徳島	北岡秀二	自民	○
千葉	倉田寛之	自民	○	香川	真鍋賢二	自民	○
新潟	真島一男	自民	○	愛媛	関谷勝嗣	自民	○
富山	野上浩太郎	自民	○	福岡	松山政司	自民	○
石川	杏掛哲男	自民	○	福岡	古川忠	無所属	×
福井	松村龍二	自民	○	熊本	三浦一水	自民	○
山梨	中島真人	自民	○	大分	後藤博子	自民	○
長野	吉田博美	自民	○	鹿児島	加治屋義人	自民	○
三重	藤岡和美	自民	×	沖縄	西銘順志郎	自民	○
滋賀	山下英利	自民	○				

○は当選，×は落選

た。自民党は公認候補を保坂三蔵1人に絞った守りの選挙を展開したが，直前に行われた都議選で復調ぶりを見せた勢いをそのまま持ち込んでトップ当選を果たした。保坂の獲得した140万票は東京では，80年選挙の131万票を上回り，過去最高の得票で，前回落選した自民党候補2人の合計票を33万票上回る圧倒的な強さだった。他に，公明，民主，共産の3党の公認候補が手堅く票をまとめ，当選した。

　福岡では，自民党が公認，推薦2人の新人候補を擁立，議席の独占を目指した。自民党公認の松山政司が60万票を超える大量得票でトップ当選。これに対し，自民党推薦の古川忠は僅差で民主党の岩本司に敗れ，議席独占はならなかった。大分では，社民党の前議員の梶原敬義が4選を目指したが，小泉人気に乗る自民党の新人，後藤博子に競り負けた。梶原は民主，自由，無所属の会の推薦を受け，連合を軸とした組織選挙を展開したが及ばなかった。

巻末資料

◆政治関連年表（1993〔平成5〕－2003〔平成15〕年）

1993年（平成5）
- 1．6　社会党委員長選挙で山花貞夫書記長が無投票当選
-     20　クリントンが米国第42代大統領に就任
- 2．17　東京佐川急便事件などをめぐり，衆院予算委員会で，小沢一郎・自民党元幹事長，竹下登・元首相を証人喚問
-     26　米ニューヨーク・マンハッタンの世界貿易センター地下で爆弾テロ
- 3．6　東京地検特捜部が，金丸信・前自民党副総裁を所得税法違反容疑で逮捕
-     12　北朝鮮が核拡散防止条約（NPT）からの脱退を表明
-     27　中国の全人代で新国家主席に江沢民総書記を選出
-     31　自民党が，衆院への単純小選挙区制導入などを柱とする政治改革関連4法案を党議決定。93年度予算が成立
- 4．6　渡辺美智雄が副総理・外相を辞任。副総理の後任に後藤田正晴法相
-     8　カンボジアで日本人ボランティアが銃撃され死亡
-     16　宮沢首相がホワイトハウスで，クリントン米大統領と初の首脳会談
- 5．4　カンボジアでPKO要員の日本人警察官が襲撃され1人死亡
-     31　宮沢首相が政治改革について「今国会でやる。私は嘘をついたことはない」と明言
- 6．18　宮沢内閣不信任決議案が衆院本会議に緊急上程され，野党と羽田・小沢派など自民党の一部が賛成し可決。衆院解散
-     21　自民党を離党した武村正義・前衆院議員ら10人が「新党さきがけ」結成
-     23　羽田・小沢グループが「新生党」を結成
-     11　北朝鮮が5月末，中距離弾道ミサイル・ノドン1号の試射実験に成功と判明
- 7．7　東京サミット（先進国首脳会議）開幕
-     12　北海道南西沖を中心に強い地震，死者202人
-     18　第40回衆院選投開票。自民は過半数割れ。自社両党主導の「55年体制」崩壊

	22	自民党の両院議員総会で，宮沢首相（党総裁）が退陣表明
	27	自民党は衆院への小選挙区比例代表並立制導入などを党議決定
	29	8党派の党首会談で，日本新党の細川護煕代表を非自民連立政権の首相候補とすることで合意
	30	自民党総裁選で河野洋平官房長官を第16代総裁に選出
8.	6	細川を第79代，50人目の首相に指名。衆議院長には土井たか子が就任
	9	細川連立内閣発足。副総理・外相に羽田孜新生党党首
	12	社会党・山花委員長が辞任表明
9.	16	政府が規制緩和，円高差益の還元などを柱とする緊急経済対策を決定
	20	社会党委員長選で，村山富市・国会対策委員長が瓶（いとう）正敏参院議員を大差で破り，第13代委員長に当選。書記長に久保亘
	27	細川首相がニューヨークで，就任後初めてクリントン米大統領と会談
10.	11	ロシアのエリツィン大統領が日本公式訪問
	13	衆院で政治改革関連法案の審議開始
11.	1	欧州連合条約（マーストリヒト条約）が発効
	6	細川首相が訪韓し金泳三大統領と会談
	18	政治改革関連4法案が衆院を通過
	19	細川首相がアジア・太平洋経済協力閣僚会議（APEC）の非公式首脳会議出席のため訪米
12.	2	改憲発言で中西啓介・防衛庁長官が辞任
	7	細川首相が衆院予算理事会に「一億円借金」問題のメモ提出
	14	政府がコメ市場の部分開放決定
	15	国会最終日，45日間の会期延長を強行可決。補正予算成立
	16	田中角栄元首相が死去。75歳。ロッキード裁判は公訴棄却
	24	細川首相は記者会見で政治改革関連法案の年内成立断念を表明。予算越年編成

1994年（平成6）

1.	21	政治改革関連法案を参院本会議で賛成118票，反対130票の12票差で否決
	24	社会民主連合は解散方針を確認
	26	国会は衆院本会議を開き，参院で否決された政治改革関連法案の修正問題を協議するための両院協議会の設置決定
	28	細川首相と河野自民党総裁が会談し，政治改革関連法案の修正で合意
	29	政治改革関連4法成立
	31	第129通常国会を召集

2.	3	細川首相が記者会見し，消費税を廃止し税率7%の「国民福祉税」創設を表明
	4	連立与党の代表者会議で，構想を白紙に戻すことで合意
	11	細川首相が訪米しクリントン大統領と会談。数値目標で対立
	23	93年度一般会計の第3次補正予算が成立
3.	11	衆院本会議で中村喜四郎議員の逮捕許諾を議決。東京地検は同議員を逮捕
	19	細川首相が中国を訪問
	25	韓国の金泳三大統領が来日
4.	8	細川首相が辞意表明。日本新党が新会派「改革」結成
	15	新党さきがけが新政権では閣外協力に転じると表明
	17	渡辺美智雄・前副総理が自民党を離党し，首相指名選挙出馬を目指す考えを表明
	18	自民党を離党した鹿野道彦ら5人が「新党みらい」を旗揚げ
	19	渡辺前副総理は離党・首相指名選挙出馬を断念
	20	自民党を離党した「リベラルズ」の柿沢弘治衆院議員ら5人が「自由党」結成。日本新党を離れた中島章夫衆院議員ら3人が国会内会派「グループ青雲」結成
	22	社会，新生，公明，日本新，民社の各党と国会内会派の「民主改革連合」「改革の会」の7党・会派は，新生党党首の羽田孜副総理・外相擁立を正式決定
	25	細川内閣が総辞職。羽田孜副総理・外相を第80代，51人目の首相に指名。新生，日本新，民社，自由の4党と「改革の会」が，衆院の統一会派「改新」を社会党抜きで結成
	26	社会党が連立離脱
	28	6党・会派の連立による羽田少数与党内閣が成立
5.	2	羽田首相が欧州歴訪
	7	南京大虐殺を「でっち上げだと思う」と発言した永野茂門法相辞任
	16	自民党の加藤紘一，山崎拓，小泉純一郎の「YKK」を中心とする新政策行動集団「グループ・新世紀」が発足
6.	1	民社党の大内啓伍委員長が「改新」結成問題で辞任
	8	民社党の新委員長に米沢隆，書記長に中野寛成が就任
	21	衆院予算委員会は，細川前首相を東京佐川急便からの「1億円借り入れ問題」などで証人喚問
	23	自民党が羽田内閣不信任決議案を提出
	25	羽田内閣が総辞職

27 東京外国為替市場の円相場の終値が1ドル＝99円93銭，戦後初めて100円を突破。長野県松本市の住宅街で神経ガス「サリン」が散布され，7人が死亡
29 衆院の首相指名選挙で，自民，社会，さきがけ擁立の村山富市・社会党委員長が連立与党などの推す海部俊樹・元首相を破り，第81代，52人目の首相に就任
30 村山内閣発足。副総理・外相に河野自民党総裁，蔵相に武村さきがけ代表
7.8 ナポリ・サミット開幕。会合の途中，村山首相が不調を訴えて退席，入院。北朝鮮の金日成国家主席が死去，82歳。
20 村山首相は衆院本会議で，「自衛隊は合憲」「日米安保体制は不可欠」と表明
23 村山首相が訪韓
8.5 海部元首相と細川日本新党代表，羽田新生党党首，石田公明党委員長，米沢民社党委員長が会談し，旧連立与党中心の新・新党結成で合意
14 「侵略戦争」否定発言問題で桜井新・環境庁長官が辞任
9.3 社会党は臨時党大会で，安保・自衛隊，原発などの基本政策の転換を承認
8 連合の山岸章会長は任期を1年残して辞任表明
13 政府はルワンダ難民救援のため，ザイールなど周辺国への自衛隊派遣を決定
22 政府・与党が，97年4月から消費税率を5％に引き上げ決定
28 共産党を除く野党9党・会派が衆院の統一会派「改革」を結成
10.1 久保社会党書記長が「民主・リベラル新党」結成を目指す考えを表明
6 連合は新会長に芦田甚之助・ゼンセン同盟会長を選出
11.2 厚生年金の支給開始年齢を65歳に引き上げる年金改革法成立
21 300小選挙区の区割り法など政治改革関連3法が成立
25 消費税率を97年4月から5％に引き上げる税制改革関連4法が成立
12.8 新進党の党首選挙は，海部俊樹が羽田孜と米沢隆に大差をつけ当選。幹事長には小沢一郎
9 被爆者援護法が成立
10 野党9党派の衆参国会議員214人が新進党を結成

1995年（平成7）

1.1 世界貿易機関（WTO）が発足
6 社会党の政策集団「新民主連合」（山花貞夫会長）は，「民主主義・リ

	11	村山首相が訪米，クリントン大統領と会談
	17	阪神・淡路大震災。死者は6000人以上，20万余の建物が倒壊・焼失
3．9		「朝鮮半島エネルギー開発機構（KEDO）」が正式発足
	11	村山首相が国連社会開発サミットに出席
	20	東京の地下鉄に毒ガスのサリンがまかれ，12人が死亡
	30	自民党の渡辺美智雄・元副総理兼外相を座長とする与党3党の代表団が北朝鮮を訪問。日朝国交正常化交渉を前提条件なしに再開することで基本合意。国松孝次・警察庁長官が狙撃され重傷
4．9		統一地方選の東京都知事選で青島幸男，大阪府知事選で横山ノックが初当選
	19	東京外国為替市場で，一時，1ドル＝79円75銭と80円を突破
	27	社会党の山花貞夫らの「民主・リベラル新党準備会」が解散を決定
5．2		村山首相が訪中
	15	地方分権の基本理念や方針を定めた地方分権推進法が成立
	16	警視庁はオウム真理教代表の麻原彰晃こと松本智津夫容疑者を逮捕
	18	臨時都議会は，都市博の開催を求める決議案を大差で決議
	27	社会党が臨時党大会で新党結成を明記した「95年宣言」を採択
6．5		介護休業法が成立
	9	戦後50年の国会決議「歴史を教訓に平和への決意を新たにする決議」を衆院本会議で与党3党の賛成多数で採択。
	13	衆院本会議は，新進党が提出した村山内閣不信任決議案を否決
	15	ハリファクス・サミット開幕
	19	村山首相はシラク仏大統領と会談し，仏の核実験凍結を要請
	30	北朝鮮へコメ30万トン供与
7．5		福田赳夫元首相が死去。90歳
	10	ミャンマーの軍事政権はアウン・サン・スー・チーの自宅軟禁を6年ぶり解除
	20	政党助成法に基づく第1回の政党交付金交付
	23	第17回参院選投開票。投票率は史上最低の44.52％
8．8		村山改造内閣発足
	15	村山首相は，先の戦争で「国策を誤りアジアに苦痛を与えた」として謝罪の意を表す談話を発表
	28	自民党の河野洋平総裁が，党総裁選立候補断念を表明
	30	木津信用組合（大阪市）と兵庫銀行が破綻
9．2		武村蔵相は，タヒチで開かれたフランスの核実験再開に抗議する平和

集会に出席
- 4 沖縄県で米兵3人による少女暴行事件発生
- 10 村山首相が中東5か国歴訪に出発
- 15 渡辺美智雄元副総理が死去。72歳
- 22 自民党総裁選で，橋本竜太郎・通産相が小泉純一郎・元郵政相に大差をつけ，第17代総裁に選出される
- 26 大和銀行が米国債投資に失敗し約11億ドルの損失を出したことが発覚

10. 3 日本が北朝鮮に20万トンのコメを追加支援するための日朝協議が妥結
- 9 田沢智治法相が，国会質問をめぐる裏取引疑惑の責任を取り辞任
- 19 宝珠山昇・防衛施設庁長官が村山首相を「頭が悪い」などと批判した問題で辞任

11. 1 新食糧法スタート
- 13 日本の植民地支配に関する発言問題で，江藤隆美・総務庁長官が辞任
- 16 韓国最高検察庁が盧泰愚前大統領を収賄容疑で逮捕

12. 6 旧東京協和，安全両信用組合の不正融資に関する背任の共犯容疑で，山口敏夫衆院議員を逮捕
- 8 宗教法人の所轄を一元化する改正宗教法人法が成立。福井県敦賀市の動燃の高速増殖炉「もんじゅ」でナトリウム漏れ事故
- 19 政府は96年度当初予算で6850億円の財政資金を投入し，損失の一部を穴埋めする住宅金融専門会社（住専）の処理方針を決定
- 27 新進党の党首公選は，小沢一郎幹事長が羽田孜副党首の2倍近い約112万票を獲得して当選

1996年（平成8）

1. 4 村山首相が伊勢神宮に参拝
- 5 村山首相が退陣表明
- 11 村山内閣が総辞職。第82代，53人目の首相に橋本自民党総裁。橋本内閣発足
- 16 社会党委員長選挙で，村山委員長が秋葉忠利衆院議員を破り再選
- 19 社会党第64回定期党大会。「社会民主党」に党名変更
- 24 小沢一郎新進党党首は代表質問で住専処理のための6850億円削除要求

2. 9 菅直人厚相は血液製剤によるHIV感染に関して，初めて国の責任を認める
- 23 米西海岸サンタモニカで日米首脳会談

3. 4 新進党が衆院予算委員会室前で座り込み開始
- 23 台湾の与党・国民党主席の李登輝総統が初代民選総統に当選

	25	新進党が予算委員会室のピケを解除
	28	金丸信・元自民党副総裁が死去。81歳
4.	11	96年度予算案が衆院通過
	12	日米両国政府は，普天間飛行場を5―7年以内に全面返還することなどで合意
	16	クリントン米大統領来日
	17	日米両首脳は「日米安保共同宣言」に署名
	19	橋本首相はモスクワでの原子力安全サミットに出席
5.	10	住専処理の財政資金投入などを盛り込んだ96年度予算成立
	31	サッカーW杯2002年大会の日韓共同開催決定
6.	18	「橋本行革の基本方向（橋本行革ビジョン）」発表。住専処理法など住専・金融関連6法が成立
	23	韓国・済州島で日韓首脳会談
	27	リヨン・サミット開幕
8.	4	新潟県巻町で，原子力発電所の建設の是非を問う住民投票
	20	橋本首相が中南米5か国歴訪に出発
	30	鳩山由紀夫代表幹事が新党さきがけを離党
9.	8	沖縄で「米軍基地の整理・縮小と日米地位協定の見直し」の賛否を問う県民投票
	10	鳩山，菅らが新党名を「民主党」と決定
	18	社民党は衆院選立候補予定者の民主党への参加を容認し，党が分裂
	25	衆院政倫審は「共和」からの献金問題で加藤紘一自民党幹事長を審査
	27	第137臨時国会召集。衆院解散
	28	民主党結党大会。党代表に鳩山，菅の2人を選出
10.	20	第41回衆院選投開票
	31	橋本首相，土井社民党党首，堂本新党さきがけ議員団座長が3党首会談。社さ両党は閣外協力に転じたが，3党の枠組み維持では合意
11.	5	米クリントン大統領が再選
	7	第138特別国会召集。衆参両院で橋本自民党総裁を第83代首相に指名。第2次橋本内閣発足
	19	政府は閣議で「行政改革会議」の設置を決定
12.	4	特別養護老人ホームをめぐる汚職事件で，岡光序治・前厚生事務次官逮捕
	16	新進党の羽田元首相は小沢党首と会談。離党して新党結成の意向表明
	17	左翼ゲリラ「トゥパク・アマル革命運動（MRTA）」がペルー日本大使公邸を襲撃

22 社民党臨時党大会で土井前衆院議長の党首就任を正式承認
26 羽田元首相が衆参両院議員13人で新党「太陽党」を結成

1997年（平成9）

1．2 島根県沖の日本海でロシア船籍のタンカー「ナホトカ号」が沈没，大量の重油流出
 6 社民党の久保亘前副総理・蔵相（前副党首）が同党離党を正式表明
 7 橋本首相がASEAN 5か国の歴訪に出発
 25 別府市で日韓首脳会談
 29 オレンジ共済の巨額詐欺事件で，友部達夫参院議員を詐欺容疑で逮捕
2．1 橋本首相はトロントでフジモリ・ペルー大統領と会談
 18 新進党は党大会延期を決定。友部の95年参院比例選での公認問題に関して「一切の金銭授受はなかった」との最終調査報告を発表
 19 中国の鄧小平・元中国共産党中央軍事委員会主席が死去。92歳
3．11 茨城県東海村の動力炉・核燃料開発事業団東海事業所の再処理施設で放射能漏れ
 24 リクルート事件で，藤波孝生衆院議員に逆転有罪判決
4．1 消費税5％スタート
 17 沖縄米軍施設用地の継続使用のための改正駐留軍用地特別措置法成立
 22 ペルーの日本大使公邸人質事件解決
 24 橋本首相が米国，オーストラリア，ニュージーランド歴訪に出発
 25 日産生命に業務停止命令。生命保険の破綻は戦後初
5．2 イギリス総選挙で，トニー・ブレア党首率いる労働党が18年ぶりに政権を奪回
 23 憲法議連が設立総会
 14 野村証券の総会屋絡みの利益供与事件で野村証券の元常務ら3人逮捕
6．11 改正日銀法と改正独禁法が成立
 16 医療保険制度改革関連法が成立。金融監督庁設置法が成立
 17 臓器移植法が成立
 18 新進党の細川元首相が離党
 20 デンバー・サミット開幕
7．1 香港が中国に返還され，156年にわたる英国統治に幕
 2 タイ通貨バーツが最大17％急落
 12 カンボジアからの邦人救出に備え，航空自衛隊C130輸送機3機をタイのウタパオ基地に派遣
 17 愛知和男，北橋健治，上田清司，鴨下一郎，伊藤達也の5衆院議員が

　　　　新進離党
9. 4　橋本首相が北京で中国の李鵬首相と会談
　 5　自民党は北村直人衆院議員の復党を容認。4年3か月ぶりに単独過半数を回復
　 8　自民党総裁選告示。橋本首相が無投票で再選
　11　第2次橋本改造内閣。ロッキード事件で有罪判決の佐藤孝行を総務庁長官に起用
　18　民主党は2人代表制から1人代表制に移行。菅代表，鳩山幹事長に
　22　佐藤総務庁長官辞任
　23　日米防衛協力のための指針（ガイドライン）を決定
　25　共産党大会。宮本顕治議長が議長を勇退
10. 1　長野新幹線が開業
　 8　金正日書記が朝鮮労働党総書記に就任
11. 1　橋本首相はクラスノヤルスクでエリツィン大統領と非公式首脳会談
　12　自民，社民，新党さきがけ3党の与党訪朝団が朝鮮労働党と全体会議
　17　北海道拓殖銀行は経営再建を断念。都市銀行の経営破綻は初
　24　山一証券が自主廃業
　25　アジアの通貨・金融危機でAPECが首脳宣言採択
　28　「泉井石油商会」代表・泉井純一被告を証人喚問。財政改革法成立
12. 1　温暖化防止京都会議開幕
　 3　政府の行政改革会議が最終報告を決定
　 9　介護保険法が成立
　17　橋本首相は赤字国債を財源に2兆円の所得税特別減税実施を表明
　18　新進党の党首選で小沢一郎党首が鹿野道彦元総務庁長官を破り再選
　19　韓国大統領選挙で，野党の金大中候補が当選
　21　沖縄県名護市で普天間返還に伴う代替海上ヘリポート建設の賛否を問う住民投票
　27　新進党の小沢党首は両院議員総会で，「解党」を宣言

1998年（平成10）

1. 7　民主党，新党友愛，国民の声，太陽党，フロムファイブ，民改連の6党は衆院で97人の統一会派「民主友愛太陽国民連合」結成で合意
　18　公明が黎明クラブとの合流を正式決定
　23　国民の声，太陽党，フロムファイブの3党が合流して「民政党」結成
　26　大蔵省金融検査部の金融証券検査官室長ら逮捕。三塚蔵相辞任（28日）
2. 7　第18回冬季オリンピック長野大会が開幕

	16	金融機能安定化緊急措置法と改正預金保険法の金融関連2法が成立
	19	新井将敬衆院議員が，日興証券の不正取引容疑で逮捕直前に自殺
	25	韓国で金大中氏が第15代大統領に就任
3．12		民主党に民政党，新党友愛，民主改革連合が合流する形で新「民主党」結成合意
	19	非営利団体（NPO）法が成立
4．1		改正外国為替管理法の施行など日本版金融ビッグバン始動
	9	橋本首相は特別減税2兆円の上積みや財政構造改革法の今国会改正を表明し，構造改革路線を転換
	19	静岡県伊東市で日露首脳会談
	24	在外邦人が国政選挙・比例選で投票できるようにするための改正公職選挙法成立
	27	新しい民主党が結党大会。衆参両院議員あわせて131人が参加
	30	民主党の細川元首相が衆院議員を辞職
5．15		バーミンガム・サミット開幕
	18	政府はインドネシアの在留邦人退避に備え，航空自衛隊C130輸送機2機をシンガポールに派遣
	21	インドネシアのスハルト大統領が辞任
	28	社民党が橋本内閣への閣外協力解消を決定
	29	改正財政構造改革法と減税関連法が成立
6．1		自民，社民，さきがけの党首会談で，社民，さきがけが連立から離脱
	5	金融システム改革法など4法成立
	9	中央省庁改革基本法が成立
	25	クリントン米大統領が中国を公式訪問
7．12		第18回参院選投開票。自民党は44議席にとどまる惨敗。橋本首相が退陣表明（13日）
	21	北京で不破共産党委員長が江沢民国家主席と会談。日中共産党が31年ぶりに歴史的和解
	24	自民党の両院議員総会で小渕恵三外相を第18代総裁に選出
	30	小渕自民党総裁が第84代，54人目の首相に就任
8．31		北朝鮮が弾道ミサイル「改良型テポドン」を発射，三陸沖に着弾
9．1		自民党の旧三塚派の亀井静香・元建設相ら計21人が派閥離脱
	4	防衛庁装備品の納入をめぐる過大請求事件で，諸冨増夫・前防衛施設庁長官逮捕
	5	北朝鮮の金正日総書記が国防委員長に再任され事実上の国家元首に
	30	政府は対人地雷全面禁止条約の批准決定

10. 8　来日した金大中・韓国大統領が小渕首相と会談
　　12　金融再生関連法成立
　　16　防衛庁背任事件で額賀長官問責決議案可決。金融早期健全化法成立
　　20　新党さきがけが解党
　　29　政党助成法違反容疑で中島洋次郎衆院議員を逮捕
11. 7　新党平和と公明が合流して新党「公明党」結成
　　12　モスクワで日露首脳会談
　　19　小渕首相と自由党の小沢党首が会談し，連立政権の樹立で合意
　　20　防衛庁背任事件で額賀防衛庁長官が辞任
　　26　小渕首相は江沢民・中国国家主席と東京・迎賓館で会談
　　30　自民党の山崎拓・前政調会長が「山崎派」旗揚げ表明
12. 11　財政構造改革法停止法成立。森自民党幹事長が自民党三塚派を継承
　　13　日本債券信用銀行の一時国有化（特別公的管理）決定
　　22　自民党の加藤紘一・前幹事長が宮沢派継承。河野洋平グループが離脱

1999年（平成11）

1. 1　欧州単一通貨「ユーロ」を導入
　　14　自民，自由両党の連立内閣発足
　　18　民主党が初の定期党大会。党代表選で菅直人代表が松沢成文衆院議員を破り再選
3. 8　中村正三郎法相が辞表提出
　　18　自民党で新派閥「村上・亀井派」旗揚げ
　　24　小渕首相は，海上自衛隊による初の海上警備行動を承認
4. 11　東京都知事選で石原慎太郎が初当選，大阪は横山ノックが再選
5. 7　情報公開法が成立
　　24　ガイドライン関連法が自民，自由，公明3党などの賛成で成立
6. 2　司法改革審設置法が成立
　　18　ケルン・サミット開幕
7. 8　中央省庁改革関連法と地方分権一括法成立
　　24　公明党は臨時党大会で，自自連立内閣に参加する方針を正式決定
　　26　国会活性化法成立
　　29　憲法調査会を国会に設置する改正国会法成立
8. 9　国旗・国歌法と国家公務員倫理法が成立
　　12　組織犯罪3法，改正住民台帳法が成立
　　20　第一勧業銀行，富士銀行，日本興業銀行の3行が統合発表
9. 21　自民党総裁選投開票。小渕総裁が加藤紘一，山崎拓の両候補を大差で

　　　　　破り再選
　　25　民主党代表選は決戦投票で鳩山が菅を破り，第2代代表に就任
　　30　茨城県東海村の核燃料加工会社JCO東海事業所で国内初の臨界事故
10. 4　自自公3党首が連立政権合意書に署名。小渕新連立内閣発足（5日）
　　20　「核武装」発言の自由党・西村真悟防衛政務次官を更迭
11. 10　国会初の「党首討論」
12. 3　超党派国会議員団が，朝鮮労働党代表団との間で共同発表文書に署名。団体規制法などオウム2法成立
　　21　セクハラ事件の横山ノック大阪府知事が辞職願を提出
　　29　与党3党が「ペイオフ」1年延期決定

2000年（平成12）

1. 1　コンピューター2000年問題は発生せず
　　20　衆参両院に憲法調査会設置
　　23　吉野川可動堰設置計画の賛否を問う徳島市住民投票
　　27　衆院比例定数を20削減する公選法改正案が衆院通過。成立（2月2日）
　　28　小渕首相の施政方針演説。衆参両院で野党欠席。代表質問も欠席（31日）
2. 3　二階堂進・元自民党副総裁が死去。90歳
　　6　大阪府知事選で太田房江候補が初当選
　　25　金融機関の検査に手心を加えると受け取れる発言をした越智通雄金融担当相更迭
3. 7　政府は北朝鮮に対するコメ10万トン支援と日朝国交正常化交渉再開を正式発表
　　18　台湾の最大野党・民進党の陳水扁・前台北市長が台湾総統に初当選
　　27　ロシア大統領選挙でプーチン大統領代行が当選
4. 1　小渕首相と自由党の小沢党首，公明党の神崎代表の与党3党首会談が決裂。自由党が連立離脱。介護保険制度スタート
　　2　小渕首相が都内の病院に緊急入院。病名は脳こうそく
　　3　自由党の政権残留組が「保守党」を旗揚げ
　　4　小渕内閣総辞職
　　5　自民党は森喜朗幹事長を第19代総裁に選出。第85代，55人目の首相に森指名。小渕内閣の閣僚を全員再任
5. 14　小渕恵三前首相が死去。62歳
　　15　森首相が「日本の国は天皇中心の神の国」などと発言
　　18　ストーカー規制法成立

6.	2	衆院解散
	6	梶山静六自民党元幹事長が死去。74歳
	13	韓国の金大中大統領が平壌入りし，北朝鮮の金正日総書記と初会談
	19	竹下登元首相が死去。76歳
	25	第42回衆院選投開票。与党3党は「絶対安定多数」を確保
	30	東京地検が中尾栄一元建設相を受託収賄容疑で逮捕
7.	4	自民，公明，保守の3党連立による第2次森内閣発足
	12	大手百貨店そごうグループ22社は民事再生法の適用申請
	21	沖縄サミット開幕
9.	3	ロシアのプーチン大統領が来日
	4	政策秘書の給与詐取事件で，民主党の山本譲司衆院議員逮捕
	9	民主党の鳩山代表再選
10.	13	金大中・韓国大統領にノーベル平和賞
	15	長野県知事選で作家の田中康夫が初当選
	18	公選法改正案をめぐる議長あっせん不調で，斎藤十朗参院議長が辞任
	22	衆院東京21区補選で，無所属で市民団体役員の川田悦子候補が初当選
	26	参院比例選への非拘束名簿式導入と参院定数の10削減を柱とする改正公選法成立。女性問題や右翼団体幹部との交友疑惑で中川秀直官房長官更迭。後任に福田康夫
	30	日本と北朝鮮との第11回国交正常化交渉開始
11.	8	労働省所管の財団法人KSDの前理事長ら3人逮捕
	21	野党4党提出の森内閣不信任決議案否決。加藤元幹事長，山崎元政調会長ら40人が欠席
	22	あっせん利得処罰法成立
	24	共産党党大会で党規約改定。議長に不破哲三委員長，委員長に志位和夫書記局長
	28	刑事罰対象年齢を16歳以上から14歳以上へ引き下げる改正少年法成立
	29	IT基本法成立
	30	医療保険制度改革関連法，船舶検査法成立
12.	1	野中自民党幹事長辞任。後任に古賀誠国会対策委員長
	5	第2次森改造内閣発足。行政改革担当相に橋本元首相を起用

2001年（平成13）

1.	6	1府12省庁スタート
	20	ジョージ・ブッシュが米大統領に就任
	23	額賀経済財政担当相がKSD資金提供問題の責任をとって辞任

25 松尾克俊・前要人外国訪問支援室長による外交機密費流用調査報告書を発表

31 加藤元幹事長と対立する堀内光雄・元通産相らが堀内派結成

2．9 ハワイ沖で愛媛県立宇和島水産高校の実習船「えひめ丸」と米原潜が衝突

3．1 東京地検は村上正邦前参院議員を受託収賄容疑で逮捕

10 森首相が総裁選繰り上げ実施の意向表明。機密費流用事件で松尾容疑者逮捕

16 麻生経済財政担当相が「デフレ宣言」

25 森首相はイルクーツク市でプーチン露大統領と会談。千葉県知事選で堂本暁子・前参院議員が初当選

4．6 森首相は閣僚懇談会で退陣の意向表明

24 自民党両院議員総会で，小泉元厚相を第20代総裁に選出

26 衆参両院本会議で，第87代，56人目の首相に小泉自民党総裁を指名。小泉自公保連立内閣発足。外相に田中真紀子・元科技庁長官

5．1 北朝鮮の金正日総書記の長男，金正男とみられる人物が成田空港から不法入国，入管当局が身柄を拘束し，国外退去処分（4日）

23 政府は国が敗訴した熊本地裁のハンセン病国家賠償請求訴訟について控訴断念

24 自民党の河本敏夫元通産相が死去。89歳

6．21 政府の経済財政諮問会議が「経済財政運営の基本方針」を正式決定

22 確定拠出年金（日本版401K）法成立。鈴木宗男議員の質問を制限するよう働きかけていた問題で，田中外相厳重注意

24 都議選が投開票

30 小泉首相が訪米，ブッシュ大統領と初の首脳会談

7．16 外務省のハイヤー代金水増し請求事件で，警視庁は外務省課長補佐ら4人逮捕

20 ジェノバ・サミット開幕

29 第19回参院選投開票。自民党は「小泉旋風」に乗り64議席を獲得

8．10 自民党の両院議員総会で小泉首相（総裁）を再選

13 小泉首相が靖国神社を参拝

28 総務省の7月労働力調査で，完全失業率が5.0％の過去最悪を記録

9．6 外務省のホテル代水増し請求事件で同省課長補佐ら逮捕

8 サンフランシスコで対日講和条約（サンフランシスコ講和条約）調印50周年式典

11 米国で同時テロ

17　扇千景保守党党首が辞任，後任の党首に野田毅幹事長
　　25　小泉首相が訪米しブッシュ大統領と会談
10． 7　米軍は英軍とともにアフガニスタンを空爆
　　28　統一補選で自民党公認候補が当選。衆院で1年4か月ぶりに単独過半数獲得
　　29　テロ対策特別措置法などテロ関連3法が成立
11．10　世界貿易機関（WTO）が中国のWTO加盟承認
　　13　アフガニスタンの反タリバン勢力「北部同盟」がカブール市内を完全制圧
　　16　政府は自衛隊の対米軍後方支援策の内容を定めた基本計画を決定
　　20　米英軍の後方支援のため，中谷防衛庁長官が海上，航空両自衛隊に派遣命令
　　30　テロ対策特別措置法に基づく自衛隊派遣の国会承認案を参院本会議で可決，成立。地方自治体電子投票特例法が成立
12． 1　皇太子妃雅子さまが「愛子」さま御出産
　　 7　PKO本体業務への参加凍結解除と武器使用基準緩和を柱とする改正国連平和維持活動協力法成立
　　22　奄美大島北西の日本の排他的経済水域内に国籍不明の不審船が出没。追跡する日本の巡視船に銃撃を加えた末に沈没

2002年（平成14）

1． 8　自民，公明，保守の与党3党は，衆院選挙制度抜本改革先送りで一致
　　21　東京でアフガニスタン復興支援会議
　　24　アフガン復興支援会議へのNGO参加拒否問題をめぐり，田中外相と野上外務次官が国会答弁で対立
　　29　小泉首相が田中外相と野上外務次官を更迭。鈴木宗男議院運営委員長も辞意表明。ブッシュ米大統領が一般教書演説で，北朝鮮，イラク，イランの3か国を「悪の枢軸」と非難
2． 1　緒方貞子アフガニスタン支援政府代表が外相就任要請を辞退。川口順子環境相を横滑りで起用
　　 6　民主党の鹿野道彦副代表が離党
　　18　ブッシュ米大統領が来日し，小泉首相と会談
　　20　衆院予算委は田中真紀子元外相，鈴木宗男衆院議員を参考人招致
3． 4　川口外相は，自民党の鈴木宗男衆院議員による北方4島支援事業などへの関与について調査報告書を発表。「業際都市開発研究所」による口利き事件で，徳島県の円藤寿穂知事を逮捕

8	自民党元幹事長・加藤紘一衆院議員事務所の元代表を所得税法違反容疑で逮捕
15	鈴木宗男衆院議員が自民党を離党
18	自民党の加藤元幹事長が離党
26	秘書給与不正受給疑惑の責任を取り，社民党の辻元清美衆院議員が議員辞職願提出

4.2 BSE（牛海綿状脳症＝狂牛病）問題の調査委員会が農水省の過去の対応を「重大な失政」とする最終報告書公表
　　9 加藤元幹事長が政治資金流用疑惑などの責任を取り議員辞職
　　19 井上裕参院議長は，政策秘書の裏金疑惑で議長を辞任
　　21 小泉首相が春季例大祭に合わせ靖国神社を参拝
　　30 東京地検特捜部が鈴木宗男衆院議員の公設秘書や業者など7人を逮捕

5.2 井上裕・前参院議長が議員辞職。千葉地検が元政策秘書らを逮捕
　　8 中国・瀋陽市の日本総領事館に亡命希望の北朝鮮住民5人が駆け込んだが，中国の人民武装警察官が5人を連行
　　19 東ティモールで独立記念式典
　　28 経団連と日経連が統合した「日本経済団体連合会」が発足

6.19 衆院本会議は，鈴木宗男議員の逮捕許諾を全会一致で議決，東京地検特捜部は同議員をあっせん収賄容疑で逮捕
　　20 自民党党紀委員会は秘書給与流用疑惑が持たれている田中真紀子・元外相の2年間の党員資格停止処分を決定
　　21 衆院本会議は，鈴木宗男衆院議員に対する議員辞職勧告決議案を可決 政府は「道路関係4公団民営化推進委員会」の委員を決定
　　23 岡山県新見市長・市議選が全国で初めて電子投票
　　26 カナナスキス・サミット開幕

7.5 長野県議会が田中康夫知事不信任決議案を賛成多数で可決
　　19 改正あっせん利得処罰法が成立
　　24 衆院政治倫理審査会は田中真紀子・元外相を公開審査
　　26 サラリーマン本人の自己負担割合を3割に引き上げる医療制度改革関連法成立

8.5 住民基本台帳ネットワークシステム（住基ネット）が稼働
　　9 田中真紀子・元外相が，公設秘書給与の流用疑惑の責任を取り議員辞職

9.1 長野県の出直し知事選で田中康夫・前知事が再選
　　17 小泉首相が日本の首相として初めて北朝鮮を訪問し，平壌で金正日総書記と会談。北朝鮮は日本人拉致を認め，「日朝平壌宣言」に署名

	18	鹿児島県奄美大島沖の東シナ海から引き上げられた不審船について，扇国土交通相は，北朝鮮の工作船と断定
	23	民主党代表選で鳩山由紀夫代表が菅直人幹事長を破り3選。幹事長に中野寛成を起用，党内から反発
	30	小泉改造内閣発足。柳沢伯夫金融相に代え竹中経済財政相を金融相兼務で起用
10.	7	2003年4月から予定されていたペイオフの全面解除を2年間延期決定
	15	北朝鮮による拉致事件被害者のうち地村保志，蓮池薫さんら5人が24年ぶり帰国
	25	民主党の石井紘基・衆院議員が東京都世田谷区の自宅前で男に刃物で刺され死亡
	27	衆参7選挙区の統一補欠選投開票
	29	クアラルンプールで第12回日朝国交正常化交渉
11.	21	高円宮憲仁親王殿下がご逝去。47歳
12.	3	民主党の鳩山代表は党常任幹事会で辞任表明
	4	北朝鮮拉致被害者と家族を支援する拉致被害者支援法成立。政府は「イージス艦」をインド洋に派遣することを決定
	6	政府の道路関係4公団民営化推進委員会は最終報告を決定。今井敬委員長は多数決に反対して採決直前に辞任
	12	北朝鮮が94年の「米朝枠組み合意」に基づく核関連施設の凍結措置解除を宣言
	19	韓国の新大統領に与党・民主党の盧武鉉候補が当選

2003年（平成15）

1.	10	北朝鮮が核拡散防止条約からの脱退宣言
	14	小泉首相が靖国神社を参拝
	16	ゼネコン汚職事件の中村喜四郎元建設相の実刑が確定，議員失職
	18	天皇陛下が前立腺がんの摘出手術
3.	7	東京地検は坂井隆憲衆院議員を政治資金規制法違反容疑で逮捕
	15	中国の全人代で，新国家主席に胡錦濤・共産党総書記を選出
	20	米国のイラク攻撃開始を受け，小泉首相が正式に支持表明。日銀の新総裁に福井俊彦・元日銀副総裁
	31	大島理森農相が，元秘書の献金流用疑惑などの責任をとり辞任
4.	1	日本郵政公社が発足
	9	米軍部隊がバグダッドを制圧
	13	統一地方選で東京都知事に石原慎太郎再選。北海道は高橋はるみ，神

		奈川は松沢成文が初当選。札幌市長選は法定得票（有効投票の4分の1）に達せず再選挙
	15	保守新党の松浪健四郎衆院議員による暴力団がらみの不祥事発覚
	16	「産業再生機構」発足
	27	衆参4選挙区の統一補欠選挙が投開票，自民は実質3勝1敗
	28	日経平均株価の終値が7607円88銭，20年5か月ぶりの低水準
5.	15	青森県の木村守男知事が「セクハラ不倫疑惑」報道をめぐる混乱で辞職願提出
	18	県議会の不信任による知事失職を受けた徳島県知事選で新人当選
	22	国連安保理は，米国，英国，スペイン3か国が提案した対イラク経済制裁解除・戦後統治決議案を全会一致で採択
	23	個人情報保護関連5法が成立
	26	菅民主党代表と小沢自由党首が会談し，合流協議打ちきりで合意
6.	1	エビアン・サミット開幕
	6	有事関連3法が成立。韓国の盧武鉉大統領来日
	10	りそなホールディングスに対する1兆9600億円の公的資金注入を決定
	26	国と地方の税財政を見直す「三位一体の改革」で基本方針
7.	12	埼玉県の土屋義彦知事が，長女の政治資金規正法違反事件に絡み辞任表明
	16	民主党が提出した竹中経済財政・金融相に対する問責決議案否決
	18	警視庁が社民党の辻元清美前衆院議員らを詐欺容疑で逮捕
	23	菅民主党代表と小沢自由党首が会談，9月末までに両党合併で合意
	26	イラク復興支援特別措置法が成立
8.	19	バグダッドの国連現地本部で爆弾テロ，20人以上が死亡
	25	住民基本台帳ネットワークシステム（住基ネット）が本格稼働
	27	北京で北朝鮮の核開発問題をめぐる6か国協議
	31	埼玉県の出直し知事選で，前衆院議員・上田清司が初当選
9.	18	民主党が次期衆院選のマニフェスト（政権公約）の第1次草案を発表
	20	自民党総裁選は，小泉首相が第1回投票で約6割の票を獲得し再選（前任者の残余の任期終了後，無投票で再選されており，実際は3選になる）。
	21	小泉総裁は自民党の幹事長に安倍晋三官房副長官を抜擢
	22	小泉再改造内閣発足
	24	民主，自由両党が合併，国会議員204人が所属する新しい民主党が誕生
10.	10	衆院解散。自民党が政権公約となる「小泉改革宣言」決定
	15	政府はイラク復興支援で2004年分として15億ドルの無償資金拠出決定

	17	小泉首相が来日したブッシュ米大統領と会談
	24	石原国土交通相は日本道路公団の藤井治芳総裁を解任
	26	参院埼玉選挙区補選で，自民党候補が民主党候補を破り当選
11.	9	第43回衆院選投開票
	10	保守新党が自民党への合流を決定
	13	社民党の土井党首が衆院選敗北で引責辞任。日本道路公団の新総裁に近藤剛参院議員（自民）
	15	社民党は福島瑞穂幹事長を党首に選出
	19	衆参両院本会議で小泉自民党総裁を第88代首相に選出。第2次小泉内閣発足
	27	小沢一郎・旧自由党党首が民主党の代表代行・副代表に就任
	29	イラク中部のティクリート近郊で，在イラク大使館勤務の奥克彦参事官と井ノ上正盛・三等書記官（肩書いずれも当時）が殺害される。足利銀行が破綻，一時国有化決定
12.	6	近藤浩衆院議員（自民）を公選法違反容疑で逮捕
	9	政府は臨時閣議で自衛隊イラク派遣に関する基本計画決定
	13	イラクの元大統領，サダム・フセインをイラク駐留米軍が拘束

◆2003年衆院選・各政党の政権公約（要旨）

自民党

「小泉改革宣言―自民党政権公約2003」
一．「官から民へ」
(1)民間にできることは民間にまかせる――民主導・自律型の経済社会へ
・郵政事業を2007年4月から民営化するとの政府の基本方針を踏まえ，日本郵政公社の経営改革の状況を見つつ，国民的論議を行い，2004年秋頃までに結論を得る
・道路関係四公団民営化推進委員会の意見を基本的に尊重し，2005年度から4公団を民営化する法案を2004年の通常国会に提出
・日本経済の4割を占める官製市場を民間に開放
・構造改革特区を積極活用し，農業を含めた産業全体の国際競争力の強化などを実現
・事前規制の緩和・撤廃と事後チェック体制を確実なものとするため，内閣に2004年4月に「規制改革・民営化等推進委員会（仮称）」を設置
(2)民需を誘発する歳出構造改革
・2006年度に名目GDP 2％以上の経済成長を達成
・2010年代初頭にプライマリーバランス（国債費や公債金収入を除いた財政収支）の黒字化を実現
・予算の複数年度化を進め，歳出を合理化する。このため，2004年度予算からモデル事業を実施
・すべての予算について政策評価および予算執行調査を拡充し，予算編成作業に反映させる仕組みを導入
・2004年度から実施する「政策群」など，省庁間の枠を超えて重点化・効率化を実現する予算編成を進める

二．デフレに勝ち抜く日本へ
(1)不良債権問題の早期解決
・2004年度末までに主要行の不良債権比率を半減させる
・不良債権処理を円滑化するための税制や，金融危機を起こさせないための新たな公的資金注入の枠組みを検討
・今後2年間で地銀等の地域金融を集中的に強化
(2)中小企業再生の支援

・2004年通常国会で破産法・民事再生法を改正し，企業経営者の再起を支援。個人保証のあり方を適正化
・過度の不動産担保主義からの脱却
(3)雇用の創出・維持・確保
・今後2年間で300万人以上の雇用機会を創出
・若者の就職を支援するため，「若者自立・挑戦プラン」の推進
(4)新たな経済発展基盤の創造
・2001年度からの5年間で政府研究開発投資の総投資規模を24兆円とする第2期「科学技術基本計画」を着実に実施，世界最高水準の「科学技術創造立国」を実現
・若手研究者が実力と能力に応じて使える競争的研究資金の倍増目標の達成
・起業意識を高めて創業を支援し，2006年度までに年間創業・開業数を倍増（18万社→36万社）。2004年度までに大学発ベンチャー1000社創業を実現する
・半年以内に「平成の産業創造戦略」を策定
・2005年度までに世界で最も進んだ光ファイバー利用大国を実現し，世界最高水準の電子政府の実現を目指す
・観光を地域活性化の起爆剤とし，2010年までに外国人旅行者を倍増（500万人→1000万人）する

三．行政の役割を変える
(1)事後チェック型行政に対応するセーフティネット整備
・公正取引委員会の権限強化等を行う独占禁止法改正案を2004年中に国会提出するとともに，人員を大幅に増強する
・「裁判外紛争解決手続き利用促進基本法案」（仮称）を2004年の通常国会に提出し，裁判以外での民事紛争解決手続きの基本ルールを制度化
・2004年度の通常国会で，司法の行政に対するチェック機能強化のための行政訴訟制度改革等を進める
(2)公的な関与を縮小し，「簡素で効率的な政府」を実現
・国，地方の公的部門をリストラし，公的債務削減を目指す。公社，公団等に民間企業と同水準の情報開示，経営監視機能を導入
・公務員制度改革法案を2004年の国会に提出
・府省の課長クラス以上の2割程度の官民交流。適正な再就職ルールの確立による「天下り」の制限
・2004年4月に内閣に「規制改革・民営化推進委員会」（仮称）を，党に「法律廃止検討委員会」（仮称）を設置する
(3)特殊法人等の改革断行

・整理合理化計画を着実に実施し，引き続き民営化を含む改革を推進

四．安心できる社会保障制度を
(1)持続可能な社会保障制度へ
・税と社会保険料負担をあわせた国民負担率を50％以内に抑制する
・基礎年金の国庫負担割合を2分の1に引き上げる。年内に改革案を取りまとめ，2004年の通常国会に法案を提出
・「待機児童ゼロ作戦」を進める。受け入れ児童数を2004年度までにさらに10万人増やす
・2004年の通常国会で育児・介護休業法を改正し，育児休業の取得期間を延長
(2)命と健康の安全保障の確保
・医療事故の防止マニュアルの作成徹底や，事故発生時の連絡，情報公表体制の整備等

五．安全な国の復活
(1)犯罪のない，安全な国
・5年で治安の危機的現況を脱出することを目標とする。5年で不法滞在外国人を半減させる
・悪質商法等の被害対策として2004年の通常国会で消費者保護基本法を改正する
・3年以内に全国どこでも法的紛争解決の情報を得られる「官民共働司法ネット」を整備
・警察官を増員し，3年で空き交番ゼロを目指す
(2)食料・環境・エネルギー・大規模災害からの安全
・2004年に「食育基本法」を制定し，内閣府に食育推進国民会議を設置
・2004年の通常国会で，北海道・東北地方海溝型地震対策を法制化

六．国から地方へ
(1)「三位一体改革」による地方分権の推進
・2006年度までに補助金約4兆円の廃止・縮減等を行い，交付税を見直し，地方へ税源を移譲する三位一体改革の具体化を進める
(2)地方行革の徹底
・地方公務員給与や単独事業などの見直しを行い，地方財政を健全化
・市町村合併を促進
(3)地域の再生
・2005年に「食料・農業・農村基本計画」を見直す

(4)道州制導入の検討と北海道における道州制特区の先行展開
・道州制基本法の制定など,道州制導入の検討を進める
・2004年度に「北海道道州制特区」を創設,内閣府等に担当組織を設置し,2004年度中に「道州制先行プログラム」を作成

七．信頼される国際国家の一員に
(1)日米同盟,アジア・国際協調の平和外交を
・国際平和協力のための基本法を制定
(2)北朝鮮との拉致,核,ミサイル問題の早期・包括的な解決による国交正常化
・帰国した拉致被害者5人の家族の早期帰国実現,安否未確認者についての事実解明を北朝鮮側に強く求める。帰国被害者の自立を支援
(3)緊急事態への対処
・2004年の通常国会で国民保護のための法整備を行う
(4)防衛政策の推進と防衛庁の「省」移行
・防衛力の整備,強化を図り,「防衛省」を実現
・防空体制強化のため,2004年度予算から弾道ミサイル防衛システムの整備に着手
(5)領土・領海問題解決
・大陸棚調査に国家プロジェクトとして取り組む
(6)経済外交の戦略的展開
・海外から日本に対する直接投資を5年間で倍増する

八．人間力を高める教育改革
(1)教育基本法の改正
(2)人間力向上のための教育改革の推進
・大学改革の推進,法科大学院など専門家育成の大学院を充実させる
(3)青少年健全育成基本法の早期成立
(4)文化・芸術・スポーツを生かした豊かな国づくり

九．新しい憲法草案をつくる
・立党50年を迎える2005年に憲法草案をまとめ,国民的議論を展開。憲法改正の具体的手続きを定める「国会法改正」「憲法改正国民投票法」を成立させる

十．自民党が日本を変える
・真の改革推進政党として国民とともに改革を貫徹。政策立案機能を強化し,人材の育成,登用など大胆な党改革を進める

| 民主党 |

「民主党政権公約／マニフェスト」
一．「脱官僚」宣言
▼5つの約束
1　霞が関からの「ひも付き補助金」を全廃する（4年以内）
2　政治資金は全面的に公開する
3　道路公団を廃止し，高速道路の料金を無料にする（3年以内）
4　国会議員の定数と公務員の人件費を，それぞれ1割削減する（4年以内）
5　無駄な公共事業を中止し，川辺川ダム，諫早湾干拓，吉野川可動堰を直ちに止める
▼2つの提言
1　基礎年金の財源には消費税を充て，新しい年金制度を創設する
2　小学校の30人学級を実現し，学校の週5日制を見直す

二．私たちがめざす信頼される政策
【憲法】「国民主権」「基本的人権の尊重」「平和主義」という憲法の3つの基本理念を踏まえつつ，時代の要請にも即した憲法論議を積極的に進める。憲法を「不磨の大典」とすることなく，憲法が国民と国の基本的規範であることをしっかりと踏まえ，国民的な憲法論議を起こし，国民合意のもとで「論憲」から「創憲」へと発展させる
【経済政策】　景気を回復させ，「仕事」と「雇用」を生み出すような経済政策に転換する。そのためにも，税金の使い道を徹底的に見直し，正しい経済政策を行うための財源確保が必要。勇気を持ってムダな公共事業をやめることで，財源確保は可能。そのうえで，税金の使い道を，生活・環境重視に転換。「経済再生5カ年プラン」と「財政再建プラン」を策定する
【地方分権】　18兆円の補助金を廃止し，地方が責任と自覚をもって使えるお金に変える。中央省庁の権限を限定し，自治の確立と住民の行政参加を進める
【政界，官界の大改革】　官僚の天下りを禁止し，公務員の総人件費を縮減する。企業・団体献金を全面公開する。衆院の比例議員定数を80議席削減する。一票の格差是正を目指す
【ＮＰＯ】　NPOの6割に税制優遇が可能となるようなNPO税制の仕組みをつくる
【中小企業・金融】「お金を貸せる銀行」を作る。中小企業・商店街予算の7倍増，政府系融資の個人保証撤廃を実現。国民生活の向上，地域経済の活性化

に資する本物の郵政改革に取り組む
【農業】　食料自給率の向上を目指す。農業関連補助金を削減し、ムダのない直接支援、直接支払制度を作る
【環境】　10年間で1000万 ha の森林を再生する。風力、太陽、波力などのクリーンな新エネルギーのための予算を倍増させ、低公害車の普及、拡大に努める
【働く人たちを守る】　労働が正当に評価されるルールを作る。パートの待遇改善、育児・介護休業制度の拡充を進める
【子供たちを守る】　幼保一元化や NPO 支援で保育体制を拡充し、学童保育も2万か所に増やす。選挙権年齢を18歳に引き下げる
【お年寄りを守る】　「老後の安心生活、世界一」を実現するため、グループホームの1万か所増設を目標とする。現役世代、将来世代からも信頼される安心の年金制度を作る。予算のムダづかいの見直しによる財源捻出や消費税の年金財源化によって、新しい安定した年金制度を目指す
【医療】　350か所の小児救急センターを整備し、小学校卒業までの医療費負担を1割に軽減。カルテ開示、医療費明細書発行を義務化。診療報酬改定プロセスの徹底的な透明化を進める
【人権、治安】　人権が尊重される社会を作り、差別の解消を目指す法律を制定。警察官を3万人増員。仮釈放のない「終身刑」を創設。ドメスティック・バイオレンス（DV）防止法も強化
【安全保障・外交】　国連中心主義で世界の平和を守る。拉致事件の解決に全力をあげ、日米地位協定の改定問題に真正面から取り組む。戦闘が続くイラクへの自衛隊派遣は行わず、イラク特措法は廃止を含めて見直す

三.「新しい政府」の確立に向けて
・政調会長、幹事長が入閣し、政府と与党が一体となって改革を断行
・首相、官房長官、外相、財務相など主要閣僚はその政策スタッフとともに官邸に常駐
・従来の霞が関の年功序列人事を改め、若手官僚や民間人、学識経験者など、年齢・性別・職歴を超えた政策人材を官邸政策チームに集結
・各省の事務次官、局長クラスには、政権公約をはじめとする民主党の基本政策への全面的な協力を求めることとし、協力を誓約するものを任用して、政治主導を実現する体制を作る
・事務次官会議に象徴される霞が関の閣議案件事前調整の仕組みを廃止し、閣議と副大臣会議を中心とした政治主導のトップダウンの意思決定の仕組みに変更
・任期中に国会に、日本版 GAO（行政監視院）を設置し、常に政策や政府事業

を客観的に評価・点検する仕組みを導入する
・政権獲得後直ちに時限を区切って改革を断行。▽第1ステージ（政権準備5日間アクション）▽第2ステージ（事実上の新内閣の始動，30日以内）▽第3ステージ（明確な政治刷新，「改革100日間」）▽第4ステージ（本格的な改革プログラムの実施，「改革300日間」）

四．私たちは国民のみなさんにお約束します
1　失業のない，つよい経済を再生
・失業率を任期中に4％台前半以下に引き下げる
・住宅や自動車に関するローン利子控除制度を2004年度に創設
・政府系金融機関融資における個人保証を5年間で撤廃
・金融機関の地域への寄与度や中小企業に対する融資条件などについて情報公開させる「地域金融円滑化法案」を2004年度中に国会提出
・2004年度に国直轄公共事業の1割削減で3000億円，補助金の一部一括化に伴う事務経費削減等で2000億円，特殊法人等向け支出の1割4000億円などで1兆4000億円，2005年度には2兆5000億円を捻出し，政権公約実現の財源とする
・民間需要を中心とした強い経済を創ることを内容とする「経済再生5カ年プラン」を2004年度中に作成
・2005年夏（2006年度予算編成開始）までに，10—15年をめどとして実質的な借金増をストップさせることを目指した「財政再建プラン」を策定

2　税金のムダづかいをやめ，公正で透明性のある政治を実現
・国直轄の大型事業を2006年度予算案までに3割，9000億円を目標に削減
・高速道路は3年以内に一部大都市を除き無料にする。日本道路公団，本州四国連絡橋公団は廃止
・2005年度中に道路特定財源の廃止法案と，自動車重量税半減，自動車取得税廃止の税制改革法案の成立をめざす
・4年以内に国家公務員人件費総額を1割以上縮減する
・政治腐敗防止法案を2004年に国会提出。企業・団体献金の公開基準を全面公開へ拡大
・衆議院比例定数を80議席削減する法案を2004年中に国会提出

3　「自立力」をもった活力に輝く地域を創造
・国の補助金約18兆円分を廃止し，地方自治体ごとの責任と自覚によって使途を決められる「一括交付金」とする
・政府系金融機関が行う貸し付けは，5年間で原則として個人保証をなくす

・郵便ポスト10万か所設置など，高すぎる郵便事業への参入要件や，経営への過剰な行政の関与を排除し，2年以内にユニバーサルサービス（全国どこでも一律料金で配達）を前提に民間参入を大胆に進める

4　子どもや高齢者，女性，誰もが安心して働き，暮らせる社会をつくる
・2004年度中に，正社員とパート社員などとの格差を是正し，均等な待遇を実現するパート労働法改正案を国会に提出
・失業給付期間が終わっても就職できない人，自営業を廃業した人などを対象に能力開発訓練を拡充し，最大2年間，月額10万円の手当を支給する法案を国会に提出，2004年度途中から適用できるようにする
・民主党政権の4年間で，少なくとも小学校3年生以下のクラスをすべて30人以下とする
・現在，約1万3000か所で行われている学童保育を4年間で2万か所に増やし，指導員も4万人から6万人へと増員
・2004年度から3年間，無利子奨学金の貸与額を50%引き上げ
・成人年齢を18歳に引き下げ，選挙権も18歳以上にする
・予算のムダづかいにメスを入れることで生み出される財源を段階的に基礎年金に充てることで，2004年度から5年間で基礎年金に対する国庫負担率を2分の1に引き上げる
・厚生年金等と国民年金を一元化し，所得に比例した拠出を財源とする「所得比例年金（仮称）」，税を財源とする「国民基礎年金（仮称）」を設ける。国民基礎年金の財源は，年金控除の見直しや消費税の一部を年金目的税化することなどで確保
・盗聴法の運用を凍結し，2年以内に抜本改正案を国会提出。住民基本台帳法の住基ネット条項，個人情報保護法も見直し，2005年度中に抜本改正案を国会に提出

5　国民の命と健康を守るつよい社会を実現
・政権取得後3年以内に全国350か所以上の小児救急センター病院を指定
・小学校卒業までの医療負担を1割に軽減するため05年度までに改正案を提出
・カルテ開示・医療費明細書発行を義務付ける法律案を2004年度中に提出
・4年間で警察官を3万人増員
・2004年中にDV防止法を強化
・拉致事件の解決など北朝鮮問題に正面から取り組む
・イラク特措法に基づく自衛隊派遣は行わず，廃止を含めて見直す。イラク国民による政府が樹立され，安保理決議がされた場合は，憲法の範囲内でPKO，

PKFの派遣基準を緩和し，自衛隊の活用も含めた支援に取り組む

| 公明党 |

「政策綱領マニフェスト100」
一．ムダを一掃。徹底した行革と特権を排除
(1)世界トップレベルの効率的な政府を再構築
(行財政改革)
・国，地方を通じ，公務員数を1割削減
・約5万件の行政手続きをオンライン化するとともに，2割を削減合理化
・税金のムダ遣いを徹底的になくすため，政府内に「首相指揮の対策本部」(仮称)を設置。2004年〜07年までの4年間を集中期間として，税金のムダ遣いの洗い出しを徹底的に行い、適宜、改革を実施
(地方分権)
・国の補助事業を段階的に地方に移譲し，4兆円を目途に国庫補助負担金の廃止・縮減等を行う。国から地方への税源移譲を積極的に進める。将来的に国と地方の税源比率を1：1にする
・市町村合併を強力に進め，1000自治体をめざす
(公共事業1兆円削減プラン)
・公共事業における資材単価等の見直し等による工事コストの縮減を図るとともに，国・地方自治体における入札制度の合理化等の推進などにより，総合的な公共事業コストを20％削減。
・国の公共事業費については，予算の重点化，効率化を進め，経済動向を勘案しつつ，4年間で現在の規模（当初予算）より1兆円以上の縮減を図る
(2)議員や官僚の特権・慣習にメス
(政治家・国会改革)
・議員が逮捕，拘留された場合にも支払われている歳費等を凍結
・国会議員歳費の1割カットを継続。委員長専属の公用車の廃止や委員会運営活動費，委員会視察関係経費などの諸経費を見直す。議員の海外旅費等の削減などを図る
(公務員・首長)
・各省庁等の事務次官，外局長官級以上の幹部公務員の給与を1割カット
・国家公務員の天下りを内閣が一元管理し，退職後10年間の再就職状況をすべて公表。天下りや「渡り」による退職金の二重，三重の受け取りができなくなるよう制度を見直す

二．「安心・はつらつ社会」の構築

⑴経済・雇用の再生
(新産業育成・中小企業支援)
・新産業育成，規制改革により，経済を活性化させ，新たな雇用を500万人創出
・環境，バイオ，情報通信，ナノなどの重点戦略分野への重点投資を行う。「みらいの種先行投資プロジェクト」(仮称)を策定。無担保，無保証の新創業支援制度の拡充など，100万企業の開業をめざす
・金融機関が中小企業者に「個人保証」を求めない融資を推進
(観光立国の推進)
・外国人観光客を2010年までに1000万人に(現在500万人)。観光担当大臣を任命し，観光局を設置
(雇用環境の整備)
・若年者の失業率の半減をめざす。若年者に対する就業支援サービスを一体的に行う「ジョブカフェ」(仮称)を都道府県・中核都市に設置
(女性の雇用の確保・改善)
・妊娠，出産，育児，介護などで，いったん仕事を中断し再就職を希望する女性を支援
⑵子育てを安心してできる体制を確立
・2008年度を目標に，児童手当，保育などを総合的に給付する「育児保険制度」(仮称)を創設。保育所受け入れ児童数を3年で15万人拡大
・2004年度中に児童手当の対象年齢を小学校3年生までに引き上げ，6年生までの拡充をめざす
・24時間対応可能な小児救急医療施設を全国に整備
⑶持続可能で安心できる社会保障制度を構築
・2008年度までに，年金は国，医療は都道府県，介護・次世代育成・障害者福祉は市町村が主体となって運営する制度を構築
(「年金100年安心プラン」)
・年金制度を「年金100年安心プラン」へ抜本改革。⑴基礎年金の国庫負担割合を1／2へ引き上げる　⑵厚生年金の保険料を最終的には年収の20％以下にとどめ，国民年金保険料も月額18000円台を上限とする　⑶厚生年金の給付水準は，現役世代の平均的な手取り収入の50％から50％台半ば程度を確保　⑷掛けた金(保険料)の2倍はもらえる(給付)年金制度とする　⑸すでに年金をもらっている方は，物価の変動に伴う微調整以外，給付額は下げない　⑹現在147兆円の年金積立金は，2100年において，給付費の1年分程度(約25兆円)を残し，それ以外は将来世代の給付水準の引き上げに充てる，など
・基礎年金の国庫負担割合は段階的に引き上げ，2008年度から2分の1とする

(医療)
・新たな高齢者医療制度を2008年度を目途に実施。医療・介護にかかる自己負担を家族で合算し，負担が高額な場合に軽減を図る新たな高額療養費制度を実施
(救命医療の切り札，ドクターヘリを全国配備)
・ドクターヘリの拠点地域を4年以内に3倍へ拡大（現在7ヵ所）
(介護)
・グループホームや小規模多機能型施設等の整備を計画的に進め，2010年までに特別養護老人ホーム待機者を解消する
(健康づくり)
・更年期障害など女性特有の身体的症状や，精神的不安にじっくり応じてくれる総合的な外来診療窓口「女性専門外来」の全都道府県での開設
(文化・スポーツ)
・地域の誰もが，いつでも気軽に利用できる「総合型地域スポーツクラブ」の設置を強力に推進

(4)地域・家庭連携による学校サポート体制で安心して学べる教育
(地域からの改革，教育活性化プラン)
・各学校に地域住民や保護者が学校運営に参加できる「学校評議会」(仮称)を創設する
・小学校で英語教育を必修に（毎日20～30分の英会話授業）。中学校卒業段階で日常英会話ができるようにする（10年計画で）

(5)食の安全・安心を確立
(食の安全・農業の安定)
・ほぼすべての国産農水産物にトレーサビリティシステム（生産・流通の履歴追跡情報）を導入

(6)安全・快適な街づくり
(治安の回復＝安心の暮らし，徹底ガード)
・空き交番ゼロ作戦を展開。来年度から警察官1万人を増員する新たな3か年計画を政府に策定させる
・外国人犯罪に対しては，毅然とした出入国管理体制を確立するなど，犯罪対策を強化
(バリアフリーの街づくり)
・2010年までに，1日乗降客5000名以上の全ての駅ならびに周辺地域のバリアフリー化を実現
(住宅・交通・住環境)
・高齢者向け賃貸住宅を10万戸建設

・都市公園（1小学校区に5ヵ所）の整備率を4年以内に70%まで高め，そのうち半数を高齢者が憩える「シルバーパーク」（仮称）とする
(都市と農山漁村の交流)
・市民農園や体験農業など農山漁村をフィールドとしたグリーン（ブルー）・ツーリズムを積極的に推進
(7)環境——都市に緑を！
(自然と街の共生，推進プログラム)
・公用地の自然緑地義務付け化や屋上緑化，ヒートアイランド（都市の温暖化）対策などを推進
(ゴミゼロ（循環型）社会を推進し，環境ビジネスで経済を活性化)
・2010年までにゴミを半減させ，リサイクルなどの割合を4割向上します。エコ産業の市場規模を70兆円に，雇用を130万人から160万人に拡大
(自然の大切さを実感させる体験学習のネットワークを構築)
・全国の市町村に環境体験学習のコーディネーターを配置

三.「平和・人道の日本」をめざして
(1)平和・国際貢献の国に
(世界に発信！ 国際平和貢献プロジェクト)
・国際平和に貢献できる専門家を3年間で1万人に増やす
・「国際平和貢献センター」を設置し，各分野の専門的な人材養成を図る
・ODA予算全体の20%を貧困や飢餓，感染症対策など「人間の安全保障」分野に優先的に使われるようシステムも含め見直す
(2)投票権の拡大
・18歳選挙権，永住外国人の地方選挙権の付与を実現。郵便投票や代理投票制度の対象者の拡大
(3)人権の確立
(司法改革)
・国民が裁判官と一緒に裁判手続きに参加する充実した裁判員制度を創設
(DV防止法の見直し)
・保護命令の対象拡大，DV（配偶者等からの暴力）被害者の自立支援など被害者の立場に立った実効性のあるDV防止法改正を行う
(夫婦別姓の導入)
・夫婦の姓（氏）について，同姓または別姓の選択を認める選択的夫婦別姓制度の導入を実現
　(強姦罪の罰則強化)
・女性の人権擁護のために，強姦罪の罰則を強化し，新たに集団強姦罪を創設

共産党

「総選挙にのぞむ日本共産党の政策」
一．日本改革の提案
(1)日本経済の民主的改革——大企業応援でなく，国民の暮らし応援の政治を
(2)外交・安全保障の改革——「アメリカいいなり」政治を断ち切り，ほんとうの独立・平和・非同盟の国へ
二．２つの悪政にストップを
(1)消費税大増税は国民の新たな苦難の道
(2)憲法改悪に反対し，現行憲法をまもる
三．当面の重点政策
(1)社会保障を予算の主役にすえ，年金・医療・介護など，国民が安心できる制度を確立する
・基礎年金への国庫負担を，直ちに２分の１に引き上げる。その財源は公共事業費の削減，道路特定財源などの一般財源化，軍事費の削減など歳出の見直しでまかなう
・年金受給のために必要な最低25年の資格加入期間を10年程度に短縮
・３割負担などの医療改悪を元にもどす
・社会保障財源として，公共事業を段階的に半減させる。軍事費を聖域にせず大幅軍縮に転換させる
(2)公共事業の大改革をはかる——予算規模は25兆円，内容は国民生活優先
・道路特定財源などを一般財源化し，社会保障など暮らしのために活用
・高速道路整備計画を廃止し，新たな高速道路建設は凍結，見直す
・債務負担を計画的に返済。料金の段階的引き下げ，将来の無料化にむかう
・道路４公団は「天下り」を禁止し，ファミリー企業を廃止
(3)国民のくらしと権利をまもる「ルールある経済社会」への前進をはかる
・サービス残業，長時間労働をなくして，新しい雇用を増やす
・未来をになう若者に仕事を。政府と大企業の責任で若者の雇用拡大を
・正当な理由のない解雇の禁止，人員整理計画の事前協議制の確立
・機械的な不良債権処理スケジュールの撤回。中小企業への公的金融支援を強化。ヤミ金融など高利・暴力金融を根絶
・銀行の都合のための郵政民営化に反対。郵貯・簡保の資金を地域経済・中小企業に供給する仕組みを強化
・大型店の出店，撤退を規制し，消費税の免税点引き下げに反対
(4)農林漁業を再生し，食料自給率の向上，安全な食料の安定供給と地域経済の振興をはかる

(5)危険な「原発だのみ」をやめ，地域の自然エネルギーなど，安全なエネルギー供給をめざす
・プルトニウム循環計画を中止し，既存原発の総点検と計画的縮小を進める
(6)地方財源を拡充し，住民のくらしと地方自治を守る
・市町村合併の押しつけをやめ，地域振興をはかり，地方自治をまもる
・税源の移譲を進める。公共事業など個別補助金制度を，総合補助金制度に改め，ムダをなくす
(7)女性が生きいきと力を発揮できる平等な社会を目指す
(8)安心して子どもを生み育てられる条件づくり
・少子化傾向を克服する努力を強める
・教育基本法の改悪の動きに反対し，基本法を活かす方向にきりかえる
(9)社会の道義的危機の克服を，国民的対話と運動をつうじてすすめる
(10)「政治とカネ」のよごれた関係を断ち切り，民主的政治制度の実現を
・企業・団体献金を直ちに全面禁止
・国民の税金を政党が分け取りする政党助成法を廃止
・選挙制度の改悪に反対し，民意を反映する選挙制度改革を
(11)イラク派兵反対と先制攻撃戦略への参加に反対する
・自衛隊の海外派兵に反対。米軍基地の異常をただし，米軍の横暴勝手をやめさせる
(12)北朝鮮問題の解決，東アジアの平和と安定のために
・朝鮮半島で戦争をおこさせない。日本人拉致事件を理性的に解決する

社民党

「社民党の政策—3つの争点　8つの約束」
(1)年金安心支給宣言で不安解消　任せてください，あなたの年金
▽第1段階＝年金への信頼回復期
2010年までは支給年齢引き上げ，給付水準切り下げ，保険料引き上げをしない
▽基礎年金国庫負担を2分の1へ引き上げ。財源は，経費の徹底的な見直しと年金積立金からの借り入れ
▽第2段階＝新年金制度へスイッチ
2011年をめどに，生活保障型の年金制度，個人単位の年金制度を実現▽1階は，全額税方式の「最低保障年金」を創設，財源は企業負担のあり方を含め国民的な議論を十分行う。2階は，負担と給付が明確な個人単位の社会保険に改める
(2)選べる介護を実現　生きる喜びを実感するために
・介護基盤の早急な整備で地域間のバラツキを解消。保険料基準額の上限を全国一律に据え置く

(3)安心の医療を提供　いのちと権利を守る
・サラリーマンの医療負担を3割から2割に引き戻す▽小児救急医療の充実▽高齢者医療の自己負担限度額を見直し，低所得者層に配慮▽「患者の権利法」を制定，カルテ開示の法制化

(4)ニーズにしっかり応える保育の実現　子どもの権利を守ります
・チャイルドラインや子どもオンブズマンなどの整備▽延長，夜間，休日保育の充実

(5)雇用不安の解消　暮らしを元気に
・労働者本位のワークシェアリングで雇用の創出と確保を実現。200万人規模の正規雇用につながる雇用創出を5～10年の間に実現

(6)生活再建最優先の雇用・失業対策　人から元気に
・無利子の「能力開発ローン」を創設▽不当な解雇，リストラの抑制に向け，「労働契約法」を整備し，「雇用継続保障のための法制大綱」を具体化▽パート労働法を改正

(7)活力ある中小企業を創造　地域を元気に
・「地域再投資法」を創設し，ベンチャー企業の支援，地域雇用の創出，地場産業の育成などに積極的に取り組む▽貸し渋り，貸しはがし対策を徹底

(8)信頼される政治を創造　政官業の癒着をストップ
・政党に対する企業・団体献金の早期禁止。当面，献金できる政党支部数，公共事業受注企業からの献金などを規制するため政治資金規正法を改正▽小選挙区中心の選挙制度を，比例選中心の制度に改める▽18歳選挙権の実現▽郵政3事業の民営化に反対し，ユニバーサル事業を維持▽道路公団民営化に反対，高速道路料金は環境保全，公共交通の維持，拡充の財源として維持。族議員や特権官僚による支配構造，ファミリー企業や天下り問題に，まずメスを

(9)平和を創造　軍事力に頼らず，多国間の協調体制へ
・憲法第9条を守り，国連憲章，日本国憲法の理念に沿った自立した外交を追求▽拉致問題の一刻も早い解決▽憲法に違反するイラクへの自衛隊派遣に反対。イラク復興のための人道的支援は国連中心の枠組みで実行。米国追随の費用負担には応じない▽在日米軍基地の整理，縮小，撤去を進める。2005年中頃までに日米地位協定の抜本改革に結論を出す

▼8つの約束（環境，教育，農林水産業，税財政・金融，分権・自治，交通，公共事業，女性・人権）
・自然エネルギーの開発など脱原発を推進
・環境税の導入による地球温暖化対策
・教育基本法の改悪阻止に全力

・20人以下学級の推進と教職員30万人増
・最低2年間の名目経済成長率2％達成後，10年間を目安に財政再建
・税財源の移譲で国と地方の歳出入割合を1対1へ
・大規模公共事業を見直し，生活優先型に

保守新党

「保守新党が実現を目指す10の重点政策」
(1)景気回復を確実にし，雇用を拡大
・2006年度までにデフレを克服，名目2％の経済成長を実現▽新産業の創出，観光立国などで530万人の雇用を創出し，失業率を4％台前半にする
(2)中小企業，商業の活性化で，日本経済の元気を取り戻す
・中堅企業に対する新たな信用保証制度を創設▽政府系金融機関の活用などで過剰な担保，個人保証に頼らない融資システムで再チャレンジできる社会の創造。商店街の活性化
(3)世界一安心・安全な国・日本の復活を目指す
・警察官など治安関係職員の大幅増員▽地方公共団体の治安補助業務を担うセキュリティーキーパー制度の創設
(4)若者に希望を，お年寄りに安心を，活力のある日本社会をつくる
・安定した年金制度確立のため，消費税の社会保障目的税化を実現。その使途を基礎年金，高齢者医療，介護に限定▽税率引き上げに際しては，飲食料品などについて軽減税率を適用▽税率の引き上げまでは年金の積立金を活用
(5)教育基本法を改正し，日本人として持つべき心の教育を大切にする
・教育基本法を見直し，道徳，宗教など内面の教育を重視
(6)地域の元気を取り戻し，個性豊かな発展を目指す
・高速道路の計画的整備など経済発展の基盤整備を進める▽首相を長とする「地方活性化本部」を設置
(7)食の安全を確保し，豊かで住み良い農山漁村をつくる
・各種補助金を所得政策に集約▽食品健康影響評価を実施▽食品製造過程におけるHACCPの導入を促進
(8)環境を守り，美しい国土と自然を後世代に引き継ぐ
(9)世界平和に積極的に貢献し，防衛省を実現する
・国連安全保障理事会の常任理事国入りなどの国連改革▽国連の平和協力のための恒久法を制定▽2004年の通常国会で防衛庁の「省」昇格を実現
(10)21世紀日本の国づくりの基本となる新たな憲法の制定を目指す
・新憲法の制定を目指し，2004年中に党の原案を発表する▽2004年度には憲法の改正手続きなどを定めた国民投票法を制定

◆2003年衆院選の開票結果

▼小選挙区

北海道

◇1区
- 当　143,987　横路孝弘　《8》民前
- 　　 89,758　三品孝行　　　　自新
- 　　 25,995　横山博子　　　　共新

◇2区
- 当　107,840　三井辨雄　《2》民前
- 　　 83,573　吉川貴盛　　　　自前
- 　　 24,259　小田一郎　　　　共新
- 　　 18,227　石田幸子　　　　無新
- 　　　2,531　広坂光則　　　　無新

◇3区
- 当　114,131　荒井聰　《3》民前
- 比当 111,252　石崎岳　　　　　自元
- 　　 18,537　川部竜二　　　　共新

◇4区
- 当　100,883　鉢呂吉雄　《5》民元
- 　　 83,994　佐藤静雄　　　　自前
- 　　 20,827　琴坂てい子　　　共新

◇5区
- 当　129,035　町村信孝　《7》自前
- 比当 120,192　小林千代美　　　民新
- 　　 25,603　宮内聡　　　　　共新

◇6区
- 当　112,270　今津寛　《3》自元
- 比当 111,656　佐々木秀典　　　民前
- 　　 37,518　西川将人　　　　無新
- 　　 18,144　中野芳宣　　　　共新

◇7区
- 当　 85,585　北村直人　《6》自前
- 比当 72,508　仲野博子　　　　民新
- 　　 13,617　八木靖彦　　　　共新

◇8区
- 当　106,709　金田誠一　《4》民前
- 　　 74,482　佐藤健治　　　　自新
- 　　 55,400　前田一男　　　　無新
- 　　 15,980　伏木田政義　　　共新

◇9区
- 当　141,442　鳩山由紀夫　《6》民前
- 　　118,958　岩倉博文　　　　自前
- 　　 22,382　谷本誠治　　　　共新

◇10区
- 当　121,516　小平忠正　《5》民前
- 比当 106,560　山下貴史　　　　自新
- 　　 18,456　谷建夫　　　　　共新

◇11区
- 当　112,210　中川昭一　《7》自前
- 　　 52,395　山内惠子　　　　社前
- 　　 16,235　長谷部昭夫　　　共新

◇12区
- 当　118,258　武部勤　《6》自前
- 比当 82,731　松木謙公　　　　民新
- 　　 16,686　村口照美　　　　共新

青森

◇1区
- 当　 81,511　津島雄二　《10》自前
- 　　 74,799　横山北斗　　　　無新
- 　　 15,736　戸来勉　　　　　民新
- 　　 14,123　今村修　　　　　社元
- 　　 12,119　松森俊逸　　　　無新
- 　　　7,010　畑中孝之　　　　共新

◇2区
- 当　 96,784　江渡聡徳　《2》自元
- 　　 21,537　斉藤孝一　　　　社新
- 　　 10,605　工藤祥子　　　　共新

◇3区
- 当　 86,909　大島理森　《7》自前
- 　　 70,275　田名部匡代　　　民前
- 　　　5,284　松橋三夫　　　　共新

◇4区
- 当　110,675　木村太郎　《3》自前
- 　　 40,864　渋谷修　　　　　民元
- 　　 13,524　遠藤節子　　　　共新
- 　　　8,864　井上浩　　　　　社新

岩手

◇1区
- 当　 91,025　達増拓也　《3》民前
- 　　 57,899　及川敦　　　　　自新
- 　　 12,014　後藤百合子　　　社新
- 　　　8,806　長沼洋一　　　　共新

◇2区
- 当　116,854　鈴木俊一　《5》自前
- 　　 72,599　工藤堅太郎　　　民前
- 　　 10,532　久保幸男　　　　共新

◇3区
- 当　 93,862　黄川田徹　《2》民前
- 　　 79,453　中村力　　　　　自元

	10,690	菊池幸夫		共新

◇4区
当	128,458	小沢一郎	《12》	民前
比当	37,251	玉沢徳一郎		自元
	20,936	久保孝喜		社新
	10,642	高橋綱記		共新

宮城

◇1区
当	106,821	今野東	《2》	民前
	84,565	土井亨		自新
	18,960	菅野直子		共新

◇2区
当	98,028	鎌田さゆり	《2》	民前
比当	94,621	中野正志		自元
	11,311	五島平		共新
	9,107	田山英次		社新
	3,019	柴田紘一		無新

◇3区
当	74,045	西村明宏	《1》	自新
比当	73,803	橋本清仁		民新
	11,915	高橋光二		共新

◇4区
当	76,554	伊藤信太郎	《2》	自前
	61,200	本間俊太郎		無新
	40,583	山条隆史		民新
	12,196	小野敏郎		共新

◇5区
当	73,135	安住淳	《3》	民前
	64,122	斎藤正美		自新
	6,853	高野博		共新

◇6区
当	82,750	小野寺五典	《2》	自元
	58,420	大石正光		民前
	17,772	菅野哲雄		社前
	4,256	近江寿		共新

秋田

◇1区
当	68,586	寺田学	《1》	民新
	49,777	佐藤敬夫		保前
	24,382	石川錬治郎		無新
	12,713	今川和信		共新

◇2区
当	109,296	野呂田芳成	《7》	自前
	55,969	佐々木重人		民新
比当	27,624	山本喜代宏		社新

	10,838	明石喜進		共新

◇3区
当	133,981	御法川信英	《1》	無新
	117,453	村岡兼造		自前
	18,276	我妻桂子		共新

山形

◇1区
当	100,764	遠藤利明	《3》	自元
比当	81,580	鹿野道彦		民前
	12,266	斉藤昌助		社新
	7,356	石川渉		共新

◇2区
当	124,591	遠藤武彦	《5》	自前
比当	106,846	近藤洋介		民新
	9,094	横山賢二		共新

◇3区
当	137,206	加藤紘一	《11》	無元
	84,946	斎藤淳		民前
	10,735	佐藤雅之		共新

福島

◇1区
当	98,896	佐藤剛男	《4》	自前
	96,954	亀岡偉民		無会新
	72,076	石原信市郎		民新
	15,241	山田裕		共新

◇2区
当	108,838	根本匠	《4》	自前
比当	94,514	増子輝彦		民元
	9,968	松崎信夫		共新

◇3区
当	110,606	玄葉光一郎	《4》	民前
	94,413	荒井広幸		自前
	7,522	鈴木正一		共新

◇4区
当	97,014	渡部恒三	《12》	無会前
	78,059	山内日出夫		自新
	10,581	原田俊広		共新

◇5区
当	100,600	坂本剛二	《5》	自前
比当	84,480	吉田泉		民新
	16,520	吉田英策		共新
	7,418	永山茂雄		無新

茨城

◇1区

当　128,349　赤城徳彦　《5》自前
　　　　77,420　福島伸享　　　　民新
　　　　12,845　小島修　　　　　共新
◇2区
　　当　127,364　額賀福志郎　《7》自前
　　　　55,444　常井美治　　　　民新
　　　　 8,631　高原努　　　　　共新
◇3区
　　当　102,315　葉梨康弘　《1》自新
比当　 92,306　小泉俊明　　　　民前
　　　　14,546　上野高志　　　　共新
◇4区
　　当　119,047　梶山弘志　《2》自前
　　　　28,660　大嶋修一　　　　社新
　　　　13,015　川崎篤子　　　　共新
◇5区
　　当　 74,407　大畠章宏　《5》民前
　　　　59,090　岡部英明　　　　自新
　　　　 7,667　大内智子　　　　共新
◇6区
　　当　130,525　丹羽雄哉　《9》自前
　　　　74,915　二見伸明　　　　民元
　　　　17,471　佐藤正剛　　　　共新
◇7区
　　当　 97,642　永岡洋治　《2》自新
　　　　44,543　五十嵐弘子　　　民新
　　　　 9,942　田谷武夫　　　　共新

栃木
◇1区
　　当　123,297　船田元　　《8》自元
比当　102,127　水島広子　　　　民前
　　　　 6,904　田部明男　　　　共新
◇2区
　　当　 96,224　森山真弓　《3》自前
　　　　60,010　小林守　　　　　民前
　　　　 5,506　福田道夫　　　　共新
◇3区
　　当　100,539　渡辺喜美　《3》自前
　　　　24,513　松永昌樹　　　　社新
　　　　 9,186　槙昌三　　　　　共新
◇4区
　　当　125,031　佐藤勉　　《3》自前
比当　104,159　山岡賢次　　　　民前
　　　　 7,822　山崎寿彦　　　　共新
◇5区
　　当　124,612　茂木敏充　《4》自前

　　　　35,131　中塚英範　　　　民新
　　　　 8,445　川上均　　　　　共新

群馬
◇1区
　　当　130,242　尾身幸次　《7》自前
　　　　68,960　高橋仁　　　　　民新
　　　　16,126　松浦信夫　　　　共新
◇2区
　　当　 76,779　笹川尭　　《6》自前
　　　　57,331　石関圭　　　　　民新
　　　　32,037　森田修　　　　　無新
　　　　10,847　佐藤民雄　　　　共新
◇3区
　　当　 91,330　谷津義男　《6》自前
　　　　67,087　長沼広　　　　　民新
　　　　 8,019　渋沢哲男　　　　共新
◇4区
　　当　 98,903　福田康夫　《5》自前
　　　　48,427　富岡由紀夫　　　民新
　　　　11,815　小笠原真明　　　共新
◇5区
　　当　144,848　小渕優子　《2》自前
　　　　27,693　浅貝正雄　　　　社新
　　　　15,674　柳田キミ子　　　共新

埼玉
◇1区
　　当　117,587　武正公一　《2》民前
　　　　59,910　金子善次郎　　　保前
　　　　16,257　伊藤岳　　　　　共新
　　　　 8,960　天辰武夫　　　　社新
　　　　 6,237　山口節生　　　　諸新
◇2区
　　当　114,322　石田勝之　《3》民元
　　　　91,095　新藤義孝　　　　自前
　　　　18,706　永塚友啓　　　　共新
◇3区
　　当　104,182　細川律夫　《5》民前
比当　103,588　今井宏　　　　　自元
　　　　16,703　田村勉　　　　　共新
◇4区
　　当　 81,367　神風英男　《1》民新
比当　 69,625　早川忠孝　　　　自新
　　　　18,527　綾部澄子　　　　共新
◇5区
　　当　 95,626　枝野幸男　《4》民前

| | 60,410 | 高橋秀明 | | 自新 |
| | 13,493 | 松下裕 | | 共新 |

◇6区
当	112,794	大島敦	《2》	民前
	103,511	若松謙維		公前
	18,380	元山佳与子		共新

◇7区
当	97,353	小宮山泰子	《1》	民新
比当	88,151	中野清		自前
	15,489	大橋昌次		共新
	6,935	市川博美		社新

◇8区
当	70,959	新井正則	《1》	自新
比当	69,418	木下厚		民前
	22,509	並木正芳		無元
比	18,512	塩川鉄也		共前

◇9区
当	104,167	大野松茂	《3》	自前
比当	94,569	五十嵐文彦		民前
	16,514	神田三春		共新

◇10区
当	87,489	山口泰明	《3》	自前
比当	75,083	松崎哲久		民新
	13,051	永田健一		共新

◇11区
当	123,057	小泉龍司	《2》	自前
	52,729	八木昭次		民新
	16,873	柿沼綾子		共新

◇12区
当	95,889	増田敏男	《5》	自前
	75,439	本多平直		民新
	14,106	鈴木千賀子		共新

◇13区
当	81,935	土屋品子	《3》	自前
比当	81,361	武山百合子		民前
	11,942	赤岸雅治		共新
	10,555	日森文尋		社前
	3,991	会田信源		無新

◇14区
当	104,066	三ツ林隆志	《2》	自前
比当	86,826	中野譲		民新
	16,194	苗村光雄		共新

◇15区
当	80,745	高山智司	《1》	民新
	58,522	松永光		自元
	16,394	村主明子		共新
	14,566	秋本清一		無新

| | 4,179 | 田崎良雄 | | 無新 |

千葉

◇1区
当	100,838	田島要	《1》	民新
	89,873	臼井日出男		自前
	14,183	安喰武夫		共新

◇2区
当	111,539	永田寿康	《2》	民前
	93,617	江口一雄		自元
	18,703	中嶋誠		共新
	6,724	若松繁男		社新

◇3区
当	85,610	岡島一正	《1》	民新
比当	84,693	松野博一		自前
	8,768	金野光政		共新

◇4区
当	135,522	野田佳彦	《3》	民前
	80,051	長谷川大		自新
	27,441	津賀幸子		共新

◇5区
当	76,671	村越祐民	《1》	民新
	64,393	薗浦健太郎		自新
	41,883	田中甲		諸前
	13,919	黒沢秀明		共新

◇6区
当	83,985	生方幸夫	《3》	民前
比当	79,161	渡辺博道		自前
	16,485	高橋妙子		共新

◇7区
当	96,915	内山晃	《1》	民新
	83,899	松本和巳		自新
	16,481	渡部隆夫		共新
	4,485	宮岡進一郎		無新

◇8区
当	100,794	松崎公昭	《3》	民前
比当	95,627	桜田義孝		自前
	19,117	加藤英雄		共新

◇9区
当	103,199	水野賢一	《3》	自前
比当	89,057	須藤浩		民元
	16,892	上田美毎		共新

◇10区
当	94,946	林幹雄	《4》	自前
	81,950	谷田川元		無新
	31,864	中沢健		民新
	7,595	坂本弘毅		共新

```
              1,539  加瀬博           無新
◇11区
 当    130,863  森英介     《5》 自前
 比当   60,296  長浜博行        民前
       16,358  前田京子        共新
◇12区
 当    115,708  浜田靖一    《4》 自前
 比当   87,522  青木愛          民新
       11,303  鴨志田安代       共新
◇13区
 当     81,625  実川幸夫    《4》 自前
 比当   75,927  若井康彦        民新
       11,435  井野長英        共新

[神奈川]
◇1区
 当    111,730  松本純     《2》 自元
 比当   97,630  佐藤謙一郎      民前
       15,331  中家治子        共新
       10,243  林貞三         社新
◇2区
 当    115,495  菅義偉     《3》 自前
 比当   93,406  大出彰         民前
       22,997  湯川美和子       共新
◇3区
 当     91,207  小此木八郎   《4》 自前
 比当   81,996  加藤尚彦        民新
       18,867  大谷務         共新
       10,158  和田茂         社新
        4,489  山下浩一郎       無新
◇4区
 当     89,515  大石尚子    《2》 民前
       74,267  林潤          自新
       13,706  馬渡龍治        無新
       13,473  林伸明         共新
◇5区
 当    123,905  田中慶秋    《5》 民前
       91,513  坂井学         自新
       30,770  大森猛         共前
◇6区
 当     82,269  上田勇     《4》 公前
 比当   81,733  池田元久        民前
       30,689  勝又恒一郎       無新
       15,854  上田恵子        社新
       13,538  藤井美登里       共新
◇7区
 当     96,479  首藤信彦    《2》 民前

 比当   93,857  鈴木恒夫        自前
       16,796  松阪雅子        共新
◇8区
 当     80,752  岩國哲人    《3》 民前
       78,782  江田憲司        無前
       39,434  吉田隆嘉        自新
        9,801  山中栄司        共新
◇9区
 当     78,590  笠浩史     《1》 民新
       57,457  中港拓         自新
       14,409  鴨下元         共新
        5,696  小林武治        無新
◇10区
 当    114,766  田中和徳    《3》 自前
 比当   89,752  計屋圭宏        民新
       34,003  笠木隆         共新
◇11区
 当    174,374  小泉純一郎  《11》 自前
       46,290  沢木優輔        民新
       13,632  瀬戸和弘        共新
◇12区
 当     75,826  中塚一宏    《2》 民前
 比当   73,767  桜井郁三        自元
 比当   26,954  阿部知子        社前
       11,280  高松みどり       共新
        4,617  鈴木浩一        無新
◇13区
 当    139,236  甘利明     《7》 自前
       86,256  土田龍司        民前
       19,431  新井俊次        共新
◇14区
 当     97,214  藤井裕久    《5》 民前
       81,794  中本太衛        自新
       26,508  原陽子         社前
       14,915  藤原正明        共新
        2,134  箕浦一雄        無新
◇15区
 当    148,955  河野太郎    《3》 自前
       76,967  酒井文彦        民新
       16,122  吉田貞夫        共新
        6,674  桂秀光         無新
◇16区
 当    125,067  亀井善之    《8》 自前
       82,967  長田英知        民新
       17,877  檜山千里        共新
◇17区
 当    135,206  河野洋平   《13》 自前
```

	81,900	阪口直人		民新
	18,690	鈴木新三郎		共新
◇18区				
当	64,879	樋高剛	《2》	民前
比当	58,001	山際大志郎		自新
	15,136	小川栄一		無新
	13,267	平田桂子		無新
	13,084	宗田裕之		共新
	5,610	竹村英明		社新
	875	安済清雄		無新

山梨

◇1区
当	71,623	小沢鋭仁	《4》	民前
	45,282	米田建三		自前
	13,545	遠藤昭子		共新

◇2区
| 当 | 101,727 | 堀内光雄 | 《9》 | 自前 |
| | 30,225 | 花田仁 | | 共新 |

◇3区
当	83,107	保坂武	《2》	自前
	62,475	後藤斎		民前
	11,555	深沢久		共新

東京

◇1区
当	105,222	海江田万里	《4》	民前
比当	103,785	与謝野馨		自元
	20,640	佐藤文則		共新
	5,572	浜田麻記子		無新
	698	又吉光雄		諸新

◇2区
当	104,477	中山義活	《3》	民前
	91,926	深谷隆司		自元
	21,334	室喜代一		共新

◇3区
当	122,181	松原仁	《2》	民前
	113,494	石原宏高		自新
	22,615	大貫清文		共新

◇4区
当	90,693	中西一善	《1》	自新
比当	77,953	宇佐美登		民元
	26,707	山谷えり子		保前
比当	23,942	山口富男		共新

◇5区
| 当 | 107,110 | 手塚仁雄 | 《2》 | 民前 |

比当	99,618	小杉隆		自元
	18,213	遠藤宣彦		無新
	17,927	宮本栄		共新

◇6区
当	131,715	小宮山洋子	《2》	民前
	78,650	越智隆雄		自新
	23,320	保坂展人		社前
	18,625	田中美代子		共新

◇7区
当	99,891	長妻昭	《2》	民前
	83,588	松本文明		自新
	21,982	小沢哲雄		共新
	14,743	矢部公		無新
	11,778	富家孝		無会新

◇8区
当	136,429	石原伸晃	《5》	自前
	78,007	鈴木盛夫		民新
	17,572	沢田俊史		共新
	16,156	杉山章子		社新

◇9区
当	112,868	菅原一秀	《1》	自新
	96,662	吉田公一		民前
	27,903	望月康子		共新
	8,841	村田敏		社新

◇10区
当	81,979	小林興起	《4》	自前
比当	77,417	鮫島宗明		民前
	19,338	山本敏江		共新
	2,706	志良以栄		諸新

◇11区
当	113,477	下村博文	《3》	自前
	87,331	渡辺浩一郎		民元
	30,998	徳留道信		共新

◇12区
当	98,700	太田昭宏	《4》	公前
比当	95,110	藤田幸久		民元
	30,251	山岸光夫		共新

◇13区
当	90,277	城島正光	《3》	民前
比当	88,254	鴨下一郎		自前
	28,605	田村智子		共新

◇14区
当	66,417	松島みどり	《2》	自前
比当	63,385	井上和雄		民前
	44,799	西川太一郎		保前
	18,799	伊藤文雄		共新

◇15区

```
         当    69,164   木村勉       《2》自元
               58,616   東祥三           民前
               47,843   柿沢弘治         無会前
               19,610   棒田敦行         共新
◇16区
         当    80,015   島村宜伸     《8》自前
         比当  70,189   中津川博郷       民前
               58,250   宇田川芳雄       無会前
               17,985   安部安則         共新
◇17区
         当   142,916   平沢勝栄     《3》自前
               65,269   錦織淳           民元
               22,316   菅野勝祐         共新
◇18区
         当   139,195   菅直人       《8》民前
               83,337   鳩山邦夫         自前
               16,010   小林幹典         共新
◇19区
         当   136,082   末松義規     《3》民前
               88,501   松本洋平         自新
               22,921   藤岡智明         共新
                9,529   横田昌三         社新
◇20区
         当   111,041   加藤公一     《2》民前
               81,588   清水清一朗       自新
               26,434   池田真理子       共新
◇21区
         当    81,398   長島昭久     《1》民新
               71,873   橋本城二         自新
               37,019   川田悦子         無前
               17,409   田川豊           共新
◇22区
         当   113,931   山花郁夫     《2》民前
         比当 105,385   伊藤達也         自前
               24,859   若林義春         共新
                4,001   佐藤盛隆         無新
◇23区
         当   126,221   伊藤公介     《8》自前
         比当 110,266   石毛鍈子         民前
               23,943   今村順一郎       共新
◇24区
         当   108,843   萩生田光一   《1》自新
         比当 106,733   阿久津幸彦       民前
               21,407   藤本実           共新
                8,762   石橋薫           無新
◇25区
         当    80,443   井上信治     《1》自新

         比当  71,151   島田久           民新
               15,381   鈴木拓也         共新
                6,858   池田正二         無新

新潟
◇1区
         当   119,297   西村智奈美   《1》民新
               96,107   吉田六左エ門     自前
               18,134   川俣幸雄         共新
◇2区
         当    95,391   近藤基彦     《2》自前
               56,002   藤島正之         無前
               49,382   坂上富男         民元
               12,225   米山洋子         共新
                4,132   西川攻           無新
◇3区
         当   108,627   稲葉大和     《4》自前
               70,256   倉持八郎         社新
               15,399   田中真一         共新
◇4区
         当   113,271   菊田真紀子   《1》民新
               83,880   栗原博久         自前
               14,776   武藤元美         共新
◇5区
         当    98,112   田中真紀子   《4》無元
               61,937   星野行男         無元
               30,086   白川勝彦         無元
                9,506   斉藤実           共新
◇6区
         当    89,693   筒井信隆     《3》民前
               64,582   高鳥修一         自前
               59,116   風間直樹         無新
                7,257   阿部正義         共新

富山
◇1区
         当    76,154   長勢甚遠     《5》自前
         比当  51,306   村井宗明         民新
                9,764   山田哲男         共新
◇2区
         当    93,849   宮腰光寛     《3》自前
               42,244   西尾政英         民新
               13,792   辰尾哲雄         社新
                8,015   古沢利之         共新
◇3区
         当   159,316   綿貫民輔    《12》自前
               51,663   窪田正人         社新
```

17,756	坂本洋史	共新

石川

◇1区
当	99,868	奥田建	《3》	民前
比当	97,075	馳浩		自前
	10,567	佐藤正幸		共新

◇2区
当	114,541	森喜朗	《12》	自前
比当	82,069	一川保夫		民前
	9,342	西村祐士		共新

◇3区
当	102,864	瓦力	《11》	自前
	66,240	桑原豊		民前
	7,972	坂本浩		共新

福井

◇1区
当	55,698	松宮勲	《2》	自前
	54,019	笹木竜三		無元
	16,309	本郷史剛		民新
	6,354	金元幸枝		共新

◇2区
当	62,558	山本拓	《3》	自元
比当	43,143	若泉征三		民新
	31,120	平泉渉		無元
	5,118	宇野邦弘		共新

◇3区
当	85,113	高木毅	《2》	自前
	49,395	玉村和夫		民新
	7,781	山本雅彦		共新

長野

◇1区
当	118,065	小坂憲次	《5》	自前
比当	111,821	篠原孝		民新
	32,757	中野早苗		共新

◇2区
当	108,397	下条みつ	《1》	民新
比当	98,756	村井仁		自前
	26,865	山口わか子		社前
	18,038	清水啓司		共新

◇3区
当	150,203	羽田孜	《12》	民前
比当	78,364	岩崎忠夫		自前
	28,083	岩谷昇介		共新

◇4区

当	70,618	後藤茂之	《2》	自前
比当	50,651	堀込征雄		民前
	26,211	浜万亀彦		社新
	15,286	上田秀昭		共新

◇5区
当	108,567	宮下一郎	《1》	自新
	70,507	加藤隆		民新
	20,679	三沢好夫		共新
	6,408	関浩行		無新

静岡

◇1区
当	74,745	牧野聖修	《3》	民前
比当	67,437	上川陽子		自前
	59,937	田辺信宏		無新
	15,032	河瀬幸代		共新
	6,093	石塚聡		社新

◇2区
当	129,162	原田令嗣	《1》	自新
	107,687	津川祥吾		民前
	14,096	岡崎平作		共新

◇3区
当	138,508	柳沢伯夫	《7》	自前
	81,364	鈴木泰		民新
	12,154	早崎末浩		共新

◇4区
当	102,761	望月義夫	《3》	自前
	76,865	田村謙治		民新
	13,795	西谷英俊		共新

◇5区
当	137,201	細野豪志	《2》	民前
比当	129,988	斉藤斗志二		自前
	10,610	杉田保雄		共新

◇6区
当	136,066	渡辺周	《3》	民前
	100,955	栗原裕康		自元
	20,675	平田純一		無新
	14,867	鈴木和彦		共新

◇7区
当	98,877	城内実	《1》	無新
	58,932	熊谷弘		保前
	43,779	樋口美智子		民新
	9,791	森島倫生		共新

◇8区
当	104,046	塩谷立	《4》	自元
比当	101,484	鈴木康友		民前
	14,057	平賀高成		共元

愛知

◇1区
- 当　97,617　河村たかし　《4》民前
- 　　64,968　谷田武彦　　　　自前
- 　　17,510　木村恵美　　　　共新

◇2区
- 当　115,674　古川元久　《3》民前
- 　　56,472　斎藤幸男　　　　自新
- 　　17,437　大野宙光　　　　共新

◇3区
- 当　105,017　近藤昭一　《3》民前
- 　　72,035　吉田幸弘　　　　自前
- 　　18,678　石川寿　　　　　共新

◇4区
- 当　84,919　牧義夫　《2》民前
- 比当　79,749　近藤浩　　　　自新
- 　　28,193　瀬古由起子　　　共前

◇5区
- 当　104,346　赤松広隆　《5》民前
- 　　90,668　木村隆秀　　　　自前
- 　　16,255　江上博之　　　　共新

◇6区
- 当　97,776　前田雄吉　《2》民前
- 　　80,700　丹羽秀樹　　　　自前
- 　　22,131　三沢淳　　　　　保元
- 　　20,524　柳沢けさ美　　　共新

◇7区
- 当　102,710　小林憲司　《2》民前
- 比当　93,882　青山丘　　　　自前
- 　　20,172　大島令子　　　　社前
- 　　16,255　坂林卓美　　　　共新

◇8区
- 当　127,411　伴野豊　《2》民前
- 　　92,245　大木浩　　　　　自前
- 　　16,216　神谷暢　　　　　共新

◇9区
- 当　104,075　海部俊樹　《15》保前
- 比当　92,554　岡本充功　　　　民新
- 　　20,565　井桁亮　　　　　無新
- 　　16,213　松崎省三　　　　共新

◇10区
- 当　107,369　江崎鉄磨　《3》保元
- 比当　106,599　佐藤観樹　　　　民前
- 　　21,350　岸野知子　　　　共新

◇11区
- 当　181,747　古本伸一郎　《1》民新

- 　　21,179　串田真吾　　　　共新

◇12区
- 当　135,622　杉浦正健　《5》自前
- 比当　117,411　中根康浩　　　　民新
- 　　16,191　野村典子　　　　共新

◇13区
- 当　114,092　大村秀章　《3》自前
- 比当　109,670　島聡　　　　　民前
- 　　11,765　高林誠　　　　　共新

◇14区
- 当　91,713　鈴木克昌　《1》民新
- 　　76,019　浅野勝人　　　　自前
- 　　8,795　金子正美　　　　共新

◇15区
- 当　100,443　山本明彦　《2》自前
- 比当　84,573　都築譲　　　　民前
- 　　14,622　斎藤啓　　　　　共新

岐阜

◇1区
- 当　92,717　野田聖子　《4》自前
- 　　71,649　浅野真　　　　　民新
- 　　15,951　木下律子　　　　共新

◇2区
- 当　118,748　棚橋泰文　《3》自前
- 　　60,118　大石里奈　　　　民新
- 　　13,846　高木光弘　　　　共新

◇3区
- 当　115,221　武藤嘉文　《13》自前
- 比当　110,796　園田康博　　　　民新
- 　　15,278　宮川勝義　　　　共新

◇4区
- 当　156,179　藤井孝男　《4》自前
- 　　75,240　山田良司　　　　民新
- 　　13,312　吾郷武日　　　　共新

◇5区
- 当　110,553　古屋圭司　《5》自前
- 　　67,546　武田規男　　　　民新
- 　　14,834　井上諭　　　　　共新

三重

◇1区
- 当　101,911　川崎二郎　《7》自前
- 比当　90,381　中井洽　　　　民前
- 　　11,157　大嶽隆司　　　　共新

◇2区
- 当　123,449　中川正春　《3》民前

| | 42,430 | 井戸寿 | | 自新 |
| | 12,561 | 前垣忠司 | | 共新 |

◇3区
当	132,109	岡田克也	《5》	民前
比当	67,247	平田耕一		自新
	13,562	星野律子		共新

◇4区
当	94,379	田村憲久	《3》	自前
比当	51,168	伊藤忠治		民前
	10,761	岡野恵美		共新

◇5区
当	111,840	三ツ矢憲生	《1》	自新
	71,937	金子洋一		民新
	8,521	長坂正春		共新
	1,928	山中精一		無新

滋賀

◇1区
当	87,857	川端達夫	《6》	民前
	64,002	上野賢一郎		自新
	20,340	川内卓		共新

◇2区
当	69,620	田島一成	《1》	民新
比当	65,033	小西理		自前
	11,814	川島隆二		無新
	8,741	酒井紳一		共新

◇3区
当	64,225	三日月大造	《1》	民新
比当	57,732	宇野治		自新
	9,648	石堂晋子		共新
	2,133	西村明夫		無新

◇4区
当	83,149	岩永峯一	《3》	自前
比当	78,954	奥村展三		民新
	15,400	坪田五久男		共新

京都

◇1区
当	83,644	伊吹文明	《7》	自前
比当	63,487	玉置一弥		民前
比当	50,762	穀田恵二		共前

◇2区
当	73,934	前原誠司	《4》	民前
	47,962	山本直彦		自新
	26,768	原俊史		共新

◇3区
| 当 | 84,052 | 泉健太 | 《1》 | 民新 |

| | 64,726 | 奥山茂彦 | | 自前 |
| | 30,861 | 石村和子 | | 共新 |

◇4区
当	108,209	田中英夫	《1》	自新
	72,665	北神圭朗		民新
	36,980	成宮真理子		共新

◇5区
当	103,486	谷垣禎一	《8》	自前
	36,702	小林哲也		民新
	24,389	吉田早由美		共新

◇6区
当	117,467	山井和則	《2》	民前
	100,541	菱田嘉明		自前
	32,499	矢口雅章		共新

大阪

◇1区
当	87,936	中馬弘毅	《8》	自前
	64,320	熊田篤嗣		民新
	24,220	清家裕		共新

◇2区
当	96,470	左藤章	《2》	自前
	56,652	岩波薫		民新
比当	36,706	石井郁子		共前

◇3区
当	97,552	田端正広	《4》	公前
比当	79,539	辻恵		民新
	33,451	安達義孝		共新

◇4区
当	92,470	吉田治	《3》	民元
比当	87,187	中山泰秀		自新
	26,776	長谷川良雄		共新

◇5区
当	92,350	谷口隆義	《4》	公前
比当	85,334	稲見哲男		民新
	37,694	山下芳生		共新

◇6区
当	101,292	福島豊	《4》	公前
	75,098	村上史好		民新
	28,789	太田乙美		共新

◇7区
当	72,643	藤村修	《4》	民前
	55,234	井上一成		自元
	28,710	藤井幸子		共新
	19,949	有沢志郎		無会新
	8,701	阪本義信		無新

◇8区

```
     当   81,319   中野寛成   《10》民前
         63,324   大塚高司       自新
         22,748   斉宮澄江       共新
◇9区
     当   97,572   大谷信盛   《2》民前
    比当  93,662   西田猛         自元
         21,491   藤木邦顕       共新
         10,678   永田義和       無新
          9,705   中北龍太郎     社新
◇10区
     当   83,077   肥田美代子 《3》民前
         68,646   松浪健太       自前
         22,976   菅野悦子       共元
          1,600   榛原外之守     無新
◇11区
     当  116,834   平野博文   《3》民前
         47,835   小川真澄       無新
         27,557   山下京子       共新
          8,599   吉武信昭       無新
◇12区
     当   82,190   樽床伸二   《4》民前
    比当  81,270   北川知克       自前
         21,023   西森洋一       共新
◇13区
     当   97,311   西野陽     《3》自前
         65,164   岡本準一郎     民新
    比当  33,446   吉井英勝       共前
◇14区
     当  111,543   谷畑孝     《3》自前
         78,654   長尾敬         民新
         31,256   野沢倫昭       共新
◇15区
     当  107,323   竹本直一   《3》自前
         79,830   梅川喜久雄     民新
         28,874   中野好博       共新
◇16区
     当   74,718   北側一雄   《5》公前
    比当  63,867   樽井良和       民新
         23,434   菅野泰介       共新
◇17区
     当   69,861   西村真悟   《4》民前
         52,258   岡下信子       自前
         26,236   真鍋穣         共新
         24,937   平田多加秋     無新
◇18区
     当  108,996   中山太郎   《6》自前
    比当  89,930   中川治         民新
```

```
         28,417   大塚康樹       共新
◇19区
     当   75,369   長安豊     《1》民新
         42,284   松浪健四郎     保前
         27,043   安田吉広       無新
         14,962   和気豊         共新

兵庫
◇1区
     当   71,587   砂田圭佑   《3》自前
    比当  70,792   石井一         民新
         21,423   原和美         無新
         21,083   北岡浩         共新
◇2区
     当   83,379   赤羽一嘉   《4》公前
    比当  80,061   泉房穂         民新
         29,510   平松順子       共新
◇3区
     当   88,767   土肥隆一   《5》民前
         61,263   井川弘光       自新
         23,690   森田多希子     共新
◇4区
     当  127,330   井上喜一   《6》保前
         81,909   高橋昭一       民新
         20,649   山本純二       共新
◇5区
     当  112,437   谷公一     《1》自新
    比当 108,851   梶原康弘       民新
         15,124   西中孝男       共新
◇6区
     当  109,320   市村浩一郎 《1》民新
         96,410   阪上善秀       自前
         32,078   中川智子       社前
         18,351   大塚寿夫       共新
◇7区
     当  111,216   大前繁雄   《1》自前
    比当  96,404   土井たか子     社前
         28,526   礒見恵子       共新
◇8区
     当   94,406   冬柴鉄三   《6》公前
    比当  79,492   室井邦彦       民新
         22,328   庄本悦子       共新
         17,850   北川れん子     社新
◇9区
     当   86,631   西村康稔   《1》無新
         65,374   宮本一三       自前
         47,406   畠中光成       民新
```

巻末資料　279

| | 12,694 | 筧直樹 | | 共新 |

◇10区
当	97,196	渡海紀三朗	《5》	自前
	77,009	岡田康裕		民新
	15,112	星原幸代		共新

◇11区
当	112,898	松本剛明	《2》	民前
	89,159	戸井田徹		自元
	12,494	竹内典昭		共新

◇12区
当	108,479	河本三郎	《2》	自元
	103,848	山口壮		無会前
	8,468	太田清幸		共新

奈良

◇1区
当	79,529	馬淵澄夫	《1》	民新
	65,538	高市早苗		自前
	20,010	佐藤真理		共新

◇2区
当	83,168	中村哲治	《2》	民前
比当	73,646	滝実		自前
	15,044	宮本次郎		共新

◇3区
当	81,345	奥野信亮	《1》	自新
	58,222	福岡ともみ		民新
	16,939	植田至紀		社前
	14,219	正木敦		共新

◇4区
当	112,714	田野瀬良太郎	《4》	自前
	49,077	山本直子		民新
	10,614	一瀬則保		共新

和歌山

◇1区
| 当 | 101,602 | 谷本龍哉 | 《2》 | 自前 |
| | 45,851 | 下角力 | | 共新 |

◇2区
当	77,102	石田真敏	《2》	自前
比当	63,145	岸本健		民新
	11,020	古倉伸二		共新

◇3区
| 当 | 148,274 | 二階俊博 | 《7》 | 保前 |
| | 40,930 | 上田稔 | | 共新 |

徳島

◇1区
当	60,917	仙谷由人	《4》	民前
比当	44,892	七条明		自前
	9,164	山本千代子		共新

◇2区
当	72,116	山口俊一	《5》	自前
比当	62,494	高井美穂		民新
	5,689	藤田均		共新

◇3区
当	85,671	後藤田正純	《2》	自前
	49,411	仁木博文		民新
	7,687	久保孝之		共新

香川

◇1区
当	79,298	平井卓也	《2》	自前
	62,939	小川淳也		民新
	12,280	加藤繁秋		社元
	5,764	石川明克		共新
	910	大西賢治		無新

◇2区
当	85,370	木村義雄	《6》	自前
	57,676	真鍋光広		民元
	8,430	河村整		共新

◇3区
当	84,803	大野功統	《6》	自前
	23,087	奥田研二		社新
	22,091	山元徹		民新
	8,898	近石美智子		共新

愛媛

◇1区
当	113,516	塩崎恭久	《3》	自前
	43,903	玉井彰		民新
	14,222	林紀子		共新
	11,653	永和淑子		社新
	4,007	岡靖		無新

◇2区
当	99,208	村上誠一郎	《6》	自前
	43,553	斉藤政光		民新
	15,150	梅崎雪男		社新
	12,206	田中克彦		共新

◇3区
当	74,160	小野晋也	《4》	自前
	41,030	高橋剛		民新
	11,757	藤田高景		社新
	10,931	一色一正		共新
	8,238	藤原敏隆		無新

◇4区
当　117,252　山本公一　《4》自前
　　 37,564　浜口金也　　　 民新
　　　9,818　徳内厚美　　　 共新

高知
◇1区
当　 43,232　福井照　　 《2》自前
比当 36,333　五島正規　　　 民前
　　 20,302　梶原守光　　　 共新
　　　4,531　田井肇　　　　 社新
◇2区
当　 72,504　中谷元　　 《5》自前
　　 31,377　田村久美子　　 民新
　　 18,927　谷崎治之　　　 共新
◇3区
当　 84,287　山本有二　《5》自前
　　 33,208　川添義明　　　 民新
　　 16,981　本多公二　　　 共新

鳥取
◇1区
当　114,283　石破茂　　《6》自前
　　 31,236　田中清一　　　 社新
　　 14,092　水津岩男　　　 共新
◇2区
当　 52,466　川上義博　《1》無新
比当 50,989　山内功　　　　 民前
　　 45,900　相沢英之　　　 自前
　　　9,266　大谷輝子　　　 共新

島根
◇1区
当　117,897　細田博之　《5》自前
　　 61,071　濱口和久　　　 民新
　　 14,237　上代善雄　　　 共新
◇2区
当　145,555　竹下亘　　《2》自前
　　 50,951　石田良三　　　 民新
　　 20,965　出島千鶴子　　 社新
　　 10,774　向瀬慎一　　　 共新

岡山
◇1区
当　102,318　逢沢一郎　《6》自前
　　 63,463　菅源太郎　　　 民新
　　 11,951　植本完治　　　 共新

◇2区
当　 78,643　熊代昭彦　《4》自前
比当 69,190　津村啓介　　　 民新
　　 14,357　尾崎宏子　　　 共新
◇3区
当　125,949　平沼赳夫　《8》自前
　　 48,010　中村徹夫　　　 民新
　　 13,276　美見芳明　　　 共新
◇4区
当　104,653　橋本竜太郎《14》自前
　　 66,199　柚木道義　　　 民新
　　 14,367　東毅　　　　　 共新
◇5区
当　104,052　村田吉隆　《5》自前
　　 69,908　秦知子　　　　 民新
　　　8,482　木阪清　　　　 共新

広島
◇1区
当　 84,292　岸田文雄　《4》自前
　　 56,072　柿沼正明　　　 民新
　　 11,463　次元曜子　　　 共新
◇2区
当　 81,382　松本大輔　《1》民新
　　 61,472　平口洋　　　　 無会新
　　 48,557　桧田仁　　　　 自元
　　 16,052　沖茂　　　　　 無新
　　　9,726　大越和郎　　　 共新
◇3区
当　106,972　増原義剛　《2》自前
　　 53,382　金子哲夫　　　 社前
　　 17,318　大西理　　　　 共新
◇4区
当　 86,275　中川秀直　《8》自前
　　 49,784　空本誠喜　　　 民新
　　　9,681　松井秀明　　　 社新
　　　6,636　中石仁　　　　 共新
　　　5,225　堀間禎子　　　 無
◇5区
当　 74,264　池田行彦　《10》自前
　　 48,300　佐々木修一　　 民新
　　 36,170　三谷光男　　　 無新
　　 13,531　山本敏明　　　 無新
　　　6,896　松本進　　　　 共新
◇6区
当　117,659　亀井静香　《9》自前
比当 100,677　佐藤公治　　　 民前

10,846	寺田明充	共新

◇7区
当	90,487	宮沢洋一	《2》自前
比当	73,252	和田隆志	民新
	23,185	山田敏雅	無元
	11,100	森川美紀恵	共新

山口

◇1区
当	137,830	高村正彦	《8》自前
	66,672	大泉博子	民新
	12,071	魚永智行	共新

◇2区
当	109,647	平岡秀夫	《2》民前
比当	91,087	佐藤信二	自元
	11,721	山中良二	共新

◇3区
当	111,658	河村建夫	《5》自前
	50,975	岩本晋	民新
	13,909	田中照久	共新

◇4区
当	140,347	安倍晋三	《4》自前
	21,202	小島潤一郎	社新
	14,438	池之上博	共新

福岡

◇1区
当	92,969	松本龍	《5》民前
	53,611	富永泰輔	自新
	15,940	大島久代	共新
	4,179	藤本豊	無新
	3,711	伊藤育子	無新

◇2区
当	104,620	古賀潤一郎	《1》民新
	94,565	山崎拓	自前
	15,626	行徳収司	共新

◇3区
当	101,742	藤田一枝	《1》民新
	95,839	太田誠一	自前
	14,257	中園辰信	共新

◇4区
当	95,469	渡辺具能	《3》自前
比当	79,712	楢崎欣弥	民前
	12,713	新留清隆	共新

◇5区
| 当 | 105,071 | 原田義昭 | 《4》自前 |
| 比当 | 81,166 | 楠田大蔵 | 民新 |

18,419	松崎百合子	社新
12,756	河内直子	共新

◇6区
当	108,678	古賀一成	《5》民元
	103,616	荒巻隆三	自前
	9,785	中西和也	共新

◇7区
当	119,837	古賀誠	《8》自前
	49,262	馬場恵美子	社新
	19,461	大森秀久	共新

◇8区
当	132,646	麻生太郎	《8》自前
	75,879	大島九州男	民新
	21,272	渡辺和幸	共新

◇9区
当	102,581	北橋健治	《5》民前
比当	99,091	三原朝彦	自元
	25,354	井上真吾	共新

◇10区
当	91,974	自見庄三郎	《7》自前
比当	79,735	城井崇	民新
	31,779	仁比聡平	共新

◇11区
当	78,882	武田良太	《1》無新
	62,628	山本幸三	自前
	35,591	手嶋秀昭	社新
	8,790	村上勝二	共新

佐賀

◇1区
当	70,271	原口一博	《3》民前
	66,446	福岡資麿	自新
	8,315	柴田久寛	社新
	4,977	上村泰稔	共新

◇2区
| 当 | 107,522 | 今村雅弘 | 《3》自前 |
| | 22,898 | 諸田稔 | 共新 |

◇3区
当	102,859	保利耕輔	《9》自前
	36,653	藤沢裕美	民新
	8,079	宮崎正人	共新

長崎

◇1区
当	106,331	高木義明	《5》民前
	90,857	倉成正和	自元
	12,797	原口敏彦	共新

◇2区
当	126,705	久間章生	《8》	自前
	50,772	熊江雅子		社新
	16,565	石丸完治		共新

◇3区
当	77,528	谷川弥一	《1》	自新
比当	71,099	山田正彦		民前
	5,374	寺田敏之		共新

◇4区
当	100,767	北村誠吾	《2》	自前
	53,557	今川正美		社前
	9,284	中尾武憲		共新

熊本

◇1区
当	111,205	松野頼久	《2》	民前
	80,111	岩下栄一		自元
	13,769	西川悦子		共新

◇2区
当	95,233	林田彪	《3》	自前
比当	75,517	松野信夫		民新
	9,829	前田正治		共新

◇3区
当	79,500	坂本哲志	《1》	無新
比当	76,469	松岡利勝		自前
	26,317	池崎一郎		民新
	4,571	福山紘史		共新

◇4区
当	137,428	園田博之	《6》	自前
	36,977	森川生朗		社新
	12,262	井芹しま子		共新

◇5区
当	95,321	金子恭之	《2》	自前
	57,901	後藤英友		民新
	11,580	川上紗智子		共新

大分

◇1区
当	105,628	吉良州司	《1》	無新
比当	101,789	衛藤晟一		自元
	8,646	堤栄三		共新
	1,254	染矢誠治		無新

◇2区
当	123,434	衛藤征士郎	《7》	自前
	85,666	重野安正		社前
	10,590	小野勝		共新

◇3区
当	123,798	岩屋毅	《3》	自前
比当	111,180	横光克彦		社前
	6,521	小川勉		共新

宮崎

◇1区
当	99,969	中山成彬	《5》	自前
比当	71,616	米沢隆		民前
	9,196	小城正克		無新
	8,865	野田章夫		共新

◇2区
当	88,540	江藤拓	《1》	無新
	79,119	黒木健司		無新
	29,585	土井裕子		民新
	5,708	内山定雄		共新

◇3区
当	118,607	古川禎久	《1》	無新
	58,353	持永哲志		無新
	10,801	井福美年		共新

鹿児島

◇1区
当	95,841	保岡興治	《10》	自前
比当	79,243	川内博史		民前
	9,359	山口陽規		共新

◇2区
当	97,423	徳田虎雄	《4》	自連前
	90,952	園田修光		自元
	9,903	堀拓生		共新

◇3区
当	113,743	宮路和明	《5》	自前
	45,308	大園勝司		民新
	11,042	村山智		共新

◇4区
当	104,843	小里貞利	《9》	自前
	59,075	浜田健一		社元
	6,476	川浪隆幸		共新

◇5区
当	100,851	山中貞則	《17》	自前
	51,885	米正剛		無新
	11,008	茅野博		共新

沖縄

◇1区
当	58,330	白保台一	《3》	公前
	52,374	下地幹郎		無前
	27,209	島尻昇		民新

| 比当 | 19,528 | 赤嶺政賢 | | 共前 |

◇2区
当	74,123	照屋寛徳	《1》	社新
	47,759	上原吉二		自新
	6,560	前宮徳男		共新
	5,297	金城邦男		無新

◇3区
当	62,975	嘉数知賢	《3》	自前
比当	58,931	東門美津子		社前
	35,149	国場幸之助		無新
	6,581	猪原健		共新

◇4区
当	67,752	西銘恒三郎	《1》	自新
	38,550	宮国忠広		民新
	18,074	宮里武志		共新

◇当は小選挙区で当選，比当は比例選で当選
◇得票数，氏名，当選回数，党派，新旧別の順
◇党派は，自＝自民，民＝民主，公＝公明，共＝共産，社＝社民，保＝保守新，無会＝無所属の会，自連＝自由連合，諸＝諸派，無＝無所属

▼比例選

北海道ブロック（定数8）

【自民】（3）　　876,653票（31%）
1	当	金田英行	《4》	
2	当	石崎岳	《2》〈北海道3〉	97.477
	当	山下貴史	《1》〈北海道10〉	87.692
		岩倉博文	〈北海道9〉	84.103
		佐藤静雄	〈北海道4〉	83.258
		吉川貴盛	〈北海道2〉	77.497
		佐藤健治	〈北海道8〉	69.799
		三品孝行	〈北海道1〉	62.337
	小当	町村信孝	〈北海道5〉	
	小当	今津寛	〈北海道6〉	
	小当	北村直人	〈北海道7〉	
	小当	中川昭一	〈北海道11〉	
	小当	武部勤	〈北海道12〉	
14		藤井利範		
15		八重樫登		

【民主】（4）　　1,153,471票（40%）
1	小当	三井辨雄	〈北海道2〉	
	小当	鉢呂吉雄	〈北海道4〉	
3	当	佐々木秀典	《5》〈北海道6〉	99.453
	当	小林千代美	《1》〈北海道5〉	93.146
	当	仲野博子	《1》〈北海道7〉	84.720
	当	松木謙公	《1》〈北海道12〉	69.958
	小当	横路孝弘	〈北海道1〉	
	小当	荒井聰	〈北海道3〉	
	小当	金田誠一	〈北海道8〉	
	小当	鳩山由紀夫	〈北海道9〉	
	小当	小平忠正	〈北海道10〉	
12		木本由孝		
13		広田まゆみ		
14		中村剛		
15		林かづき		

【公明】（1）　　394,843票（13%）
1	当	丸谷佳織	《3》
2		包国嘉介	

【共産】（0）　　253,442票（8%）
1		児玉健次	
2	▽	宮内聡	〈北海道5〉
3		小田一郎	〈北海道2〉

【社民】（0）　　147,146票（5%）
1		山内惠子	〈北海道11〉
2		島田俊明	

東北ブロック（定数14）

【自民】（6）　　1,794,284票（37%）
1	当	吉野正芳	《2》	
2	当	二田孝治	《6》	
3	当	萩野浩基	《3》	
4	当	津島恭一	《2》	
5	当	玉沢徳一郎	《8》〈岩手4〉	
6	当	中野正志	《2》〈宮城2〉	96.524
		斎藤正美	〈宮城5〉	87.676
		村岡兼造	〈秋田3〉	87.663
		荒井広幸	〈福島3〉	85.359
		中村力	〈岩手3〉	84.648
		山内日出夫	〈福島4〉	80.461
		土井亨	〈宮城1〉	79.165
		及川敦	〈岩手1〉	63.607
	小当	江渡聡徳	〈青森2〉	
	小当	木村太郎	〈青森4〉	
	小当	鈴木俊一	〈岩手2〉	
	小当	西村明宏	〈宮城3〉	
	小当	伊藤信太郎	〈宮城4〉	
	小当	小野寺五典	〈宮城6〉	
	小当	遠藤利明	〈山形1〉	
	小当	遠藤武彦	〈山形2〉	
	小当	佐藤剛男	〈福島1〉	
	小当	根本匠	〈福島2〉	
	小当	坂本剛二	〈福島5〉	
25		近藤悦夫		

【民主】（5）　　1,784,768票（37%）
1	当	橋本清仁	《1》〈宮城3〉	99.673
	当	増子輝彦	《3》〈福島2〉	86.839
	当	近藤洋介	《1》〈山形2〉	85.757
	当	吉田泉	《1》〈福島5〉	83.976
	当	鹿野道彦	《10》〈山形1〉	80.961
		田名部匡代	〈青森3〉	80.860
		石原信市郎	〈福島1〉	72.880
		大石正光	〈宮城6〉	70.598
		工藤堅太郎	〈岩手2〉	62.127
		斎藤淳	〈山形3〉	61.911
		山条隆史	〈宮城4〉	53.012
		佐々木重人	〈秋田2〉	51.208

		渋谷修	〈青森4〉	36.922
		▽戸来勉	〈青森1〉	19.305
小当		達増拓也	〈岩手1〉	
小当		黄川田徹	〈岩手3〉	
小当		今野東	〈宮城1〉	
小当		鎌田さゆり	〈宮城2〉	
小当		安住淳	〈宮城5〉	
小当		寺田学	〈秋田1〉	
小当		玄葉光一郎	〈福島3〉	

【公明】（1） 565,179票（11%）
1　当　井上義久　《4》
2　　　井上龍雄
3　　　間山治子

【共産】（1） 313,290票（6％）
1　当　高橋千鶴子《1》
2　　▽五島平　〈宮城2〉
3　　　佐藤秀樹

【社民】（1） 310,187票（6％）
1　当　山本喜代宏《1》〈秋田2〉 25.274
　　　　斉藤孝一　〈青森2〉 22.252
　　　　菅野哲雄　〈宮城6〉 21.476
　　▽今村修　〈青森1〉 17.326
　　　　久保孝喜　〈岩手1〉 16.297
　　▽後藤百合子〈岩手1〉 13.198
　　▽斉藤昌助　〈山形1〉 12.172
　　▽田山英次　〈宮城2〉 9.290
　　▽井上浩　〈青森4〉 8.009

北関東ブロック（定数20）

【自民】（8） 2,275,223票（37%）
1　当　佐田玄一郎《5》
2　当　小島敏男　《3》
3　当　西川公也　《3》
4　当　蓮実進　《4》
5　当　植竹繁雄　《5》
6　当　今井宏　《3》〈埼玉3〉 99.429
　　　当　中野清　《3》〈埼玉7〉 90.547
　　　当　早川忠孝《1》〈埼玉4〉 85.569
　　　　　新藤義孝　〈埼玉2〉 79.682
　　　　　岡部英明　〈茨城5〉 79.414
　　　　　高橋秀明　〈埼玉5〉 63.173
　　小当　赤城徳彦　〈茨城1〉

小当	額賀福志郎	〈茨城2〉
小当	葉梨康弘	〈茨城3〉
小当	梶山弘志	〈茨城4〉
小当	丹羽雄哉	〈茨城6〉
小当	永岡洋治	〈茨城7〉
小当	船田元	〈栃木1〉
小当	佐藤勉	〈栃木4〉
小当	茂木敏充	〈栃木5〉
小当	尾身幸次	〈群馬1〉
小当	笹川尭	〈群馬2〉
小当	谷津義男	〈群馬3〉
小当	福田康夫	〈群馬4〉
小当	小渕優子	〈群馬5〉
小当	新井正則	〈埼玉8〉
小当	大野松茂	〈埼玉9〉
小当	山口泰明	〈埼玉10〉
小当	小泉龍司	〈埼玉11〉
小当	土屋品子	〈埼玉13〉
小当	三ツ林隆志	〈埼玉14〉
32	中山一生	
33	戸塚一二	
34	佐藤明男	
35	百武公親	

【民主】（8） 2,299,620票（37%）
1　当　武山百合子《4》〈埼玉13〉 99.299
　　当　木下厚　《2》〈埼玉8〉 97.828
　　当　五十嵐文彦《3》〈埼玉9〉 90.785
　　当　小泉俊明　《2》〈茨城3〉 90.217
　　当　松崎哲久　《1》〈埼玉10〉 85.819
　　当　中野譲　《1》〈埼玉14〉 83.433
　　当　山岡賢次　《3》〈栃木4〉 83.306
　　当　水島広子　《2》〈栃木1〉 82.830
　　　　本多平直　〈埼玉12〉 78.673
　　　　石関圭　〈群馬2〉 74.670
　　　　長沼広　〈群馬3〉 73.455
　　　　小林守　〈栃木2〉 62.364
　　　　福島伸享　〈茨城1〉 60.319
　　　　二見伸明　〈茨城6〉 57.395
　　　　高橋仁　〈群馬1〉 52.947
　　　　富岡由紀夫　〈群馬4〉 48.964
　　　　五十嵐弘子　〈茨城3〉 45.618
　　　　常井美治　〈茨城3〉 43.531
　　　　八木昭次　〈埼玉11〉 42.849
　　　　中塚英範　〈栃木5〉 28.192
　小当　大畠章宏　〈茨城5〉
　小当　武正公一　〈埼玉1〉

小当	石田勝之	〈埼玉2〉	
小当	細川律夫	〈埼玉3〉	
小当	神風英男	〈埼玉4〉	
小当	枝野幸男	〈埼玉5〉	
小当	大島敦	〈埼玉6〉	
小当	小宮山泰子	〈埼玉7〉	
小当	高山智司	〈埼玉15〉	

【公明】（3）　857,490票（14％）
1	当	石井啓一	《4》
2	当	遠藤乙彦	《4》
3	当	長沢広明	《1》
4		岡本章	

【共産】（1）　402,849票（6％）
1	当	塩川鉄也	《2》〈埼玉8〉
2		森原公敏	
3		▽元山佳与子	〈埼玉6〉
4		▽田谷武夫	〈茨城7〉
5		▽小笠原真明	〈群馬4〉

【社民】（0）　231,140票（3％）
1	松永昌樹	〈栃木3〉	24.381
	大嶋修一	〈茨城4〉	24.074
	浅貝正雄	〈群馬5〉	19.118
	▽日森文尋	〈埼玉13〉	12.882
	▽天辰武夫	〈埼玉1〉	7.619
	▽市川博美	〈埼玉7〉	7.123

南関東ブロック（定数22）

【自民】（8）　2,441,590票（34％）
1	当	中村正三郎《9》		
2	当	江崎洋一郎《2》		
3	当	松野博一《2》	〈千葉3〉	98.928
	当	桜井郁三《2》	〈神奈川12〉	97.284
	当	鈴木恒夫《5》	〈神奈川7〉	97.282
	当	桜田義孝《3》	〈千葉8〉	94.873
	当	渡辺博道《3》	〈千葉6〉	94.256
	当	山際大志郎《1》	〈神奈川18〉	89.398
		臼井日出男	〈千葉1〉	89.126
		松本和巳	〈千葉7〉	86.569
		中本太衛	〈神奈川14〉	84.138
		薗浦健太郎	〈千葉5〉	83.986
		江口一雄	〈千葉2〉	83.932
		林潤	〈神奈川4〉	82.966
		坂井学	〈神奈川5〉	73.857
		中港拓	〈神奈川9〉	73.109
		米田建三	〈山梨1〉	63.222
		長谷川大	〈千葉4〉	59.068
		吉田隆嘉	〈神奈川8〉	48.833
小当		水野賢一	〈千葉9〉	
小当		林幹雄	〈千葉10〉	
小当		森英介	〈千葉11〉	
小当		浜田靖一	〈千葉12〉	
小当		実川幸夫	〈千葉13〉	
小当		松本純	〈神奈川1〉	
小当		菅義偉	〈神奈川2〉	
小当		小此木八郎	〈神奈川3〉	
小当		田中和徳	〈神奈川10〉	
小当		河野太郎	〈神奈川15〉	
小当		亀井善之	〈神奈川16〉	
小当		河野洋平	〈神奈川17〉	
小当		保坂武	〈山梨3〉	
33		鈴木一誠		

【民主】（9）　2,819,165票（39％）
1	小当	樋高剛	〈神奈川18〉	
2	当	長浜博行《3》	〈千葉11〉	
3	当	池田元久《4》	〈神奈川6〉	99.348
	当	若井康彦《1》	〈千葉13〉	93.019
	当	加藤尚彦《1》	〈神奈川3〉	89.900
	当	佐藤謙一郎《5》	〈神奈川1〉	87.380
	当	須藤浩《2》	〈千葉9〉	86.296
	当	大出彰《2》	〈神奈川2〉	80.874
	当	計屋圭宏《1》	〈神奈川10〉	78.204
	当	青木愛《1》	〈千葉12〉	75.640
		後藤斎	〈山梨3〉	75.174
		長田英知	〈神奈川16〉	66.338
		土田龍司	〈神奈川13〉	61.949
		阪口直人	〈神奈川17〉	60.574
		酒井文彦	〈神奈川15〉	51.671
		中沢健	〈千葉10〉	33.560
		沢木優輔	〈神奈川11〉	26.546
小当		田島要	〈千葉1〉	
小当		永田寿康	〈千葉2〉	
小当		岡島一正	〈千葉3〉	
小当		野田佳彦	〈千葉4〉	
小当		村越祐民	〈千葉5〉	
小当		生方幸夫	〈千葉6〉	
小当		内山晃	〈千葉7〉	
小当		松崎公昭	〈千葉8〉	
小当		大石尚子	〈神奈川4〉	

巻末資料　287

小当	田中慶秋	〈神奈川5〉	
小当	首藤信彦	〈神奈川7〉	
小当	岩國哲人	〈神奈川8〉	
小当	笠浩史	〈神奈川9〉	
小当	中塚一宏	〈神奈川12〉	
小当	藤井裕久	〈神奈川14〉	
小当	小沢鋭仁	〈山梨1〉	

【公明】（3）　969,464票（13%）
1　当　河上覃雄　《5》
2　当　富田茂之　《3》
3　当　古屋範子　《1》
4　　　加藤雅之
5　　　吉田一国
6　　　神谷達彦

【共産】（1）　521,309票（7%）
1　当　志位和夫　《4》
2　　　大森猛　　〈神奈川5〉
3　　　笠木隆　　〈神奈川10〉
4　　　浅野史子
5　　　花田仁　　〈山梨2〉

【社民】（1）　300,599票（4%）
1　当　阿部知子　《2》〈神奈川12〉35.547
　　　　原陽子　　　　〈神奈川14〉27.267
　▽　上田恵子　　　〈神奈川6〉19.271
　▽　和田茂　　　　〈神奈川3〉11.137
　▽　林貞三　　　　〈神奈川1〉9.167
　▽　竹村英明　　　〈神奈川18〉8.646
　▽　若松繁男　　　〈千葉2〉　6.028

東京ブロック（定数17）

【自民】（6）　1,867,544票（32%）
1　当　八代英太　《3》
2　当　鳩山邦夫　《9》〈東京18〉
3　当　伊藤達也　《4》〈東京22〉
4　当　与謝野馨　《8》〈東京1〉　98.634
　　当　鴨下一郎　《4》〈東京13〉97.759
　　当　小杉隆　　《7》〈東京5〉93.005
　　　　石原宏高　　　〈東京3〉92.890
　　　　橋本城二　　　〈東京21〉88.298
　　　　深谷隆司　　　〈東京2〉87.986
　　　　松本文明　　　〈東京7〉83.679
　　　　清水清一朗　　〈東京20〉73.475
　　　　松本洋平　　　〈東京19〉65.035

小当	越智隆雄	〈東京6〉	59.712
小当	中西一善	〈東京4〉	
小当	石原伸晃	〈東京8〉	
小当	菅原一秀	〈東京9〉	
小当	小林興起	〈東京10〉	
小当	下村博文	〈東京11〉	
小当	松島みどり	〈東京14〉	
小当	木村勉	〈東京15〉	
小当	島村宜伸	〈東京16〉	
小当	平沢勝栄	〈東京17〉	
小当	伊藤公介	〈東京23〉	
小当	萩生田光一	〈東京24〉	
小当	井上信治	〈東京25〉	
26	進藤勇治		

【民主】（8）　2,291,124票（39%）
1　当　阿久津幸彦《2》〈東京24〉98.061
　　当　藤田幸久　《2》〈東京12〉96.362
　　当　井上和雄　《2》〈東京14〉95.434
　　当　鮫島宗明　《3》〈東京10〉94.435
　　当　島田久　　《1》〈東京25〉88.448
　　当　中津川博郷《2》〈東京16〉87.719
　　当　石毛鍈子　《3》〈東京23〉87.359
　　当　宇佐美登　《2》〈東京4〉85.952
　　　　吉田公一　　　〈東京9〉85.641
　　　　東祥三　　　　〈東京15〉84.749
　　　　渡辺浩一郎　　〈東京11〉76.959
　　　　鈴木盛夫　　　〈東京8〉57.177
　　　　錦織淳　　　　〈東京17〉45.669
小当　海江田万里　　〈東京1〉
小当　中山義活　　　〈東京2〉
小当　松原仁　　　　〈東京3〉
小当　手塚仁雄　　　〈東京5〉
小当　小宮山洋子　　〈東京6〉
小当　長妻昭　　　　〈東京7〉
小当　城島正光　　　〈東京13〉
小当　末松義規　　　〈東京19〉
小当　加藤公一　　　〈東京20〉
小当　長島昭久　　　〈東京21〉
小当　山花郁夫　　　〈東京22〉
25　　鈴木淑夫
26　　川島智太郎
27　　片山光代
28　　大森俊和

【公明】（2）　805,640票（14%）
1　当　高木陽介　《3》

2 当 高木美智代《1》
3 　 三国俊夫
4 　 高橋幸男

【共産】（1）　532,376票（9％）
1 当 山口富男 《2》〈東京4〉
2 　 若林義春
3 ▽ 今村順一郎 〈東京22〉
4 　 池田真理子 〈東京20〉
5 ▽ 安部安則 〈東京16〉

【社民】（0）　247,103票（4％）
1 ▽ 保坂展人 〈東京6〉 17.704
　 ▽ 杉山章子 〈東京8〉 11.842
　 ▽ 村田敏 〈東京9〉 7.833
　 ▽ 横田昌三 〈東京19〉 7.002
5 　 中川直人

北陸信越ブロック（定数11）

【自民】（5）　1,502,822票（38％）
1 当 萩山教厳 《5》
2 当 橘康太郎 《4》
3 当 岩崎忠夫 《2》〈長野3〉
4 当 馳浩 《2》〈石川1〉 97.203
　 当 村井仁 《6》〈長野2〉 91.105
　 　 吉田六左エ門 〈新潟1〉 80.561
　 　 栗原博久 〈新潟4〉 74.052
　 　 高鳥修一 〈新潟6〉 72.003
　 　 星野行男 〈新潟5〉 63.128
　 小当 近藤基彦 〈新潟2〉
　 小当 稲葉大和 〈新潟3〉
　 小当 長勢甚遠 〈富山1〉
　 小当 宮腰光寛 〈富山2〉
　 小当 森喜朗 〈石川2〉
　 小当 瓦力 〈石川3〉
　 小当 松宮勲 〈福井1〉
　 小当 山本拓 〈福井2〉
　 小当 高木毅 〈福井3〉
　 小当 小坂憲次 〈長野1〉
　 小当 後藤茂之 〈長野4〉
　 小当 宮下一郎 〈長野5〉
22 　 小林一三
23 　 長谷川道郎

【民主】（5）　1,424,537票（36％）
1 当 篠原孝 《1》〈長野1〉 94.711

当 堀込征雄 《5》〈長野4〉 71.725
当 一川保夫 《3》〈石川2〉 71.650
当 若泉征三 《1》〈福井2〉 68.964
当 村井宗明 《1》〈富山1〉 67.371
　 加藤隆 〈長野5〉 64.943
　 桑原豊 〈石川3〉 64.395
　 玉村和夫 〈福井3〉 58.034
　 坂上富男 〈新潟2〉 51.767
　 西尾政英 〈富山2〉 45.012
　 本郷史剛 〈福井1〉 29.281
小当 西村智奈美 〈新潟1〉
小当 菊田真紀子 〈新潟4〉
小当 筒井信隆 〈新潟6〉
小当 奥田建 〈石川1〉
小当 下条みつ 〈長野2〉
小当 羽田孜 〈長野3〉

【公明】（1）　390,921票（10％）
1 当 漆原良夫 《3》
2 　 渋沢秀雄

【共産】（0）　278,939票（7％）
1 　 木島日出夫
2 ▽ 川俣幸雄 〈新潟1〉
3 ▽ 金元幸枝 〈福井1〉

【社民】（0）　267,096票（6％）
1 　 倉持八郎 〈新潟3〉 64.676
　 浜万亀彦 〈長野4〉 37.116
　 窪田正人 〈富山3〉 32.428
　 山口わか子 〈長野2〉 24.783
　 ▽ 辰尾哲雄 〈富山2〉 14.695

東海ブロック（定数21）

【自民】（8）　2,436,791票（34％）
1 当 金子一義 《6》
2 当 倉田雅年 《2》
3 当 鈴木淳司 《1》
4 当 平田耕一 《1》〈三重3〉
5 当 斉藤斗志二《6》〈静岡5〉 94.742
　 当 近藤浩 《1》〈愛知4〉 93.911
　 当 青山丘 《9》〈愛知7〉 91.404
　 当 上川陽子 《2》〈静岡1〉 90.222
　 　 木村隆秀 〈愛知5〉 86.891
　 　 浅野勝人 〈愛知14〉 82.887

		丹羽秀樹	〈愛知6〉	82.535
		栗原裕康	〈静岡6〉	74.195
		吉田幸弘	〈愛知3〉	68.593
		谷田武彦	〈愛知1〉	66.553
		斎藤幸男	〈愛知2〉	48.819
		井戸寿一	〈三重2〉	34.370
	小当	野田聖子	〈岐阜1〉	
	小当	棚橋泰文	〈岐阜2〉	
	小当	藤井孝男	〈岐阜4〉	
	小当	古屋圭司	〈岐阜5〉	
	小当	原田令嗣	〈静岡2〉	
	小当	柳沢伯夫	〈静岡3〉	
	小当	望月義夫	〈静岡4〉	
	小当	塩谷立	〈静岡8〉	
	小当	杉浦正健	〈愛知12〉	
	小当	大村秀章	〈愛知13〉	
	小当	山本明彦	〈愛知15〉	
	小当	田村憲久	〈三重4〉	
	小当	三ツ矢憲生	〈三重5〉	
30		鈴木雅博		
31		古井戸康雄		
32		長谷川達也		

【民主】（9） 2,872,501票（40%）

1	当	都築譲	《2》	〈愛知15〉	84.199
	当	伊藤忠治	《6》	〈三重4〉	54.215
3	当	佐藤観樹	《11》	〈愛知10〉	99.282
	当	鈴木康友	《2》	〈静岡8〉	97.537
	当	園田康博	《1》	〈岐阜3〉	96.159
	当	島聡	《3》	〈愛知13〉	96.124
	当	岡本充功	《1》	〈愛知9〉	88.930
	当	中井洽	《9》	〈三重1〉	88.686
	当	中根康浩	《1》	〈愛知12〉	86.572
		津川祥吾		〈静岡2〉	83.373
		浅野真		〈岐阜1〉	77.277
		田村謙治		〈静岡4〉	74.799
		金子洋一		〈三重5〉	64.321
		武田規男		〈岐阜5〉	61.098
		鈴木泰		〈静岡3〉	58.743
		大石里奈		〈岐阜2〉	50.626
		山田良司		〈岐阜4〉	48.175
		樋口美智子		〈岐阜7〉	44.276
	小当	牧野聖修		〈静岡1〉	
	小当	細野豪志		〈静岡5〉	
	小当	渡辺周		〈静岡6〉	
	小当	河村たかし		〈愛知1〉	
	小当	古川元久		〈愛知2〉	

小当	近藤昭一	〈愛知3〉	
小当	牧義夫	〈愛知4〉	
小当	赤松広隆	〈愛知5〉	
小当	前田雄吉	〈愛知6〉	
小当	小林憲司	〈愛知7〉	
小当	伴野豊	〈愛知8〉	
小当	古本伸一郎	〈愛知11〉	
小当	鈴木克昌	〈愛知14〉	
小当	中川正春	〈三重2〉	

【公明】（3） 1,002,576票（14%）

1	当	坂口力	《9》
2	当	河合正智	《4》
3	当	大口善徳	《3》
4		岡明彦	
5		沢田晃一	

【共産】（1） 474,414票（6%）

1	当	佐々木憲昭	《3》	
2		瀬古由起子		〈愛知4〉
3		▽平賀高成		〈静岡8〉
4		加藤隆雄		

【社民】（0） 259,831票（3%）

1		▽大島令子	〈愛知7〉	19.639
		▽石塚聡	〈静岡1〉	8.151

近畿ブロック（定数29）

【自民】（9） 2,833,181票（30%）

1	当	柳本卓治	《4》		
2	当	森岡正宏	《2》		
3	当	小池百合子	《4》		
4	当	北川知克	《2》	〈大阪12〉	98.880
	当	西田猛	《2》	〈大阪9〉	95.992
	当	中山泰秀	《1》	〈大阪4〉	94.286
	当	小西理	《2》	〈滋賀2〉	93.411
	当	宇野治	《1》	〈滋賀3〉	89.890
	当	滝実	《3》	〈奈良2〉	88.550
		阪上善秀		〈兵庫6〉	88.190
		菱田嘉明		〈京都6〉	85.590
		松浪健太		〈大阪10〉	82.629
		高市早苗		〈奈良4〉	82.407
		戸井田徹		〈兵庫11〉	78.973
		大塚高司		〈大阪8〉	77.871
		奥山茂彦		〈京都3〉	77.007

		井上一成	〈大阪7〉	76.034			岡本芳一郎	〈大阪13〉	66.964
		宮本一三	〈兵庫9〉	75.462			高橋昭一	〈兵庫4〉	64.328
		岡下信子	〈大阪17〉	74.802			岩波薫	〈大阪2〉	58.724
		上野賢一郎	〈滋賀1〉	72.847			畠中光成	〈兵庫9〉	54.721
		井川弘光	〈兵庫3〉	69.015			山本直子	〈奈良4〉	43.541
		山本直彦	〈京都2〉	64.871			小林哲也	〈京都5〉	35.465
	小当	岩永峯一	〈滋賀4〉			小当	川端達夫	〈滋賀1〉	
	小当	伊吹文明	〈京都1〉			小当	田島一成	〈滋賀2〉	
	小当	田中英夫	〈京都4〉			小当	三日月大造	〈滋賀3〉	
	小当	谷垣禎一	〈京都5〉			小当	前原誠司	〈京都2〉	
	小当	中馬弘毅	〈大阪1〉			小当	泉健太	〈京都3〉	
	小当	左藤章	〈大阪2〉			小当	山井和則	〈京都6〉	
	小当	西野陽	〈大阪13〉			小当	吉田治	〈大阪4〉	
	小当	谷畑孝	〈大阪14〉			小当	藤村修	〈大阪7〉	
	小当	竹本直一	〈大阪15〉			小当	中野寛成	〈大阪8〉	
	小当	砂田圭佑	〈兵庫1〉			小当	大谷信盛	〈大阪9〉	
	小当	谷公一	〈兵庫5〉			小当	肥田美代子	〈大阪10〉	
	小当	大前繁雄	〈兵庫7〉			小当	平野博文	〈大阪11〉	
	小当	河本三郎	〈兵庫12〉			小当	樽床伸二	〈大阪12〉	
	小当	奥野信亮	〈奈良3〉			小当	西村真悟	〈大阪17〉	
	小当	田野瀬良太郎	〈奈良4〉			小当	長安豊	〈大阪19〉	
	小当	谷本龍哉	〈和歌山1〉			小当	土肥隆一	〈兵庫3〉	
	小当	石田真敏	〈和歌山2〉			小当	市村浩一郎	〈兵庫6〉	
40		林省之介				小当	松本剛明	〈兵庫11〉	
41		泉原保二				小当	馬淵澄夫	〈奈良1〉	
42		岸野雅方				小当	中村哲治	〈奈良2〉	
43		小安英峯							

【民主】（11）　3,425,342票（37%）

1	当	玉置一弥	《8》	〈京都1〉	
2	当	石井一	《11》	〈兵庫1〉	98.889
	当	梶原康弘	《1》	〈兵庫5〉	96.810
	当	泉房穂	《1》	〈兵庫2〉	96.020
	当	奥村展三	《1》	〈滋賀4〉	94.954
	当	稲見哲男	《1》	〈大阪5〉	92.402
	当	樽井良和	《1》	〈大阪16〉	85.477
	当	室井邦彦	《1》	〈兵庫8〉	84.202
	当	中川治	《1》	〈大阪18〉	82.507
	当	岸本健	《1》	〈和歌山2〉	81.898
	当	辻恵	《1》	〈大阪3〉	81.534
		岡田康裕		〈兵庫10〉	79.230
		梅川喜久雄		〈大阪15〉	74.382
		村上史好		〈大阪6〉	74.140
		熊田篤嗣		〈大阪1〉	73.144
		福岡ともみ		〈奈良3〉	71.574
		長尾敬		〈大阪14〉	70.515
		北神圭朗		〈京都4〉	67.152

【公明】（5）　1,604,469票（17%）

1	当	池坊保子	《3》
2	当	赤松正雄	《4》
3	当	西博義	《4》
4	当	佐藤茂樹	《4》
5	当	山名靖英	《3》
6		小林多喜子	
7		山下博一	

【共産】（3）　992,142票（10%）

1	当	石井郁子	《4》	〈大阪2〉
2	当	穀田恵二	《4》	〈京都1〉
3	当	吉井英勝	《5》	〈大阪13〉
4		山下芳生		〈大阪5〉
5		平松順子		〈兵庫4〉
6		佐藤真理		〈奈良1〉
7		川内卓		〈滋賀1〉
8		下角力		〈和歌山1〉
9		吉田早由美		〈京都5〉
10		庄本悦子		〈兵庫8〉

巻末資料　291

【社民】（1）　375,228票（4％）
1　当　土井たか子《12》〈兵庫7〉　86.681
　　　　中川智子　　　〈兵庫6〉　29.343
　　▽　植田至紀　　　〈奈良3〉　20.823
　　▽　北川れん子　　〈兵庫8〉　18.907
　　▽　中北龍太郎　　〈大阪9〉　9.946
6　　　土川秀孝

中国ブロック（定数11）

【自民】（5）　1,388,768票（37％）
1　当　亀井久興　《4》
2　当　河井克行　《2》
3　当　加藤勝信　《1》
4　当　能勢和子　《2》
5　当　佐藤信二　《8》〈山口2〉　83.072
　　　　桧田仁　　　　〈広島2〉　59.665
　小当　石破茂　　　　〈鳥取1〉
　小当　細田博之　　　〈島根1〉
　小当　竹下亘　　　　〈島根2〉
　小当　逢沢一郎　　　〈岡山1〉
　小当　熊代昭彦　　　〈岡山2〉
　小当　平沼赳夫　　　〈岡山3〉
　小当　村田吉隆　　　〈岡山5〉
　小当　岸田文雄　　　〈広島1〉
　小当　増原義剛　　　〈広島3〉
　小当　中川秀直　　　〈広島4〉
　小当　池田行彦　　　〈広島5〉
　小当　宮沢洋一　　　〈広島7〉
　小当　高村正彦　　　〈山口1〉
　小当　河村建夫　　　〈山口3〉
21　　　平林鴻三
22　　　松尾洋治
23　　　鈴木匡信
24　　　長尾広志
25　　　合田正
26　　　宇田川隆久

【民主】（4）　1,254,880票（33％）
1　当　山内功　　《2》〈鳥取2〉　97.184
　　当　津村啓介　《1》〈岡山2〉　87.979
　　当　佐藤公治　《2》〈広島6〉　85.566
　　当　和田隆志　《1》〈広島7〉　80.953
　　　　秦知子　　　　〈岡山5〉　67.185
　　　　柿沼正明　　　〈広島1〉　66.521

　　　　佐々木修一　　〈広島5〉　65.038
　　　　柚木道義　　　〈岡山4〉　63.255
　　　　菅源太郎　　　〈岡山1〉　62.025
　　　　空本誠喜　　　〈広島4〉　57.703
　　　　濱口和久　　　〈島根1〉　51.800
　　　　大泉博子　　　〈山口1〉　48.372
　　　　岩本晋　　　　〈山口3〉　45.652
　　　　中村徹夫　　　〈岡山3〉　38.118
　　　　石田良三　　　〈島根2〉　35.004
　小当　松本大輔　　　〈広島2〉
　小当　平岡秀夫　　　〈山口2〉

【公明】（2）　657,311票（17％）
1　当　斉藤鉄夫　《4》
2　当　桝屋敬悟　《4》
3　　　笹井茂智
4　　　森下定幸

【共産】（0）　234,359票（6％）
1　　　中林佳子
2　　　久米慶典
3　　　藤木聡志

【社民】（0）　176,942票（4％）
1　　　金子哲夫　　　〈広島3〉　49.902
　　　　田中清一　　　〈鳥取1〉　27.332
　　　　小島潤一郎　　〈山口4〉　15.106
　　▽　出島千鶴子　　〈島根2〉　14.403
　　▽　松井秀明　　　〈広島4〉　11.221

四国ブロック（定数6）

【自民】（3）　708,051票（38％）
1　当　森田一　　《8》
2　当　岡本芳郎　《1》
3　当　七条明　　《4》〈徳島1〉　73.693
　小当　山口俊一　　　〈徳島2〉
　小当　後藤田正純　　〈徳島3〉
　小当　平井卓也　　　〈香川1〉
　小当　木村義雄　　　〈香川2〉
　小当　大野功統　　　〈香川3〉
　小当　塩崎恭久　　　〈愛媛1〉
　小当　村上誠一郎　　〈愛媛2〉
　小当　小野晋也　　　〈愛媛3〉
　小当　山本公一　　　〈愛媛4〉
　小当　福井照　　　　〈高知1〉

小当	中谷元	〈高知2〉		
小当	山本有二	〈高知3〉		
16	藤本孝雄			
17	川田雅敏			

【民主】（2）　587,828票（31%）
1	当	髙井美穂	《1》〈徳島2〉	86.657
	当	五島正規	《5》〈高知1〉	84.041
		小川淳也	〈香川1〉	79.370
		真鍋光広	〈香川2〉	67.560
		仁木博文	〈徳島3〉	57.675
		高橋剛	〈愛媛3〉	55.326
		斉藤政光	〈愛媛2〉	43.900
		田村久美子	〈高知2〉	43.276
		川添義明	〈高知3〉	39.398
		玉井彰	〈愛媛1〉	38.675
		浜口金也	〈愛媛4〉	32.036
		山元徹	〈香川3〉	26.049
小当		仙谷由人	〈徳島1〉	

【公明】（1）　309,160票（16%）
1	当	石田祝稔	《3》
2		林田祐輔	
3		門田剛	

【共産】（0）　148,953票（8%）
1	春名眞章
2	梼浩一

【社民】（0）　98,243票（5%）
1		奥田研二	〈香川3〉	27.224
	▽	藤田高景	〈愛媛3〉	15.853
	▽	加藤繁秋	〈香川1〉	15.485
	▽	梅崎雪男	〈愛媛2〉	15.270
	▽	田井肇	〈高知1〉	10.480
	▽	永和淑子	〈愛媛1〉	10.265

九州ブロック（定数21）

【自民】（8）　2,535,278票（36%）
1		野田毅	《11》	
2	当	松下忠洋	《4》	
3	当	仲村正治	《6》	
4	当	西川京子	《2》	
5	当	佐藤錬	《1》	
6	当	三原朝彦	《4》〈福岡9〉	96.597
	当	衛藤晟一	《4》〈大分1〉	96.365
	当	松岡利勝	《5》〈熊本3〉	96.187
		荒巻隆三	〈福岡6〉	95.342
		福岡資麿	〈佐賀1〉	94.556
		太田誠一	〈福岡3〉	94.198
		園田修光	〈鹿児島2〉	93.357
		山崎拓	〈福岡2〉	90.389
		倉成正和	〈長崎1〉	85.447
		山本幸三	〈福岡11〉	79.394
		岩下栄一	〈熊本1〉	72.039
		上原吉二	〈沖縄2〉	64.432
		富永泰輔	〈福岡1〉	57.665
小当		渡辺具能	〈福岡4〉	
小当		原田義昭	〈福岡5〉	
小当		古賀誠	〈福岡7〉	
小当		麻生太郎	〈福岡8〉	
小当		自見庄三郎	〈福岡10〉	
小当		今村雅弘	〈佐賀2〉	
小当		保利耕輔	〈佐賀3〉	
小当		久間章生	〈長崎2〉	
小当		谷川弥一	〈長崎3〉	
小当		北村誠吾	〈長崎4〉	
小当		林田彪	〈熊本2〉	
小当		園田博之	〈熊本4〉	
小当		金子恭之	〈熊本5〉	
小当		衛藤征士郎	〈大分2〉	
小当		岩屋毅	〈大分3〉	
小当		中山成彬	〈宮崎1〉	
小当		保岡興治	〈鹿児島1〉	
小当		宮路和明	〈鹿児島3〉	
小当		嘉数知賢	〈沖縄3〉	
小当		西銘恒三郎	〈沖縄4〉	
39		宮島大典		

【民主】（7）　2,182,400票（31%）
1	当	山田正彦	《3》〈長崎3〉	91.707
	当	城井崇	《1》〈福岡10〉	86.692
	当	楠崎欣弥	《2》〈福岡4〉	83.495
	当	川内博史	《3》〈鹿児島1〉	82.681
	当	松野信夫	《1》〈熊本2〉	79.297
	当	楠田大蔵	《1》〈福岡5〉	77.248
	当	米沢隆	《9》〈宮崎2〉	71.638
		後藤英友	〈熊本5〉	60.743
		大島九州男	〈福岡8〉	57.204
		宮国忠広	〈沖縄4〉	56.898
		島尻昇	〈沖縄1〉	46.646
		大園勝司	〈鹿児島3〉	39.833

		藤沢裕美	〈佐賀3〉	35.634
		土井裕子	〈宮崎2〉	33.414
		池崎一郎	〈熊本3〉	33.103
小当		松本龍	〈福岡1〉	
小当		古賀潤一郎	〈福岡2〉	
小当		藤田一枝	〈福岡3〉	
小当		古賀一成	〈福岡6〉	
小当		北橋健治	〈福岡9〉	
小当		原口一博	〈佐賀1〉	
小当		高木義明	〈長崎1〉	
小当		松野頼久	〈熊本1〉	
24		相良勝彦		
25		浜田理士		

【公明】（3）　1,176,391票（16％）
1	当	神崎武法	《7》
2	当	東順治	《5》
3	当	江田康幸	《2》
4		大塚勝利	
5		長浜昌三	

【共産】（1）　434,099票（6％）
1	当	赤嶺政賢	《2》〈沖縄1〉
2		仁比聡平	〈福岡10〉
3		西村貴恵子	
4		祝迫加津子	

【社民】（2）　613,875票（8％）
1	当	東門美津子	《2》〈沖縄3〉	93.578
	当	横光克彦	《4》〈大分3〉	89.807
		重野安正	〈大分2〉	69.402
		浜田健一	〈鹿児島4〉	56.346
		今川正美	〈長崎4〉	53.149
		手嶋秀昭	〈福岡11〉	45.119
		馬場恵美子	〈福岡7〉	41.107
		熊江雅子	〈長崎2〉	40.071
		森川生朗	〈熊本4〉	26.906
		▽松崎百合子	〈福岡5〉	17.530
		▽柴田久寛	〈佐賀1〉	11.832
小当		照屋寛徳	〈沖縄2〉	

◆政党名の後のカッコ内の数字は当選者数。小当は、小選挙区での当選者。氏名の後は、重複立候補している小選挙区と惜敗率。氏名の前の▽は、小選挙区の得票が有効投票総数の10分の1未満で、復活当選の資格がない者

294

1996年以降の内閣・政党支持率（読売新聞全国世論調査）

年	実施日	内閣	内閣支持率 支持	内閣支持率 不支持	自民	民主	公明	共産	社民	保守	自由	さきがけ	新進	支持なし
1996年	1.27-28	橋本	56.9	25.6	35.6			1.6	5.6			1.3	8.9	44.9
	2.24-25	橋本	49.9	34.1	31.5			1.7	5.4			2.0	9.1	48.3
	3.23-24	橋本	44.8	40.7	30.3			2.4	4.4			2.0	10.3	49.2
	4.20-21	橋本	48.4	36.0	33.1			2.7	5.0			1.4	8.5	47.9
	5.25-26	橋本	52.0	33.3	35.2			1.9	3.9			2.1	9.1	45.8
	6.22-23	橋本	49.9	34.9	33.6			1.7	4.1			2.1	8.0	48.5
	7.20-21	橋本	49.6	33.2	34.8			1.9	4.3			1.9	6.6	48.8
	8.31-9.1	橋本	49.6	33.9	32.9			2.5	4.6			1.9	6.8	48.1
	9.28-29	橋本	45.6	38.5	32.3	3.6		3.5	4.4			1.1	7.0	45.1
	10.26-27	橋本	49.8	37.2	34.4	7.2		4.3	3.3			0.4	12.7	34.9
	11.30-12.1	橋本	56.5	30.8	38.2	5.9		3.6	2.7			0.4	9.9	38.2
1997年	1.18-19	橋本	51.8	36.0	35.3	4.1		3.4	2.7			0.2	6.9	45.8
	2.15-16	橋本	44.2	41.3	33.1	3.6		3.5	3.2			0.3	6.2	48.4
	3.15-16	橋本	45.4	41.7	33.0	4.1		3.3	3.3			0.5	5.5	48.6
	4.19-20	橋本	44.2	42.3	34.6	3.9		2.9	3.5			0.4	7.6	45.2
	5.24-25	橋本	44.3	41.8	32.9	4.4		2.6	4.2			0.5	5.1	48.2
	6.21-22	橋本	49.1	36.1	35.2	4.2		3.4	3.0			0.3	6.1	45.9
	7.19-20	橋本	50.5	35.5	35.4	2.5		4.4	3.2			0.3	4.6	47.6
	8.30-31	橋本	56.1	30.7	40.1	2.7		3.0	3.7			0.3	4.2	44.5
	9.27-28	橋本	44.1	43.4	37.5	3.3		3.8	3.7			0.5	4.4	44.6
	10.25-26	橋本	43.5	44.9	35.5	3.6		3.4	3.6			0.3	4.9	46.6
	11.22-23	橋本	43.4	43.6	34.1	3.3		2.8	3.6			0.9	5.3	47.6
	12.20-21	橋本	38.3	49.0	31.4	2.4		3.4	3.2			0.4	5.8	51.4
1998年	1.24-25	橋本	34.7	52.7	28.6	3.7	1.9	4.1	2.9		1.7	1.6		52.6
	2.21-22	橋本	34.8	51.8	28.2	4.8	1.9	2.3	3.6		1.3	0.8		54.6
	3.21-22	橋本	35.5	51.3	29.7	3.9	2.3	2.8	2.9		1.4	0.6		54.3
	4.18-19	橋本	31.1	55.3	29.3	4.6	2.9	2.6	2.9		1.6	0.6		54.4
	5.16-17	橋本	32.7	54.9	30.4	6.5	2.9	3.1	3.9		0.9	0.3		49.9
	6.13-14	橋本	29.9	57.3	28.7	5.5	2.5	4.2	3.7		1.7	0.4		51.5
	7.18-19	橋本	—	—	20.7	18.4	4.0	6.5	3.6		2.9	0.2		41.7
	9.19-20	小渕	24.5	60.2	26.3	15.3	3.0	4.4	3.6		2.9			43.5
	10.17-18	小渕	24.3	62.5	25.7	13.7	3.4	4.9	3.5		2.9			44.4
	11.14-15	小渕	24.0	63.0	27.1	11.2	3.6	4.2	2.2		3.1			47.9
	12.12-13	小渕	24.0	60.9	25.3	9.8	3.3	4.0	3.2		3.6			49.7
1999年	1.23-24	小渕	35.4	49.8	30.4	9.1	2.9	3.0	2.7		4.4			45.9
	2.20-21	小渕	33.0	50.3	25.1	8.0	3.8	3.5	2.4		3.6			52.0
	3.20-21	小渕	38.7	47.7	28.3	8.5	3.1	3.6	2.5		3.2			49.4
	5.15-16	小渕	44.2	38.9	28.6	7.2	3.8	4.1	2.7		3.8			49.0
	6.19-20	小渕	49.8	34.8	30.2	7.0	3.8	4.1	3.2		2.5			47.9
	7.17-18	小渕	51.1	32.0	28.9	6.3	2.8	3.0	3.0		2.9			51.8
	8.28-29	小渕	52.4	33.4	31.8	6.5	2.8	3.3	2.2		3.8			48.7
	9.25-26	小渕	56.1	28.8	35.2	6.1	2.9	2.8	2.9		2.9			46.3
	10.23-24	小渕	51.7	34.0	34.6	8.5	3.0	3.0	2.6		2.5			45.2
	11.20-21	小渕	46.5	37.9	31.5	7.1	2.7	3.1	2.8		2.3			49.3
	12.18-19	小渕	44.6	41.5	29.6	6.3	2.8	3.3	2.3		1.9			52.2

巻末資料　295

年	実施日	内閣	内閣支持率		主要政党の支持率									支持なし
			支持	不支持	自民	民主	公明	共産	社民	保守	自由	さきがけ	新進	
2000年	1.15-16	小渕	45.5	39.3	29.7	7.4	3.6	3.4	3.4		1.9			48.6
	2.19-20	小渕	41.3	43.0	28.3	6.8	3.1	3.2	2.2		2.1			53.2
	3.18-19	小渕	40.7	45.6	28.8	6.7	3.0	2.9	3.0		2.2			51.7
	4.15-16	森	41.9	36.1	34.7	8.0	3.4	2.7	3.3	0.2	1.3			43.7
	5.20-21	森	27.9	54.6	34.2	9.6	3.6	3.4	3.5	0.3	2.1			41.6
	7.1-2	森	27.3	61.4	29.9	20.6	4.7	3.0	4.1	0.3	3.9			31.7
	7.29-30	森	26.6	60.8	30.5	13.8	3.8	3.6	3.9	0.2	3.0			40.1
	9.9-10	森	28.4	59.2	28.3	13.6	3.2	3.6	3.3	0.1	3.2			43.1
	10.14-15	森	30.2	56.4	31.5	12.6	3.8	3.2	4.0	0.2	2.3			40.3
	11.18-19	森	18.4	70.5	29.1	14.0	3.4	2.5	2.8	0.2	1.8			45.2
	12.16-17	森	20.1	69.9	27.3	11.3	3.6	2.8	3.7	0.4	2.0			46.7
2001年	1.27-28	森	19.2	70.4	25.2	10.8	4.2	3.1	3.4	0.2	2.9			48.2
	2.24-25	森	8.6	82.4	22.5	11.9	3.5	3.7	2.9	0.3	2.6			50.7
	3.24-25	森	−	−	27.8	9.7	2.9	2.6	3.0	0.3	2.3			50.1
	4.21-22	森	−	−	27.2	8.9	3.4	2.9	2.3	0.2	1.3			52.4
	5.26-27	小泉	85.5	5.7	37.0	5.1	3.0	1.3	1.8	0.1	1.3			49.2
	6.30-7.1	小泉	84.5	7.2	43.0	7.0	3.1	1.7	2.3	0.1	1.3			40.2
	8.4-5	小泉	77.7	13.8	42.5	8.0	4.7	2.8	2.2	0.4	2.1			36.0
	9.15-16	小泉	78.6	12.0	41.9	6.1	3.0	2.4	2.6	0.1	1.9			41.0
	10.20-21	小泉	77.4	14.0	42.6	5.7	2.6	2.4	2.7	−	2.2			40.7
	11.17-18	小泉	76.2	15.4	40.5	7.1	3.0	1.8	2.8	0.2	2.2			40.9
	12.15-16	小泉	76.3	15.1	39.9	7.1	2.7	2.5	2.0	0.2	2.2			42.6
2002年	1.19-20	小泉	77.6	14.0	39.0	6.1	3.3	1.7	2.6	−	1.3			45.0
	2.23-24	小泉	53.0	36.1	33.2	7.0	2.7	2.5	2.6	0.2	1.6			48.7
	3.23-24	小泉	50.6	40.2	31.0	7.3	2.6	2.2	3.4	0.2	1.4			50.7
	4.20-21	小泉	47.9	40.9	30.5	6.8	1.9	2.8	2.7	0.2	2.0			51.9
	5.25-26	小泉	41.8	47.7	31.1	6.9	2.8	2.7	3.0	0.1	2.1			49.9
	6.22-23	小泉	42.2	46.6	29.7	6.6	3.3	2.0	2.7	0.3	1.5			52.3
	7.20-21	小泉	50.7	38.5	31.2	7.7	3.3	1.6	2.6	0.2	1.8			49.6
	8.24-25	小泉	45.7	41.4	29.9	6.1	2.7	2.3	2.0	0.1	1.3			54.5
	9.21-22	小泉	66.1	24.4	34.9	5.9	2.6	2.0	2.0	0.1	1.1			50.2
	10.26-27	小泉	65.9	23.9	34.6	4.1	2.0	2.0	1.5	0.2	1.3			53.1
	11.23-24	小泉	60.3	27.9	33.9	5.5	3.0	2.0	1.2	0.2	1.0			52.3
	12.21-22	小泉	54.7	34.2	34.3	3.8	3.4	2.0	1.3	0.2	1.6			51.7
2003年	1.25-26	小泉	53.0	35.9	33.2	5.8	2.3	2.6	1.1	0.2	2.1			51.4
	2.22-23	小泉	49.1	39.6	30.7	6.4	2.7	2.1	2.4	0.1	1.6			52.5
	3.22-23	小泉	49.0	39.6	33.5	5.6	4.0	1.9	1.2	0.1	1.7			49.7
	5.10-11	小泉	51.3	38.2	32.9	6.2	3.5	3.3	1.5	0.1	1.7			49.3
	6.14-15	小泉	53.4	35.5	34.7	6.9	2.7	2.1	2.2	0.3	1.4			48.5
	7.12-13	小泉	52.2	36.8	35.2	7.3	3.0	1.8	1.9	0.1	1.7			47.8
	8.30-31	小泉	57.7	31.2	35.7	7.0	3.5	1.5	1.6	0.1	1.0			48.6
	9.27-28	小泉	65.0	25.7	39.2	8.5	3.5	1.9	1.2	0.1				44.6
	10.18-19	小泉	59.6	29.5	39.0	9.2	3.4	2.3	1.6	0.2				42.9
	11.15-16	小泉	54.1	36.7	36.1	20.9	4.0	2.4	1.3					34.1
	12.13-14	小泉	46.5	43.1	32.8	17.6	3.6	1.9	2.1					40.7

※　1998年7月と，2001年3，4月は内閣支持率調査は実施せず
※　保守党は，2003年1月以降は保守新党

55年体制下の衆院選での主要政党獲得議席

年	定数	自民党 当選者	自民党 議席率	社会党 当選者	社会党 議席率	公明党 当選者	公明党 議席率	共産党 当選者	共産党 議席率
1958	467	287	61.5	166	35.5			1	0.2
1960	467	296	63.4	145	31.0			3	0.6
1963	467	283	60.6	144	30.8			5	1.1
1967	486	277	57.0	140	28.8	25	5.1	5	1.0
1969	486	288	59.3	90	18.5	47	9.7	14	2.9
1972	491	271	55.2	118	24.0	29	5.9	38	7.7
1976	511	249	48.7	123	24.1	55	10.8	17	3.3
1979	511	248	48.5	107	20.9	57	11.2	39	7.6
1980	511	284	55.6	107	20.9	33	6.5	29	5.7
1983	511	250	48.9	112	21.9	58	11.4	26	5.1
1986	512	300	58.6	85	16.6	56	10.9	26	5.1
1990	512	275	53.7	136	26.6	45	8.8	16	3.1
1993	511	223	43.6	70	13.7	51	10.0	15	2.9

小選挙区比例代表並立制導入後の衆院選での各政党の獲得議席

	2003年衆院選 当選	2003年衆院選 小選挙区	2003年衆院選 比例選	2000年衆院選 当選	2000年衆院選 小選挙区	2000年衆院選 比例選	1996年衆院選 当選	1996年衆院選 小選挙区	1996年衆院選 比例選
自民党	237	168	69	233	177	56	239	169	70
民主党	177	105	72	127	80	47	52	17	35
公明党	34	9	25	31	7	24	—	—	—
共産党	9	0	9	20	0	20	26	2	24
社民党	6	1	5	19	4	15	15	4	11
保守新党	4	4	—	7	7	0	—	—	—
無所属の会	1	1	—	5	5	0	—	—	—
自由連合	1	1	—	1	1	0	0	0	0
自由党	—	—	—	22	4	18	—	—	—
新進党	—	—	—	—	—	—	156	96	60
さきがけ	—	—	—	—	—	—	2	2	0
民改連	—	—	—	—	—	—	1	1	0
改革クラブ	—	—	—	0	0	—	—	—	—
新社会党	—	—	—	—	—	—	0	0	0
諸派	0	0	—	0	0	0	0	0	0
無所属	11	11	—	15	15	—	9	9	—
計	480	300	180	480	300	180	500	300	200

※ 追加公認は含まず。2000年の保守新党は「保守党」

参考文献

読売新聞社政治部編『政界再編の幕開け』読売新聞社，1993年
読売新聞社編『大変革への序章　検証・新制度下の'96衆院選』読売新聞社，1996年
蒲島郁夫著『政権交代と有権者の態度変容』木鐸社，1998年
佐々木毅編著『政治改革1800日の真実』講談社，1999年
草野厚著『連立政権——日本の政治1993〜』文春新書，1999年
朝日新聞政治部著『連立政権回り舞台』朝日新聞社，1994年
内田健三・早野透・曽根泰教編著『大政変』東洋経済新報社，1994年
読売新聞社世論調査部『日本の世論』弘文堂，2002年
川人貞史・吉野孝・平野浩・加藤淳子『現代の政党と選挙』有斐閣アルマ，2001年
朝日新聞社編『朝日キーワード別冊—政治・憲法』朝日新聞社，2000年
内田健三著者代表『日本政治は蘇るか〜同時進行分析』日本放送出版協会，1997年
老川祥一編『やさしい政党と内閣のはなし』法学書院，1994年
奥島貞雄著『自民党幹事長室の30年』中央公論新社，2002年
読売新聞社政治部編『政　まつりごと』読売新聞社，1996年
村松岐夫・奥野正寛編『平成バブルの研究』（上・下）東洋経済新報社，2002年
村松岐夫・伊藤光利・辻中豊著『日本の政治　第2版』有斐閣，2001年
日本経済新聞社編『金融迷走の10年』日経ビジネス人文庫，2002年
浅海伸夫著『政治記者が描く　平成の政治家』丸善ライブラリー，2001年
五百旗頭真編『戦後日本外交史』有斐閣アルマ，1999年
秋山昌廣著『日米の戦略対話が始まった』亜紀書房，2002年
水野清編著『「官僚」と「権力」』小学館文庫，2001年
大下英治著『小泉純一郎の「宣戦布告」』徳間文庫，2001年
戸矢哲朗著『金融ビッグバン政治経済学』東洋経済新報社，2003年
内田健三著者代表『この政治空白の時代』木鐸社，2001年
読売新聞政治部著『小泉革命——自民党は生き残るか』中公新書ラクレ，2001年
佐藤和雄・駒木明義著『検証　日露首脳交渉』岩波書店，2003年
今里義和著『外務省「失敗」の本質』講談社現代新書，2002年
久江雅彦著『9・11と日本外交』講談社現代新書，2002年

大嶽秀夫著『日本型ポピュリズム』中公新書，2003年
薬師寺克行著『外務省』岩波新書，2003年
読売新聞東京本社発行『2003年版読売年鑑』，2003年
21世紀臨調編『政治の構造改革——政治主導確立大綱』東信堂，2002年
早野透著『日本政治の決算』講談社現代新書，2003年
蒲島郁夫著『政治参加』東大出版会，1988年
小林良彰著『計量政治学』成文堂，1985年
川人貞史著『選挙制度と政党システム』木鐸社，2004年
田中愛治「政党支持なし層の意識構造と政治不信」1992年，選挙研究No.7
田中愛治「政党支持なし層の意識構造——政党支持概念再検討の試論」，レヴァイアサン20号（1997年春）
蒲島郁夫「地方の『王国』と都市の反乱」中央公論，2000年9月号
田中愛治「投票率65%で政権交代が可能か」中央公論，2003年9月号
川人貞史「二大政党化進んだが，勝者は公明か」論座，2004年1月号
蒲島郁夫，菅原琢「公明がどちらを選ぶかで政権は替わる」，中央公論，2004年1月号
読売新聞本紙「重要日誌」『NEWS抄録』など
読売新聞，朝日新聞，毎日新聞，日本経済新聞，産経新聞，東京新聞の各紙面

<執筆者>

浅海　伸夫（あさうみ・のぶお）
　1974年，読売新聞入社。横浜支局，政治部次長，世論調査部長などを経て，現在，読売新聞東京本社編集委員。著書に『政治記者が描く　平成の政治家』（丸善ライブラリー），編著書に『日本の世論』『素顔の十代』（いずれも弘文堂）など。

玉井　忠幸（たまい・ただゆき）
　1983年，読売新聞入社。前橋支局，政治部次長などを経て，現在，世論調査部次長。著書に『議員秘書の真実』（弘文堂。共著）など。

岩田　武巳（いわた・たけし）
　1984年，読売新聞入社。東北総局，政治部主任などを経て，現在，世論調査部主任。

小谷野直樹（こやの・なおき）
　1988年，読売新聞入社。東北総局，文化部などを経て，現在，世論調査部に所属。

鶴田　知久（つるた・ともひさ）
　1989年，読売新聞入社。長野支局，政治部などを経て，現在，世論調査部に所属。

二大政党時代のあけぼの：平成の政治と選挙
2004年4月30日　第一版第一刷　印刷発行　Ⓒ

著者との了解により検印省略	編　著　者　読売新聞東京本社世論調査部 発　行　者　坂口　節子 発　行　所　㈲　木鐸社（ぼくたくしゃ） 印　刷　アテネ社　　製本　関山製本社

〒112-0002　東京都文京区小石川 5-11-15-302
電話（03）3814-4195番　FAX（03）3814-4196番
振替　00100-5-126746　http://www.bokutakusha.com

（乱丁・落丁本はお取替致します）

ISBN4-8332-2352-X　C1031

三宅一郎著
選挙制度改革と投票行動
A5判 240頁
3,500円

三宅一郎・西澤由隆・河野勝著
55年体制下の政治と経済
A5判 232頁
3,500円

西平重喜著
各国の選挙　■変遷と実状
A5判 584頁
10,000円

川人貞史著
選挙制度と政党システム
A5判 301頁
4,000円

増山幹高著
議会制度と日本政治
■議事運営の計量政治学
A5判 300頁
4,000円

蒲島郁夫著
政権交代と有権者の態度変容
A5判 316頁
2,500円

池田謙一著
転変する政治のリアリティ
A5判 224頁
2,500円

松本保美著
理論とテクノロジーに裏付けられた　新しい選挙制度
46判 200頁
2,000円

（価格は税抜本体です）